MADRID • MÉXICO

J. KEN KLEIN y CELIA UNTERMAN

TESTS DE APTITUD PROFESIONAL

TEMAS DE SUPERACIÓN PERSONAL

Título del original inglés:
CAREER APTITUDE TESTS

Traducción de:
RAFAEL LASSALETTA

© 1984. By Nautilus Communications, Inc.
© 1985. De la traducción, Editorial EDAF, S. A.
© 1998. Editorial EDAF, S.A. Jorge Juan, 30. Madrid.
Para la edición en español por acuerdo con Arco Publishing, Inc. (New York-USA).

Dirección en Internet: http://www.arrakis.es/~edaf
Correo electrónico: edaf@arrakis.es

No está permitida la reproducción total o parcial de este libro, ni su tratamiento informático, ni la transmisión de ninguna forma o por cualquier medio, ya sea electrónico, mecánico, por fotocopia, por registro u otros métodos, sin el permiso previo y por escrito de los titulares del Copyright.

Depósito legal: M. 4.816-1999
ISBN: 84-414-0464-X

PRINTED IN SPAIN   IMPRESO EN ESPAÑA
    IMPRIME : IBÉRICA GRAFIC, S.L. - FUENLABRADA (MADRID)

INDICE

	Pags.
1. COMO UTILIZAR LOS TESTS DE APTITUD	6
2. COMPRUEBE SUS CAPACIDADES MENTALES	8
Parte A. Capacidades verbales	9
Ortografía.—Sinónimos.—Vocabulario.—Antónimos	
Parte B. Observación y memoria	30
Parte C. Capacidad de razonamiento	40
Analogías verbales.—Razonamiento con símbolos	
Parte D. Aptitud numérica	71
Series de números.—Razonamiento aritmético.—Operaciones numéricas.—Conocimiento matemático	
Parte E. Capacidad perceptiva	84
Similaridades y diferencias entre los objetos.—Clasificación de líneas.—Comparación de ángulos	
RESPUESTAS Y ANALISIS DE LOS TESTS DE CAPACIDAD MENTAL	93
3. COMPRUEBE SU PERCEPCION MECANICA Y SU CAPACIDAD DE VISUALIZACION ESPACIAL	113
Parte A. Percepción mecánica	114
Parte B. Tests de visualización espacial	121
Figuras ocultas.—Armonización de piezas y figuras.—Vistas espaciales.—Contar cubos.—Análisis de esquemas.—Giro de figuras	
RESPUESTAS A LOS TESTS DE PERCEPCION MECANICA Y DE VISUALIZACION ESPACIAL	158
4. COMPRUEBE SUS APTITUDES ESPECIALES	163
Aptitudes funcionales	164
Capacidad de codificación.—Codificación de tabla.—Práctica de codificación.—Práctica de clasificación.—Comparaciones de números y personas.—Alfabetización.—Armonización de letras y números	
Lectura comprensiva	180
Conocimiento de herramientas	191
Reconocimiento de herramientas.—Analogías de herramientas	
RESPUESTAS A LOS TESTS DE APTITUDES ESPECIALES	201
5. COMPRUEBE SUS HABILIDADES VISUALES	205
Codificación de letras-símbolos.—Contar cruces y ceros.—Seguimientos y laberintos	
RESPUESTAS A LOS TESTS DE HABILIDAD VISUAL	213
6. TEST DE EVALUACION DE LA CAPACIDAD MENTAL	215
RESPUESTAS Y ANALISIS DEL TEST DE EVALUACION	252
7. COMO EVALUAR SU PUNTUACION EN EL TEST DE APTITUD	261
Tablas de puntuación	262
Utilización de la tabla de evaluación de la puntuación	265
Tabla de evaluación de la puntuación	265
Utilización de las tablas de evaluación profesional	266
Tablas de evaluación del profesional	267

CAPITULO 1

COMO UTILIZAR LOS TESTS DE APTITUD

Este libro contiene 80 tests cuidadosamente seleccionados, destinados a medir 15 aptitudes y habilidades diferentes. Los tests se han dividido en cuatro áreas mayores para ayudarle a evaluar sus aptitudes particulares tal como se aplican a una amplia variedad de elecciones profesionales. Esas cuatro áreas son:

1. Capacidades mentales
2. Percepción mecánica y aptitudes de visualización espacial.
3. Aptitudes especiales.
4. Habilidades visuales.

Una vez hechos *todos* los tests del libro, siga paso a paso las intrucciones de las páginas 261-262 para evaluar sus puntuaciones a los tests de aptitud. Esos pasos simples le ayudarán a armonizar su perfil de aptitud personal con las áreas profesionales que más le atraigan.

Con el fin de hacer el mejor uso posible de sus puntuaciones de aptitud, debe entender las generalidades de los tests de aptitud. Estos se pueden utilizar eficazmente para determinar su potencial de aprendizaje de las habilidades necesarias para una profesión particular, especialmente cuando recibe una formación apropiada. Estos tests pueden poner de manifiesto las profesiones que pueden serle más convenientes. Si se interpretan cuidadosamente, las puntuaciones a los tests de aptitud son muy fidedignas y válidas.

Sin embargo, no deben utilizarse indiscriminadamente los resultados. Es mejor utilizar los tests en conjunción con una evaluación adicional y con pruebas objetivas. Si los resultados de los tests de aptitud armonizan con los requerimientos profesionales y los atributos personales, pueden ser muy predictivos. Los tests de aptitud de este libro tratan de darle una visión de su potencial. Obviamente, como no puede realizar estos tests bajo circunstancias controladas, no debería considerar los resultados como decisivos.

En ocasiones, la idea de una prueba tiene connotaciones negativas. La ansiedad que produce, una historia de fracasos en las pruebas escolares y la fatiga pueden alterar los resultados e invalidarlos. No todos los tests son adecuados a sus necesidades específicas o modelos de aprendizaje. Si se encuentra dificultades, suele ser útil dejarlos para el día siguiente. Si sus puntuaciones son decepcionantes, recuerde que las dificultades que se encuentran en un área suelen quedar compensadas con el aprovechamiento en otras, y además puede influirlas con su determinación.

Por otra parte, no debe considerar las puntuaciones superiores como una garantía de éxito. Las puntuaciones sólo sugieren modelos de aptitud ocupacional, pero deben combinarse con otros factores para que sean precisas. Los exámenes generales pueden tener gran validez para algunos trabajos y muy poca para otros. El valor de las pruebas de aptitud aumenta cuando se revisan los resultados en relación con el *interés, motivación, capacidad y rasgos de personalidad*. Es importante saber cómo debe trabajar y organizarse. La ejecución del trabajo depende también de la capacidad física, la madurez, la tolerancia a la frustración y del funcionamiento interpersonal.

Si los resultados de las pruebas de este libro sugieren ciertas posibilidades profesionales, quizá desee proseguir la investigación. Trate de armonizar sus aptitudes con un análisis de trabajo hecho por usted mismo. Examine sus preferencias y logros en ejecuciones pasadas. Póngase al corriente entonces de los diversos aspectos de la profesión indicada por los tests.

En la mayoría de las bibliotecas públicas encontrará distintas publicaciones que le proporcionarán un análisis en profundidad de las cualidades profesionales específicas de todas las profesiones, así como una explicación general de estos trabajos. Entre los libros de referencia, tres de los mejores son *Guide for Occupational Exploratio*, *Occupational Outlook Handbook* y *Dictionary of Occupational Titles*. Cada uno contiene un desglose de los factores de trabajo, incluyendo las aptitudes necesarias, los requerimientos de formación, la tolerancia física y la destreza manual necesarias, la movilidad geográfica, la estructura del trabajo y los niveles de interacción social.

Si necesita información adicional, nuevas pruebas mejorarán su capacidad de tomar decisiones. Los psicólogos de las clínicas e instalaciones educativas pueden proporcionarle baterías adicionales de tests que confirmen su potencial para una determinada profesión. El Departamento local de Rehabilitación Vocacional también puede ser útil, sugiriéndole dónde le pueden proporcionar nuevos tests.

Sus puntuaciones de aptitud *pueden* ayudarle a organizar su planificación vocacional. Realice los tests del libro bajo condiciones realistas. Los resultados deberían proporcionarle un buen punto de partida para clarificar su potencial enfocado a determinadas ocupaciones. Para tomar la decisión más prudente, debería llevar a cabo una detallada descripción de las otras cualidades que posee para el éxito, armonizándolas con un análisis profesional del campo elegido.

¡Buena suerte en la profesión elegida!

CAPITULO 2

COMPRUEBE SUS CAPACIDADES MENTALES

El término «capacidad mental» suele asociarse con la palabra «inteligencia». Sin embargo, en este libro utilizamos el término para indicar aptitudes específicas que sean de importancia para elegir una ocupación.

Esta sección se compone de 33 pruebas individuales, destinadas a comprobar las siguientes capacidades:

                Capacidades verbales
                Memoria
                Capacidad de razonamiento
                Capacidad numérica
                Capacidades perceptivas

Realice cada tests como si se estuviera examinando realmente. Puntúese comprobando las respuestas en la Clave de Respuestas de la página 262, para que pueda evaluar su aptitud profesional tal como se indica en el Capítulo 7.

PARTE A. CAPACIDADES VERBALES

TEST 1. ORTOGRAFIA

Indicaciones: En este test todas las palabras menos una han sido escritas correctamente. Indique en cada grupo la palabra con falta de ortografía.
Las respuestas correctas las encontrará al final del capítulo.

1. (A) caravana (B) enebrar (C) fajín (D) hastío
2. (A) pelliza (B) rehén (C) hevilla (D) garaje
3. (A) desusar (B) vegiga (C) falange (D) héroe
4. (A) eshalar (B) navidad (C) llave (D) reloj
5. (A) travesía (B) jovial (C) oblicuo (D) plajiar
6. (A) obsceno (B) bípedo (C) umor (D) diátriba
7. (A) dígito (B) huracán (C) exegesis (D) óbito
8. (A) suburbio (B) rejilla (C) metralla (D) viombo
9. (A) consomé (B) fragil (C) incomplexo (D) ludibrio
10. (A) séptico (B) ojeto (C) adobe (D) incoherente
11. (A) fullero (B) cibismo (C) seguidilla (D) reyezuelo
12. (A) rambla (B) divisa (C) jénesis (D) piojo
13. (A) bulgar (B) yeso (C) leve (D) fusible
14. (A) palillero (B) selecto (C) llelmo (D) mugir
15. (A) nube (B) secta (C) obsesión (D) núvil
16. (A) cepillo (B) ambulante (C) taona (D) feble
17. (A) prójimo (B) rádar (C) sierbo (D) llegar
18. (A) itsmo (B) jabato (C) longitud (D) motivar
19. (A) tósico (B) lluvia (C) navaja (D) excelso
20. (A) rebuzno (B) chaveta (C) vorla (D) pedagógico
21. (A) fabada (B) húmedo (C) arrebañar (D) coibido
22. (A) tranvía (B) ingle (C) párbulo (D) zanahoria
23. (A) mullido (B) ginete (C) rehacer (D) juzgado
24. (A) chumbo (B) relieve (C) perilla (D) ernia
25. (A) herejía (B) digerir (C) evento (D) cirujía
26. (A) búo (B) basílica (C) tejido (D) exangüe
27. (A) noviyo (B) ovillo (C) puya (D) surgir
28. (A) mancebo (B) bejación (C) oliva (D) jaez
29. (A) convento (B) émbolo (C) barbaro (D) exilio
30. (A) laringe (B) todavía (C) parage (D) magnitud
31. (A) chirivía (B) enclave (C) caravina (D) haba
32. (A) pasajero (B) parabola (C) relieve (D) bocadillo
33. (A) invernar (B) mohín (C) onza (D) heremita
34. (A) adjurar (B) exigir (C) corrupto (D) tarjeta
35. (A) xenofobia (B) tahimado (C) oasis (D) izar

36. (A) meollo   (B) jabalina   (C) logia   (D) subllugar
37. (A) cóncavo   (B) etéreo   (C) prodijio   (D) divagar
38. (A) contraecho (B) extremo   (C) ahuyentar   (D) quejido
39. (A) vaquero   (B) lebadura   (C) joyería   (D) pigmeo
40. (A) bofetada   (B) chabal   (C) conversar   (D) rebelde

TEST II. ORTOGRAFIA

Indicaciones: En este test todas las palabras menos una han sido escritas correctamente.
Indique en cada grupo la palabra con falta de ortografía.
Las respuestas correctas las encontrará al final del capítulo.

1. (A) olibo (B) henchir (C) vuelco (D) tuyo
2. (A) absurdo (B) fotonobela (C) celibato (D) sexo
3. (A) envidia (B) liturjia (C) ámbito (D) inhibir
4. (A) varón (B) global (C) nobiazgo (D) humus
5. (A) retahíla (B) ornamentar (C) hemeroteca (D) hombligo
6. (A) erético (B) audacia (C) estrabismo (D) vivencia
7. (A) playero (B) larinje (C) nabo (D) magno
8. (A) deshonra (B) orijen (C) esfinge (D) inefable
9. (A) plebello (B) liberal (C) sexto (D) aburrimiento
10. (A) lujuria (B) urbanidad (C) hélite (D) supervivencia
11. (A) himno (B) ayuno (C) vigencia (D) malvado
12. (A) anomalía (B) erotismo (C) ortodoso (D) gélida
13. (A) reberso (B) malversar (C) burocracia (D) apoteosis
14. (A) gigantesco (B) tribolidad (C) ánfora (D) irreverente
15. (A) suburbio (B) aveto (C) vicio (D) oropel
16. (A) erudito (B) ayudar (C) mixtificación (D) heumuco
17. (A) heroico (B) humilde (C) azar (D) projenitor
18. (A) avolir (B) bastión (C) establo (D) epileptico
19. (A) divertirse (B) tivio (C) adjetivo (D) orilla
20. (A) bilbaíno (B) obvio (C) rebolución (D) expedito
21. (A) viajero (B) evangélico (C) ospitalidad (D) bedel
22. (A) botón (B) axioma (C) escéntrico (D) vanguardia
23. (A) tabú (B) hefímero (C) estratégico (D) auscultar
24. (A) descollar (B) antropolójico (C) prosopopeya (D) abstracto
25. (A) deslavazada (B) coger (C) desajuste (D) bíscera
26. (A) intelectual (B) antibíblico (C) inahudito (D) deshumanizar
27. (A) tabernáculo (B) higiene (C) acesorio (D) cascarrabias
28. (A) subdiácono (B) sivila (C) raptar (D) reventa
29. (A) abrebadero (B) clavija (C) trabuco (D) bulla
30. (A) aliñar (B) bártulo (C) alfiler (D) alfange
31. (A) sevo (B) lascivia (C) aprobio (D) embestir
32. (A) heliotropo (B) confavulación (C) desayunar (D) asquear
33. (A) valizar (B) rodaja (C) huero (D) atiborrar
34. (A) asteroides (B) eclipse (C) biscoso (D) helicóptero
35. (A) coágulo (B) bilioso (C) desbalijar (D) desmayo
36. (A) fallecer (B) acopio (C) clabicordio (D) afeitar
37. (A) esquí (B) balsámico (C) novación (D) jitanería
38. (A) zanahoria (B) hesquilmar (C) vendimia (D) rabotear
39. (A) hóseo (B) sollozo (C) folletín (D) vandalismo
40. (A) sortija (B) genuflesión (C) lábil (D) húngaro

TEST III. ORTOGRAFIA

Indicaciones: En este test todas las palabras menos una han sido escritas correctamente. Indique en cada grupo la palabra con falta de ortografía.
Las respuestas correctas las encontrará al final del capítulo.

1. (A) jentil (B) jeroglífico (C) jazmín (D) jarcia
2. (A) chibo (B) abyecto (C) deshielo (D) incauto
3. (A) bahía (B) eje (C) bayesta (D) alacena
4. (A) textil (B) avestruz (C) sorver (D) salvia
5. (A) ventolera (B) veodo (C) verbena (D) viril
6. (A) exumar (B) gaje (C) prolijo (D) aljibe
7. (A) exhalar (B) esilio (C) exacto (D) vibración
8. (A) hechura (B) devengar (C) vapulear (D) extirar
9. (A) algarroba (B) levante (C) ornacina (D) jubileo
10. (A) váscula (B) turbina (C) albacea (D) hacinar
11. (A) almoada (B) bacalao (C) cepillo (D) argolla
12. (A) desfallecer (B) pandiya (C) esperpento (D) leve
13. (A) abside (B) obvio (C) bespertino (D) hemiciclo
14. (A) joya (B) perogrullo (C) bejiga (D) disyuntivo
15. (A) leviatán (B) balón (C) potaje (D) cremayera
16. (A) hatlas (B) jaula (C) beca (D) motivo
17. (A) regir (B) jarave (C) mejunje (D) soliviantar
18. (A) genovés (B) bapulear (C) zambo (D) viveza
19. (A) marrullería (B) umbral (C) oróscopo (D) agujero
20. (A) virgen (B) bífido (C) ensilaje (D) valdosa
21. (A) argolla (B) reverbero (C) zapatilla (D) aldava
22. (A) unívoco (B) hipertrofia (C) espatriación (D) travesía
23. (A) cepillo (B) vocavulario (C) deshora (D) envoltura
24. (A) retrobisor (B) absentismo (C) hierbabuena (D) movible
25. (A) jalonar (B) varandilla (C) mueblaje (D) vendaje
26. (A) bursátil (B) payaso (C) rehilar (D) vayoneta
27. (A) gollería (B) escriba (C) pabo (D) balaustre
28. (A) herida (B) rehenchir (C) deshollar (D) vuelo
29. (A) varreno (B) doblón (C) robledal (D) batracio
30. (A) baúl (B) providad (C) taberna (D) privilegio
31. (A) horchata (B) devorador (C) coete (D) humo
32. (A) bula (B) trabajo (C) homologar (D) tavernáculo
33. (A) ligereza (B) sacrilejio (C) marginal (D) gimoteo
34. (A) pelotillero (B) torniyo (C) llanto (D) pollino
35. (A) hiedra (B) barbera (C) colunna (D) tobillo
36. (A) terjiversar (B) azada (C) cascabel (D) jira
37. (A) jubilar (B) bitrina (C) playa (D) volcán
38. (A) ovejero (B) microbio (C) tuvérculo (D) bodeguero
39. (A) cubierto (B) alcachofa (C) zaerir (D) herida
40. (A) llama (B) vapulear (C) mahonesa (D) avulia

TEST IV. ORTOGRAFIA

Indicaciones: En este test todas las palabras menos una han sido escritas correctamente. Indique en cada grupo la palabra con falta de ortografía.
Las respuestas correctas las encontrará al final del capítulo.

1. (A) malabar (B) vejetal (C) fibrina (D) entreverado
2. (A) hostil (B) diluvio (C) vifurcación (D) parva
3. (A) acrobacia (B) horca (C) calbicie (D) meninge
4. (A) prehistórico (B) biólogo (C) ojalata (D) hilera
5. (A) borceguí (B) alcova (C) hoy (D) émbolo
6. (A) intervalo (B) desbán (C) varilla (D) hoyo
7. (A) heráldica (B) pellejo (C) tabique (D) hencia
8. (A) cevolla (B) carambola (C) impío (D) caramillo
9. (A) varril (B) trébol (C) centella (D) fábula
10. (A) ortaliza (B) mancebía (C) rebañar (D) hueco
11. (A) verdad (B) reaccionar (C) testud (D) invernar
12. (A) desventurado (B) fuelle (C) oblicuo (D) coción
13. (A) batacazo (B) huerto (C) ataúd (D) biril
14. (A) revolcón (B) calabaza (C) visoño (D) rector
15. (A) yugular (B) lacallo (C) allegado (D) coyuntura
16. (A) pavimento (B) calbario (C) volquete (D) boletín
17. (A) festival (B) horfeón (C) prescribir (D) hereje
18. (A) patívulo (B) silbato (C) rabiar (D) digestivo
19. (A) alcantarilla (B) viaje (C) caberna (D) alhaja
20. (A) carnaval (B) debilitar (C) envolver (D) ferrobiario
21. (A) pillaje (B) ballena (C) veatitud (D) manillar
22. (A) baqueteo (B) venturoso (C) albaeza (D) ubicuidad
23. (A) adversidad (B) obzecación (C) genitivo (D) burla
24. (A) bocacalle (B) abreviatura (C) vuche (D) ermitaño
25. (A) zaravanda (B) buhonería (C) vado (D) rivalidad
26. (A) usoricidio (B) vagido (C) reglaje (D) mixturar
27. (A) hangar (B) clabel (C) proveedor (D) bocadillo
28. (A) bermejo (B) furtibo (C) esclavo (D) cóncava
29. (A) ágil (B) jineta (C) genio (D) peregil
30. (A) hacha (B) vieira (C) ahumado (D) hebullición
31. (A) clave (B) voladizo (C) bioleta (D) quebrado
32. (A) mallordomo (B) pandilla (C) yeyuno (D) desayuno
33. (A) dádiva (B) ípico (C) alharaca (D) ovación
34. (A) vulgata (B) sorvete (C) aviso (D) esbozar
35. (A) taxativo (B) asimilable (C) excaleno (D) contexto
36. (A) involucrar (B) contuvernio (C) divorciar (D) geomancia
37. (A) holgazán (B) inflexible (C) leguleyo (D) almívar
38. (A) leva (B) obelisco (C) endivia (D) probeta
39. (A) secion (B) hiena (C) vaina (D) brigada
40. (A) beterinario (B) universidad (C) octavilla (D) jubileo

TEST I. SINONIMOS

Indicaciones: Seleccionar la palabra o frase cuyo significado se aproxime más al sugerido. Circundar la letra precedente a la respuesta elegida.

Las respuestas correctas las encontrará al final del capítulo.

1. doble
   - (A) casi
   - (B) mitad
   - (C) dos veces
   - (D) más que

2. adquisición
   - (A) coste
   - (B) suministro
   - (C) orden
   - (D) compra

3. manual
   - (A) autoactuante
   - (B) simple
   - (C) operado a mano
   - (D) hecho a mano

4. comportamiento
   - (A) asistencia
   - (B) inteligencia
   - (C) pulcritud
   - (D) conducta

5. exhibición
   - (A) muestra
   - (B) comercio
   - (C) venta
   - (D) etiqueta

6. asumir
   - (A) conocer
   - (B) desear
   - (C) decidir
   - (D) suponer

7. cautivo
   - (A) salvaje
   - (B) carcelero
   - (C) espía
   - (D) prisionero

8. vegetación
   - (A) alimento
   - (B) vida vegetal
   - (C) humedad
   - (D) vida avícola

9. competente
   - (A) atareado
   - (B) capaz
   - (C) amigable
   - (D) de buen temperamento

10. suspendido
    - (A) dar la vuelta
    - (B) comprobado cuidadosamente
    - (C) regulado estrictamente
    - (D) detenido temporalmente

11. anhelar
    - (A) suplicar
    - (B) desear
    - (C) ahorrar
    - (D) aplicar

12. cima
    - (A) faz
    - (B) parte superior
    - (C) base
    - (D) lado

13. villano
    - (A) desordenado
    - (B) dignificado
    - (C) hogareño
    - (D) perverso

14. convicción
    - (A) culpa
    - (B) imaginación
    - (C) creencia firme
    - (D) falta

15. vacante
    - (A) tranquilo
    - (B) oscuro
    - (C) disponible
    - (D) vacío

16. irritante
    - (A) nervioso
    - (B) inconveniente
    - (C) molesto
    - (D) ruidoso

17. increíble
    - (A) interesante
    - (B) convincente
    - (C) poco interesante
    - (D) inaceptable

18. ociosamente
    - (A) rodeo
    - (B) sin prisas
    - (C) inolvidable
    - (D) fatigosamente

19. defendido
    - (A) retrasado
    - (B) despedido
    - (C) protegido
    - (D) informado

20. objetivo
    - (A) centro del blanco
    - (B) meta
    - (C) deber
    - (D) promesa

TEST II. SINONIMOS

Indicaciones: Seleccionar la palabra o frase cuyo significado se aproxime más al sugerido. Circundar la letra precedente a la respuesta elegida.

Las respuestas correctas las encontrará al final del capítulo.

1. comprender
   - (A) oír
   - (B) escuchar
   - (C) aceptar
   - (D) entender

2. instructor
   - (A) experto
   - (B) ayudante
   - (C) profesor
   - (D) capataz

3. conclusión
   - (A) tema
   - (B) suspenso
   - (C) terminación
   - (D) principio

4. aroma
   - (A) sabor
   - (B) calidez
   - (C) fragancia
   - (D) vapor

5. confuso
   - (A) sorprendido
   - (B) perseguido
   - (C) castigado
   - (D) arrestado

6. venidero
   - (A) semanal
   - (B) interesante
   - (C) social
   - (D) próximo

7. riesgo
   - (A) daño
   - (B) elección
   - (C) oportunidad
   - (D) peligro

8. tacha
   - (A) color
   - (B) insecto
   - (C) imperfección
   - (D) diseño

9. terminado
   - (A) continuado
   - (B) ir en tren
   - (C) empezado
   - (D) finalizado

10. notorio
    - (A) convicto
    - (B) peligroso
    - (C) bien conocido
    - (D) escapado

11. adquirido
    - (A) comprado
    - (B) arado
    - (C) deseado
    - (D) obtenido

12. agotamiento
    - (A) miedo
    - (B) exceso de confianza
    - (C) cansancio extremo
    - (D) inestabilidad

13. estacionario

    (A) pesado
    (B) esculpido
    (C) escrito sobre
    (D) inmóvil

14. uniforme

    (A) ruidoso
    (B) misterioso
    (C) fatigoso
    (D) regular

15. maduro

    (A) comestible
    (B) lavado
    (C) desarrollado
    (D) rociado

16. superioridad

    (A) abundancia
    (B) popularidad
    (C) permanencia
    (D) excelencia

17. absurdo

    (A) desagradable
    (B) tonto
    (C) razonable
    (D) muy antiguo

18. hueco

    (A) vacío
    (B) quebradizo
    (C) áspero
    (D) liso

19. seguro

    (A) distante
    (B) salvo
    (C) conveniente
    (D) secreto

20. previo

    (A) personal
    (B) más urgente
    (C) más atractivo
    (D) anterior

TEST III. SINONIMOS

Indicaciones: Seleccionar la palabra o frase cuyo significado se aproxime más al sugerido. Circundar la letra precedente a la respuesta elegida.
Las respuestas correctas las encontrará al final del capítulo.

1. mugriento
   - (A) mal ajustado
   - (B) mal hecho
   - (C) sucio
   - (D) raído

2. falsificado
   - (A) misterioso
   - (B) falso
   - (C) ilegible
   - (D) inapreciable

3. expertamente
   - (A) terriblemente
   - (B) rápidamente
   - (C) con habilidad
   - (D) inesperadamente

4. ficticio
   - (A) imaginario
   - (B) bien conocido
   - (C) extraño
   - (D) fácil de recordar

5. consolado
   - (A) encontrado
   - (B) escaldado
   - (C) llevado a casa
   - (D) confortado

6. territorio
   - (A) región
   - (B) pantano
   - (C) rancho
   - (D) playa

7. enorme
   - (A) feo
   - (B) alto
   - (C) ancho
   - (D) inmenso

8. le hacen caso
   - (A) se preocupan
   - (B) le ignoran
   - (C) se muestran en desacuerdo
   - (D) le prestan atención

9. vigorosamente
   - (A) soñolientemente
   - (B) completamente
   - (C) enérgicamente
   - (D) tristemente

10. puntual
    - (A) cortés
    - (B) considerado
    - (C) apropiado
    - (D) en su momento

11. juvenil
    - (A) delincuente
    - (B) enfermo de amor
    - (C) para menores
    - (D) humorístico

12. uniforme
    - (A) creciente
    - (B) sin cambio
    - (C) inusual
    - (D) muy lento

13. poder
    (A) tamaño
    (B) ambición
    (C) fuerza
    (D) éxito

14. gratitud
    (A) agradecimiento
    (B) excitación
    (C) decepción
    (D) simpatía

15. familiar
    (A) bienvenido
    (B) temido
    (C) raro
    (D) bien conocido

16. montar
    (A) ensamblar
    (B) examinar cuidadosamente
    (C) localizar
    (D) llenar

17. comerciantes
    (A) productores
    (B) publicistas
    (C) banqueros
    (D) tenderos

18. alabado
    (A) reprendido
    (B) elogiado
    (C) promovido
    (D) condenado

19. girar
    (A) golpear
    (B) trabajar
    (C) vibrar
    (D) dar la vuelta

20. inesencial
    (A) dañado
    (B) innecesario
    (C) caro
    (D) hecho en el extranjero

TEST IV. SINONIMOS

Indicaciones: Seleccionar la palabra o frase cuyo significado se aproxime más al sugerido. Circundar la letra precedente a la respuesta elegida.
Las respuestas correctas las encontrará al final del capítulo.

1. amplificado
   (A) expandido
   (B) resumido
   (C) analizado
   (D) gritado

2. veredicto
   (A) aprobación
   (B) decisión
   (C) sentencia
   (D) llegada

3. autosuficiente
   (A) independiente
   (B) engañoso
   (C) tenaz
   (D) listo

4. enviado
   (A) llevado
   (B) defendido
   (C) rechazado
   (D) dañado

5. peatón
   (A) pasajero
   (B) el que cruza la calle
   (C) caminante
   (D) semáforo

6. fatal
   (A) accidental
   (B) mortal
   (C) peligroso
   (D) hermoso

7. indigente
   (A) pobre
   (B) perezoso
   (C) colérico
   (D) sin hogar

8. entornado
   (A) bloqueado
   (B) trabado
   (C) destrabado
   (D) abierto

9. inferior
   (A) notable
   (B) segunda clase
   (C) duradero
   (D) excelente

10. enfatizado
    (A) introducido
    (B) sobrestimado
    (C) contrastado
    (D) puesto de relieve

11. renta
    (A) impuestos
    (B) ingresos
    (C) gastos
    (D) productos

12. convocar
    (A) reunir
    (B) debatir
    (C) aceptar
    (D) beber

13. inflamable

    (A) venenoso
    (B) valioso
    (C) explosivo
    (D) que puede soltar humo

14. consciente

    (A) sorprendido
    (B) temeroso
    (C) decepcionado
    (D) enterado

15. usual

    (A) curioso
    (B) necesario
    (C) difícil
    (D) común

16. sin atención

    (A) lento
    (B) cuidadoso
    (C) descuidado
    (D) original

17. aproximado

    (A) matemáticamente correcto
    (B) casi exacto
    (C) notable
    (D) valioso

18. superviviente

    (A) que se ha mantenido
    (B) envidiado
    (C) excelente
    (D) destruido

19. pantanoso

    (A) cenagoso
    (B) arenoso
    (C) boscoso
    (D) rocoso

20. fidelidad

    (A) libertad
    (B) patria
    (C) protección
    (D) lealtad

TEST I. VOCABULARIO

Indicaciones: Seleccione la palabra o palabras que mejor completen cada frase.
Las respuestas correctas las encontrará al final del capítulo.

1. La familia vivía en una humilde ———.

   (A) profesión
   (B) aldea
   (C) manera
   (D) morada
   (E) religión

2. Los niños se vieron obligados a ——— por el premio.

   (A) esperar
   (B) trabajar como equipo
   (C) competir
   (D) cualificarse
   (E) correr

3. Quiero que ——— el problema antes de responder.

   (A) solucione
   (B) considere
   (C) ignore
   (D) cree
   (E) elimine

4. Les pidieron que ——— su lealtad.

   (A) empeñaran
   (B) admitieran
   (C) evidenciaran
   (D) fortalecieran
   (E) predijeran

5. Lo que usted dice ——— nuestra confianza.

   (A) pierde
   (B) merece
   (C) recupera
   (D) desea
   (E) teme

6. Aunque era joven, hizo notables ———.

   (A) velocidades
   (B) progresos
   (C) capacidades
   (D) sabidurías
   (E) conocimientos

7. Era una niña ——— y ———.

   (A) ignorante-pesada
   (B) echada a perder-mimada
   (C) tímida-tranquila
   (D) reactiva-vigorosa
   (E) rápida-laboriosa

8. La última ——— era llevar «Jeans» y camisas viejas

   (A) éxito
   (B) castigo
   (C) fracaso
   (D) cambio
   (E) moda

9. Al encontrar al león, quedaron helados de ———.

   (A) frío
   (B) terror
   (C) disgusto
   (D) desprecio
   (E) placer

10. Los niños estaban ——— pacíficamente en sus camas.

    (A) descansando
    (B) despiertos
    (C) hablando
    (D) durmiendo
    (E) desarrollándose

TEST II. VOCABULARIO

Indicaciones: Seleccione la palabra o palabras que mejor completen cada frase.
Las respuestas correctas las encontrará al final del capítulo.

1. Aunque era ———, todavía era ———.
   (A) mayor-activa
   (B) enérgica-temerosa
   (C) rica-cansada
   (D) saludable-prudente
   (E) elegante-joven

2. Pensó que era importante ser un padre ——— para que sus hijos le escucharan.
   (A) ligero
   (B) conveniente
   (C) estricto
   (D) correcto
   (E) animoso

3. Las acciones no ——— un elevado rendimiento.
   (A) aseguraron
   (B) quisieron
   (C) dudaron
   (D) esperaron
   (E) produjeron

4. Vieron ——— las estrellas.
   (A) titilar
   (B) moverse
   (C) deslizarse
   (D) inveretirse
   (E) precipitarse

5. No tomar las medicinas a tiempo produjo un/a ——— de la enfermedad.
   (A) nuevo desarrollo
   (B) distribución
   (C) fallo
   (D) ataque
   (E) terminación

6. A pesar de otras necesidades, los profesores siguen ——— lo básico.
   (A) reverenciando
   (B) desarrollando
   (C) apreciando
   (D) ignorando
   (E) poniendo el énfasis en

7. Los bomberos utilizaron un/a potente ——— para abrir la puerta del coche que se había trabado en el accidente.
   (A) plan
   (B) idea
   (C) dispositivo
   (D) grupo
   (E) persona

8. Pidieron a todo el mundo que ——— dinero para caridad.
   (A) donara
   (B) ganara
   (C) gastara
   (D) ahorrara
   (E) comprara

9. Vamos a ——— reina de la danza.
   (A) quererla
   (B) ofrecerla
   (C) afirmarla
   (D) proclamarla
   (E) esperarla

10. Procure no ——— sus responsabilidades, aunque tenga otras cosas que hacer.
    (A) preocuparse de
    (B) rebelarse contra
    (C) fracasar en
    (D) despreciar
    (E) desear

TEST III. VOCABULARIO

Indicaciones: Seleccione la palabra o palabras que mejor completen cada frase.
Las respuestas correctas las encontrará al final del capítulo.

1. El béisbol es un/a ——— agradable que gusta a todo el mundo.

   (A) tarea
   (B) reunión
   (C) día
   (D) asignación
   (E) pasatiempo

2. Los gérmenes ——— enfermedades.

   (A) procrean
   (B) engendran
   (C) atraen
   (D) previenen las
   (E) evitan las

3. Su hija era una niña pequeña y ———, de rasgos diminutos.

   (A) violenta
   (B) consciente
   (C) sexy
   (D) simpática
   (E) delicada

4. Aunque le atacaban por todas partes, su notable ——— fue una luz para los demás.

   (A) valor
   (B) fuerza
   (C) habilidad
   (D) velocidad
   (E) riqueza

5. Una vez enfrentado a la evidencia ———, rápidamente su culpa.

   (A) acusó
   (B) sospechó
   (C) temió
   (D) admitió
   (E) asignó

6. Más de la mitad de ——— terrestre está bajo el agua.

   (A) los vientos
   (B) las olas
   (C) la tierra
   (D) la superficie
   (E) los océanos

7. Compró el coche por un precio muy ———.

   (A) frecuentes
   (B) inusual
   (C) corto
   (D) moderado
   (E) abundante

8. La Medalla al Honor es el/la ——— supremo/a que puede obtener un soldado.

   (A) tarea
   (B) servicio
   (C) deber
   (D) presente
   (E) recompensa

9. La danza de la lluvia forma parte de un/una antiguo/a ——— que han conservado los indios a través del tiempo.

   (A) equipo
   (B) costumbre
   (C) recuerdo
   (D) fiesta
   (E) sombrero

10. Hemos ——— la ventana rota.

    (A) reparado
    (B) comprado
    (C) renovado
    (D) permitido
    (E) cambiado

TEST IV. VOCABULARIO

Indicaciones: Seleccione la palabra o palabras que mejor completen cada frase.
Las respuestas correctas las encontrará al final del capítulo.

1. Contrastaron la chaqueta marrón ───── del padre con el equipo ───── a rayas del hijo.

   (A) casual-mitigado
   (B) vieja-pasado de moda
   (C) conservadora-chillón
   (D) sombría-oscuro
   (E) barata-precioso

2. Trataron de pasar en medio de ───── gente.

   (A) la multitud
   (B) el aullido
   (C) el ruido
   (D) el desfile
   (E) la acerca

3. Tras su elección, fue ───── en las canciones y la historia.

   (A) glorificado
   (B) halagado
   (C) negado
   (D) ofrecido
   (E) entristecido

4. A pesar de su embarazo, sabía que tendría que ───── cara a cara a la gente.

   (A) asombrarse
   (B) confundirse
   (C) enfrentarse
   (D) mezclarse
   (E) interesarse

5. Su oponente estaba totalmente ───── por la estrategia que él estaba utilizando y trató de reducirla.

   (A) afligido
   (B) liberado
   (C) gozoso
   (D) interesado
   (E) sorprendido

6. Me temo que mi viejo coche está más allá de ─────. Tendré que tirarlo

   (A) el aprendizaje
   (B) la reparación
   (C) aquí
   (D) la pintura
   (E) el alquiler

7. ───── obediencia a mis estudiantes. No deseo repetir las órdenes.

   (A) permito
   (B) tengo
   (C) doy
   (D) prometo
   (E) exijo

8. A pesar de su capacidad, los que habían sufrido bajo su mano le consideraban un ─────.

   (A) adversario
   (B) tirano
   (C) enemigo
   (D) rey
   (E) obrero

9. Ella llevaba un perfume de delicado ─────.

   (A) tinte
   (B) tacto
   (C) sensación
   (D) aroma
   (E) sonido

10. Los buzos trataron de ───── lo que pudieron del buque hundido.

    (A) fundir
    (B) salvar
    (C) martillear
    (D) gravar
    (E) preparar

TEST I. ANTONIMOS

Indicaciones: Seleccione la palabra de significado más opuesto al término escrito en mayúsculas. Circunde la letra precedente a la respuesta elegida.
Las respuestas correctas las encontrará al final del capítulo.

1. APLICAR
   - (A) utilizar
   - (B) quitar
   - (C) querer
   - (D) reutilizar
   - (E) fallar

2. VALOR
   - (A) valentía
   - (B) vergüenza
   - (C) miedo
   - (D) ayuda
   - (E) precaución

3. DAÑAR
   - (A) lanzar
   - (B) herir
   - (C) reparar
   - (D) capturar
   - (E) inundar

4. PRECAUCION
   - (A) preocupación
   - (B) cuidado
   - (C) sensatez
   - (D) inquietud
   - (E) consciencia

5. DETECTAR
   - (A) desestimar
   - (B) señalar
   - (C) ver
   - (D) alarmar
   - (E) advertir

6. HOSTIL
   - (A) cálido
   - (B) amigable
   - (C) enemigo
   - (D) importante
   - (E) final

7. INSERTAR
   - (A) reemplazar
   - (B) ofrecer
   - (C) copiar
   - (D) referirse
   - (E) sacar

8. OBJETAR
   - (A) negar
   - (B) evitar
   - (C) planear
   - (D) rehusar
   - (E) aceptar

9. ATRAER
   - (A) seducir
   - (B) repeler
   - (C) aconsejar
   - (D) pescar
   - (E) tentar

10. PROLONGAR
    - (A) extender
    - (B) agrandar
    - (C) acortar
    - (D) empezar
    - (E) fallar

TEST II. ANTÓNIMOS

Indicaciones: Seleccione la palabra de significado más opuesto al término escrito en mayúsculas. Circunde la letra precedente a la respuesta elegida.

Las respuestas correctas las encontrará al final del capítulo.

1. ACOSAR
   - (A) molestar
   - (B) aliviar
   - (C) florecer
   - (D) exponer
   - (E) molestar

2. REGOCIJO
   - (A) júbilo
   - (B) guirnalda
   - (C) tristeza
   - (D) felicidad
   - (E) alegría

3. RARO
   - (A) frecuente
   - (B) inusual
   - (C) viejo
   - (D) nuevo
   - (E) divertido

4. CONTENDER
   - (A) agradar
   - (B) intentar
   - (C) tratar
   - (D) planear
   - (E) abandonar

5. TACITURNO
   - (A) sombrío
   - (B) animoso
   - (C) triste
   - (D) echado a perder
   - (E) inteligente

6. ALABANZA
   - (A) recompensa
   - (B) celebración
   - (C) victoria
   - (D) molestia
   - (E) censura

7. ERECTO
   - (A) puesto
   - (B) caído
   - (C) salido
   - (D) despierto
   - (E) nueva marca

8. CORRECTO
   - (A) exacto
   - (B) escrito
   - (C) erróneo
   - (D) favorecido
   - (E) castigado

9. GANAR
   - (A) fallar
   - (B) triunfar
   - (C) brillar
   - (D) querer
   - (E) divulgar

10. FRENO
    - (A) Pausa
    - (B) libre
    - (C) calle
    - (D) sentido
    - (E) camino

TEST III. ANTÓNIMOS

Indicaciones: Seleccione la palabra de significado más opuesto al término escrito en mayúsculas. Circunde la letra precedente a la respuesta elegida.
Las respuestas correctas las encontrará al final del capítulo.

1. PELIGRO
   - (A) riesgo
   - (B) maldad
   - (C) deseo
   - (D) seguridad
   - (E) giro

2. CONTINUAR
   - (A) seguir
   - (B) proseguir
   - (C) detenerse
   - (D) alejarse
   - (E) acortar

3. EMPEÑARSE EN
   - (A) renunciar
   - (B) jurar
   - (C) esperar
   - (D) limpiar
   - (E) golpear

4. DESAGUAR
   - (A) hundir
   - (B) llenar
   - (C) vaciar
   - (D) sumergir
   - (E) tirar

5. CARACTERISTICO
   - (A) extraño
   - (B) raro
   - (C) usual
   - (D) falso
   - (E) frecuente

6. INOCENTE
   - (A) conocedor
   - (B) libre
   - (C) sin culpa
   - (D) correcto
   - (E) honesto

7. PRECEDENTE
   - (A) siguiente
   - (B) anterior
   - (C) mejor
   - (D) previo
   - (E) sermón

8. RUSTICO
   - (A) rural
   - (B) urbano
   - (C) paisano
   - (D) llano
   - (E) sucio

9. VIOLENTO
   - (A) colérico
   - (B) rabioso
   - (C) dulce
   - (D) temible
   - (E) maledicente

10. SISTEMATICO
    - (A) regular
    - (B) archivador
    - (C) uniformado
    - (D) uniforme
    - (E) confuso

TEST IV. ANTONIMOS

Indicaciones: Seleccione la palabra de significado más opuesto al término escrito en mayúsculas. Circunde la letra precedente a la respuesta elegida.
Las respuestas correctas las encontrará al final del capítulo.

1. ALARMA
   - (A) sobresalto
   - (B) libertad
   - (C) tranquilidad
   - (D) paseo
   - (E) velozmente

2. QUERER
   - (A) consolar
   - (B) sostener
   - (C) alegrar
   - (D) abandonar
   - (E) dar la bienvenida

3. DURO
   - (A) débil
   - (B) resistente
   - (C) fuerte
   - (D) juvenil
   - (E) valiente

4. LUCIDO
   - (A) brillante
   - (B) claro
   - (C) plástico
   - (D) vidrioso
   - (E) oscuro

5. POSPONER
   - (A) retrasar
   - (B) diferir
   - (C) esperar
   - (D) salmodiar
   - (E) acelerar

6. CALMAR
   - (A) aquietar
   - (B) remitir
   - (C) excitar
   - (D) lavar
   - (E) conquistar

7. LIBERAL
   - (A) abierto
   - (B) intolerante
   - (C) democrático
   - (D) amplio
   - (E) libre

8. ENEMISTAD
   - (A) armonía
   - (B) pelea
   - (C) riña
   - (D) gentío
   - (E) alboroto

9. CONFUNDIR
   - (A) mezclar
   - (B) clarificar
   - (C) desordenar
   - (D) humedecer
   - (E) combinar

10. IMPERFECCION
    - (A) fallo
    - (B) tacha
    - (C) superioridad
    - (D) alado
    - (E) defecto

PARTE B. OBSERVACION Y MEMORIA

Muchos tests de aptitud incluyen cuestiones relacionadas con la memoria. Esencialmente le pedirán que observe una fotografía o dibujo, una serie de nombres, letras o números, pidiéndole luego que recuerde lo que ha visto. Aquí es especialmente importante medir el tiempo.
En esta sección tendrá que ver una imagen durante varios minutos. Luego se le quita la imagen (en estos auto-tests tiene que pasar a la página de las preguntas) y debe responder a una serie de preguntas relacionadas con la imagen. La finalidad de este ejercicio es determinar su habilidad y aptitud para recordar de memoria detalles específicos de la imagen.
Al realizar este test es importante que tenga en cuenta que debe utilizar todo el tiempo disponible para estudiar el dibujo. No piense al cabo de unos momentos que ya lo conoce todo. Utilice el tiempo del que dispone para estudiarlo... y estúdielo. Cuando ya haya practicado con algunos tests, se habituará al tipo de preguntas que se suelen hacer.
Como sucede con la mayoría de los tests, necesitará utilizar un enfoque sistemático. No pretenda mirar la imagen y fijar en la mente todos los detalles; eso es un método confuso y carente de sistema. Procure examinar la imagen haciendo una historia sobre ella. Observe todos los detalles tratando de conectarlos con los detalles de su historia imaginada. Observe sobre todo cómo visten los personajes, pero conectando sus ropas con la historia. Dicho de otro modo, no se limite a pensar: «La chica que está haciendo el puzzle lleva una blusa a rayas.» Dé un paso adelante y piense: «La chica, sentada a la derecha del dibujo, lleva una blusa a rayas de mangas cortas. En la muñeca izquierda lleva algo que parece un reloj masculino. La correa del reloj es similar a su blusa a rayas. Está ensamblando un puzzle que parece hecho de piezas blancas y negras. Estas, además, son similares a las rayas verticales blancas y negras de la blusa.
Esta descripción de la persona debe ajustar con su historia general. Evidentemente, a lo mejor no le hacen ninguna pregunta sobre ese personaje del dibujo, pero debe estudiarlo cuidadosamente porque nunca sabe qué es lo que le pueden preguntar.
Repase la imagen completamente, observando las fechas específicas de los calendarios, la hora de los relojes, si las luces están encendidas o apagadas, los nombres de los mapas, los títulos de los libros o revistas, los objetos que hay en las mesas y repisas y las joyas. Nunca observará demasiado, pues no puede saber las preguntas que le van a hacer.
Pruebe con las siguientes preguntas simples para ver cómo lo hace.

Compruebe sus capacidades mentales

Imagen de muestra para la observación y la memoria

Tiempo: 5 minutos

Indicaciones: tiene cinco minutos para estudiar la imagen inferior y memorizar tantos detalles como le sea posible: personas, ropas, actividades, lugares de los objetos, etc. No debe tomar notas escritas. Posteriormente hará una prueba sobre los detalles que observó y recordó de esta escena.

Contenido del bolso de una mujer

Preguntas sobre la muestra de observación y memoria

Tiempo: 8 minutos

Indicaciones: las siguientes preguntas se basan en detalles de las imágenes que acaba de estudiar. En cada pregunta lea cuidadosamente todas las posibilidades. Seleccione entonces la respuesta que considere correcta. Recuerde que NO puede volver la página.

1. ¿Dónde vive Gladys Constantine?

    (A) Chalmers Street, en Manhattan
    (B) Summer Street, en Manhattan
    (C) Summer Street, en Brooklyn
    (D) Chalmers Street, en Brooklyn

2. ¿Cuántas llaves había en el bolso?

    (A) dos
    (B) tres
    (C) cuatro
    (D) cinco

3. ¿Cuánto dinero había en el bolso?

    (A) exactamente cinco dólares
    (B) más de cinco dólares
    (C) exactamente diez dólares
    (D) menos de un dólar

4. El ticket de compra que había en el bolso demuestra que ha comprado:

    (A) el bolso
    (B) lápiz de labios
    (C) pañuelos
    (D) medicina recetada

Respuestas correctas a las preguntas de la muestra

1. C   2. C   3. B   4. D

TEST I. IMAGEN PARA LA OBSERVACION Y MEMORIA

Tiempo: 5 minutos

Indicaciones: sólo tiene cinco minutos para estudiar la imagen inferior y memorizar lo más posible los detalles: ropas, personas, actividades, lugar de los objetos, etc. No debe tomar notas por escrito. Posteriormente hará un tests sobre los detalles que ha observado y recordado de esta escena.

Cuando el tiempo asignado se haya terminado, dé la vuelta a la página y responda a las preguntas. No debe volver a mirar el dibujo mientras responde sobre él.

TEST I. OBSERVACION Y MEMORIA

Tiempo: 10 minutos

Indicaciones: las siguientes preguntas se basan en detalles de la imagen que acaba de estudiar. En cada pregunta lea cuidadosamente las posiblidades. Seleccione luego la respuesta que considera correcta. Recuerde que NO puede volver a mirar el dibujo.

Las respuestas correctas se encuentran al final del capítulo.

1. El cajero

   (A) lleva una corbata a rayas
   (B) lleva gafas
   (C) da cambio
   (D) es zurdo
   (E) está detrás de una ventana

2. En la repisa que está delante del cajero hay

   (A) un calendario
   (B) un cenicero
   (C) un libro de banca
   (D) un portaplumas
   (E) una placa con un nombre

3. La mujer del vestido a rayas

   (A) lleva un bolso
   (B) lleva un pañuelo
   (C) lleva guantes
   (D) es la tercera de la cola
   (E) lleva un medallón

4. El hombre que lleva puesto un sombrero también

   (A) entrega dinero al cajero
   (B) lleva pajarita
   (C) habla con otro hombre de la cola
   (D) fuma en pipa
   (E) fuma un cigarrillo

5. Las frases siguientes sobre el dibujo son ciertas SALVO:

   (A) hay tres personas en la cola
   (B) el hombre del sombrero lleva gafas
   (C) el último hombre de la cola tiene el pelo negro
   (D) no hay dinero a la vista
   (E) el cajero está escribiendo

6. El momento del día es

   (A) primeras horas de la mañana
   (B) la hora del almuerzo
   (C) media tarde
   (D) últimas horas de la tarde
   (E) imposible de determinar

7. El nombre del cajero

   (A) R. Smith
   (B) T. Jones
   (C) T. Smith
   (D) R. Jones
   (E) no se ve

Compruebe sus capacidades mentales

TEST II. IMAGEN PARA LA OBSERVACION Y MEMORIA

Tiempo: 5 minutos

Indicaciones: tendrá sólo cinco minutos para estudiar la imagen inferior y memorizar cuantos detalles sea posible: personas, ropas, actividades, posición de los objetos, etc. No puede tomar notas por escrito. Posteriormente comprobará los detalles que observó y recordó de esta escena.

Cuando el tiempo asignado se haya terminado, dé la vuelta a la página y responda a las preguntas. No debe volver a mirar el dibujo mientras responde sobre él.

TEST II. OBSERVACION Y MEMORIA

Tiempo: 10 minutos

Indicaciones: las siguientes preguntas se basan en detalles de la imagen que acaba de estudiar. En cada pregunta lea cuidadosamente todas las posibilidades. Seleccione luego la respuesta que considere correcta. Recuerde que NO puede volver al dibujo.

Las respuestas correctas se encuentran al final del capítulo.

1. ¿Cuántos hombres llevan gafas?

    (A) uno
    (B) dos
    (C) tres
    (D) cuatro
    (E) ninguno

2. ¿Cuántos de los hombres llevan traje oscuro?

    (A) uno
    (B) dos
    (C) tres
    (D) cuatro
    (E) cinco

3. ¿Cuál de los elementos siguientes NO se ve en la mesa?

    (A) caja archivadora
    (B) jarro de agua
    (C) cenicero
    (D) vaso de agua
    (E) lápiz

4. El hombre que preside la mesa

    (A) habla al grupo
    (B) señala al mapa
    (C) lee los papeles que tiene delante
    (D) mira a un hombre que está a su derecha
    (E) mira a un hombre que está a su izquierda

5. Todas las frases siguientes son ciertas SALVO:

    (A) hay siete hombres en la mesa
    (B) el mapa está justamente detrás del hombre que preside la mesa
    (C) el hombre que habla tiene un vaso de agua delante
    (D) uno de los hombres lleva una pipa
    (E) el hombre que preside la mesa lleva una corbata a cuadros

6. El hombre del bigote

    (A) sostiene un lápiz
    (B) lleva una corbata a rayas
    (C) es calvo
    (D) lleva un traje oscuro
    (E) no lleva gafas

TEST III. IMAGEN PARA LA OBSERVACION Y MEMORIA

Tiempo: 5 minutos

Indicaciones: tiene sólo cinco minutos para estudiar la imagen inferior y memorizar cuantos detalles sea posible: personas, ropas, actividades, posiciones de los objetos, etc. No puede tomar notas por escrito. Posteriormente comprobará los detalles que observó y recuerda de esta escena.

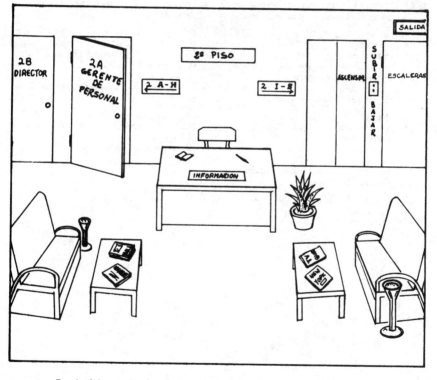

Cuando el tiempo asignado se haya terminado, dé la vuelta a la página y responda a las preguntas. No debe volver a mirar el dibujo mientras responde sobre él.

TEST III. OBSERVACION Y MEMORIA

Tiempo: 10 minutos

Indicaciones: las siguientes preguntas se basan en detalles del dibujo que acaba de estudiar. En cada pregunta lea cuidadosamente las posibilidades. Seleccione luego la respuesta que considere correcta. Recuerde que NO puede volver a mirar el dibujo.

Las respuestas correctas a las preguntas se encuentran al final del capítulo.

1. En el dibujo hay una mesa de oficina. De los siguientes elementos, ¿cuál está encima de la mesa?

    (A) una planta
    (B) un teléfono
    (C) un archivador de entradas y salidas
    (D) un cartel de «Información»

2. ¿En qué piso está el área de espera?

    (A) sótano
    (B) piso principal
    (C) segundo piso
    (D) tercer piso

3. La puerta que se encuentra inmediatamente a la derecha de la mesa es la puerta de

    (A) la oficina del Gerente de Personal
    (B) el ascensor
    (C) otro corredor
    (D) las escaleras

4. Entre las revistas de las mesas del área de espera están:

    (A) *Time* y *Newsweek*
    (B) *Reader's Digest* y *T.V. Guide*
    (C) *New York* y *Reader's Digest*
    (D) *Time* y *T.V. Guide*

5. Una puerta está parcialmente abierta. Es la puerta de

    (A) el despacho del Director
    (B) el despacho del Gerente de Personal
    (C) las escaleras
    (D) una oficina sin nombre

PARTE C. CAPACIDAD DE RAZONAMIENTO

Los tests de la sección de capacidad de razonamiento son verbales y no verbales. En ellos tiene que descubrir las relaciones subyacentes que existen entre datos específicos. Estas preguntas están destinadas a medir el razonamiento inductivo, la capacidad de razonar desde una parte hasta el todo o desde casos específicos a conclusiones generales.

Los tests de analogías verbales presentan un par de palabras y tiene que seleccionar otro par que se relacione de algún modo con las primeras. Del mismo modo, el test de razonamiento de símbolos es para encontrar y desarrollar relaciones. Sin embargo, ahora las relaciones se dan entre símbolos, no entre palabras.

Para no sentirse intimidado, lea cuidadosamente las instrucciones de cada test antes de examinar los problemas. Trate luego de practicar con las preguntas. Léalas varias veces hasta estar seguro de que las entiende. Si sigue teniendo dificultades, pruebe con una o dos preguntas reales y compruebe las respuestas. Vea si, analizando las respuestas, puede determinar cómo se derivan las soluciones. Luego empiece un test; una vez que lo haya completado y comprobado sus respuestas, sabrá si entiende realmente el material. Si sigue teniendo problemas, vuelva a leer las indicaciones y rehaga el primer test hasta que entienda la técnica.

ANALOGIAS VERBALES

Debido a que la pregunta analógica proporciona una medida del vocabulario y de la capacidad de razonamiento, es un componente importante de muchos tests de inteligencia general y de capacidad verbal. Estas dos habilidades son importantes para casi todas las ocupaciones que exijan capacidad de tomar decisiones o de razonar.

¿Qué es una analogía?

Es una proporción verbal presentada en la forma A : B :: C : D. En esta proporción, el signo: representa *es a*, y el signo :: significa *como*. Por tanto, esta proporción se lee A es a B como C es a D.

En las preguntas siguientes tendrá que seleccionar una pareja de palabras cuya relación *se acerque más* a la relación expresada por la primera pareja de palabras. Compruebe la analogía simple de la pregunta inferior.

Muestra de pregunta analógica

FOTO INSTANTANEA: ALBUM DE RECORTES ::

(A) memorándum : archivo
(B) fotografía : sobrecubierta
(C) cámara : cajón
(D) película : marco
(E) carrera : portafolio

Respuesta correcta a la muestra de pregunta analógica

(A) Una FOTO INSTANTANEA se guarda para futuras referencias en un ALBUM DE RECORTES del mismo modo que el MEMORANDUM se guarda en un ARCHIVO.

Antes de realizar los siguientes tests de analogías verbales, lea completamente las *Sugerencias para realizar tests analógicos*.

Sugerencias para realizar tests analógicos

1. Lea cuidadosamente cada pregunta y trate de categorizar la relación expresada por la pareja de palabras dada. Busque primero una relación entre las dos palabras dadas separadas sólo

por dos puntos (A y B o C y D). Si no encuentra relación entre esos términos, busque una relación entre el primer término y el tercero, o el segundo y el cuarto (A y C o A y D).
2. Lea cada respuesta posible. Se ha demostrado que las cuestiones que es más probable responder incorrectamente son aquellas en las que la respuesta correcta es la última opción. La probable razón de esto es que los candidatos tienden a elegir la primera respuesta plausible que ven, en lugar de examinar todas las opciones para determinar cuál es verdaderamente la respuesta a la pregunta.
3. Utilice claves de contexto para solucionar problemas analógicos que contengan uno o más términos inusuales. Aunque no es necesario que los cuatro términos de una cuestión analógica sean la misma parte del enunciado, no habrá más de dos partes del enunciado representadas en una sola cuestión (a menos que la cuestión sea una analogía no semántica). Teniendo en mente este hecho podrá eliminar inmediatamente cualquier opción que introduzca una tercera parte del enunciado en un problema analógico.
4. Responda a todas las preguntas. Como no se impone penalización por las respuestas incorrectas, le beneficia marcar una respuesta a todas las preguntas. Incluso aunque sólo se trate de una conjetura, puede acertar con la respuesta correcta y añadir puntos valiosos a la puntuación final. Si se equivoca no pierde nada.
5. Trabaje con rapidez. No pierda tiempo en una analogía difícil. Si no encuentra la respuesta fácilmente, pase a la pregunta siguiente y responda a todas las preguntas que sabe —o cree saber— del examen completo. Si sigue sin tener una idea de cuál es la respuesta correcta, haga una conjetura.

TEST I. ANALOGIAS VERBALES

Indicaciones: cada una de estas cuestiones empieza con dos palabras en MAYUSCULAS que están relacionadas entre sí de algún modo. Descubra cómo se relacionan. Estudie luego las cinco parejas de palabras siguientes. Llevan delante las letras A, B, C, D y E. Seleccione las dos palabras que se relacionan entre sí del mismo modo que las dos que van en MAYUSCULAS.
Las respuestas correctas, y su explicación, se encuentran al final del capítulo.

1. CABELLO : CALVICIE ::

   (A) peluca : cabeza
   (B) huevo : cáscara de huevo
   (C) lluvia : sequía
   (D) piel : cicatriz
   (E) salud : enfermedad

2. BOTE : BARCO ::

   (A) libro : volumen
   (B) canoa : rueda de paletas
   (C) remo : agua
   (D) popa : proa
   (E) tierra : mar

3. GUADAÑA : MUERTE ::

   (A) otoño : invierno
   (B) navaja : asesino
   (C) hoz : cereales
   (D) cosecha : cultivo
   (E) flecha : amor

4. CARNIVORO : ANIMALES ::

   (A) omnívoro : tortillas
   (B) vegetariano : verduras
   (C) elementos rastro : minerales
   (D) hervíboro : salud
   (E) polinización : plantas

5. MALVA : COLOR ::

   (A) albahaca : especia
   (B) sin color : coloreado
   (C) claro : coloreado
   (D) moreno : marrón
   (E) azul : arcoiris

6. ENVOLVER : SILENCIAR ::

   (A) cubrir : campana
   (B) sonido : audición
   (C) gritar : alto
   (D) obstaculizar : derrotar
   (E) vislumbrar : mirar

7. ESCASEZ : POQUEDAD ::

   (A) pocos : muchos
   (B) falta : mengua
   (C) carestía : hartura
   (D) vacío : contenedor
   (E) bien : expectativa

8. FILIGRANA : MARCA DE NACIMIENTO ::

   (A) boya : sello
   (B) papel : persona
   (C) marea : carácter
   (D) línea : señal
   (E) significado : sentido

9. BRILLO : BRILLANTE ::

   (A) color : rojo
   (B) amarillo : rojo
   (C) ventana : luz
   (D) luz : fuego
   (E) feliz : embelesado

10. POTENTE : PODEROSO ::

    (A) músculo : boxeador
    (B) semejante : igual
    (C) fuerza : ejercicio
    (D) débil : pequeño
    (E) grande : más grande

11. INFORME DE NOTICIAS : DESCRIPTIVO ::
    (A) informe climático : impredecible
    (B) editorial : unilateral
    (C) historia rasgos : digno de noticias
    (D) anuncio : prescriptivo
    (E) broma : divertido

12. ACUERDO : CONSENSO ::
    (A) cuenta : censo
    (B) placer : gozo
    (C) paz : tranquilidad
    (D) discusión : solución
    (E) acción : incitación

13. AGUA : HIDRAULICO ::
    (A) energía : atómico
    (B) luz : electricidad
    (C) gasolina : combustión
    (D) presión : compresión
    (E) aire : neumático

14. ESTABLO : CABALLO ::
    (A) granero : vaca
    (B) pocilga : cerdo
    (C) aprisco : carnero
    (D) gallinero : gallina
    (E) zoo : leona

15. PAPEL : ACTOR ::
    (A) aria : soprano
    (B) privado : soldado
    (C) melodía : cantante
    (D) posición : bailarín
    (E) personaje : parte

16. PROA : BARCO ::
    (A) hocico : cerdo
    (B) morro : aeroplano
    (C) pájaro : pico
    (D) volante : coche
    (E) punta : eje

17. MAXIMO : MINIMO ::
    (A) pesimista : optimista
    (B) mínimo : óptimo
    (C) mejor : bueno
    (D) el que más : el que menos
    (E) menguar : crecer

18. SENSACION : ANESTESIA ::
    (A) respirar : pulmón
    (B) medicina : reacción
    (C) satisfacción : decepción
    (D) veneno : antídoto
    (E) observación : vista

19. DESEMBARCO : BARCO ::
    (A) tabla : tren
    (B) desmontar : caballo
    (C) interno : cárcel
    (D) descarga : navío
    (E) desmantelar : reloj

20. PROTEINAS : CARNE ::
    (A) calorías : nata
    (B) energía : azúcar
    (C) ciclamatos : dieta
    (D) fécula : patatas
    (E) grasa : colesterol

TEST II. ANALOGIAS VERBALES

Indicaciones: cada una de las preguntas empieza con dos palabras en MAYUSCULAS que están relacionadas entre sí de algún modo. Descubra cómo están relacionadas. Estudie luego las cinco parejas de palabras que les siguen. Van precedidas por las letras A, B, C, D y E. Seleccione las dos palabras que se relacionan entre sí del mismo modo que las dos que van en MAYUSCULAS.

Las respuestas correctas y su explicación se encuentran al final del capítulo.

1. CUELLO : NUCA ::

   (A) pie : talón
   (B) cabeza : frente
   (C) brazo : muñeca
   (D) estómago : espalda
   (E) ojo : párpado

2. ASIR : ALICATES ::

   (A) cincel : excavar
   (B) romper : martillo
   (C) levantar : gato
   (D) matar : cuchillo
   (E) sujetar : destornillador

3. RADIO : CIRCULO ::

   (A) goma : freno
   (B) bisección : ángulo
   (C) ecuador : tierra
   (D) cuerda : circunferencia
   (E) radio : rueda

4. PELO : CABALLO ::

   (A) pluma : pájaro
   (B) lana : oveja
   (C) plumón : almohadón
   (D) melocotón : pelusa
   (E) piel : animal

5. GLUGLUTEO : PAVO ::

   (A) veneno : cobra
   (B) corteza : cobra
   (C) tronco : elefante
   (D) gorjeo : pájaro
   (E) rey : león

6. ASTUTO : ESTUPIDO ::

   (A) erudito : idiota
   (B) ágil : torpe
   (C) solitario : payaso
   (D) bailarín : ignorante
   (E) inteligente : elegante

7. BALLENA : PEZ ::

   (A) collie : perro
   (B) mosca : insecto
   (C) murciélago : ave
   (D) pista : detective
   (E) hiena : tiburón

8. ORO : PROSPECTOR ::

   (A) medicina : doctor
   (B) orante : predicador
   (C) madera : carpintero
   (D) pista : detective
   (E) hierro : maquinista

9. PAREADO : POEMA ::

   (A) página : letra
   (B) frase : párrafo
   (C) número : dirección
   (D) épica : poesía
   (E) biografía : novela

10. PETROLEO : POZO ::

    (A) agua : grifo
    (B) hierro : mena
    (C) plata : mina
    (D) gas : tanque
    (E) madera : patio

11. TIMON : BARCO ::
    (A) volante : coche
    (B) motor : camión
    (C) remo : bote
    (D) milano : cuerda
    (E) ala : avión

12. SEMENTAL : GALLO ::
    (A) conejo : coneja
    (B) potra : potro
    (C) caballo : gallina
    (D) potro : ternera
    (E) yegua : gallina

13. LEER : LIBRO ::
    (A) sabroso : salado
    (B) asistir : película
    (C) oler : olfato
    (D) escuchar : grabar
    (E) tacto : papel

14. LORO : GORRION ::
    (A) perro : caniche
    (B) elefante : hormiga
    (C) carpa dorada : tiburón
    (D) león : gato
    (E) águila : mariposa

15. HUESOS : LIGAMENTO ::
    (A) ruptura : estiramiento
    (B) músculos : tendones
    (C) grasa : célula
    (D) nudillo : dedo
    (E) rodilla : articulación

16. ESPECIADO : INSIPIDO ::
    (A) pimienta : sal
    (B) caliente : cremoso
    (C) interesante : aburrido
    (D) pepino : pepinillos
    (E) blando : afilado

17. NUDO : ARBOL ::
    (A) plata : mena
    (B) bronce : cobre
    (C) plancha : madera
    (D) cristal : arena
    (E) perla : ostra

18. LEVADURA QUIMICA : LEVADURA ::
    (A) soda : burbuja
    (B) yodo : antiséptico
    (C) aspirina : medicina
    (D) harina : masa
    (E) penicilina : planta

19. MUCHOS : POLIGONO ::
    (A) circunferencia : círculo
    (B) hipotenusa : triángulo
    (C) punto : línea
    (D) grado : ángulo
    (E) cuatro : cuadrado

20. EXPURGAR : PASAJES ::
    (A) desfoliar : hojas
    (B) cancelar : cheques
    (C) incorporar : ideas
    (D) invadir : privacidad
    (E) labrar : campos

TEST III. ANALOGIAS VERBALES

Indicaciones: cada una de estas preguntas empieza con dos palabras en MAYUSCULA relacionadas de algún modo entre sí. Descubra cómo están relacionadas. Estudie luego las cinco parejas de palabras siguientes. Van precedidas por las letras A, B, C, D y E. Seleccione las dos palabras que se relacionan entre sí del mismo modo que las dos que van en MAYUSCULAS.

Las respuestas correctas y su explicación se encuentran al final del capítulo.

1. FARMACEUTICO : MEDICINAS ::

   (A) psiquiatra : ideas
   (B) mentor : instrucción
   (C) mecánica : problemas
   (D) cocinero : alimentos
   (E) enfermera : enfermedades

2. CONQUISTAR : SUBYUGAR ::

   (A) estimar : respetar
   (B) calumniar : vilipendiar
   (C) discernir : observar
   (D) ponderar : deliberar
   (E) libertad : esclavitud

3. GRABAR : CINCEL ::

   (A) imprimir : papel
   (B) fotografía : cámara
   (C) litografía : piedra
   (D) imprimir : tinta
   (E) aguafuerte : ácido

4. DECIBELIO : SONIDO ::

   (A) caloría : peso
   (B) voltio : electricidad
   (C) temperatura : clima
   (D) color : luz
   (E) área : distancia

5. HOMONIMO : SONIDO ::

   (A) sinónimo : idéntico
   (B) antónimo : significado
   (C) acrónimo : ideas
   (D) pseudónimo : fraude
   (E) sinópsis : sumario

6. SILLA : MOBILIARIO ::

   (A) neumático : goma
   (B) árbol : planta
   (C) alimento : carne
   (D) bote : flotar
   (E) coche : transporte

7. SIN VALOR : VALIOSO ::

   (A) tacaño : filántropo
   (B) frugalidad : riqueza
   (C) prodigalidad : barato
   (D) costoso : recorte
   (E) barato : invendible

8. TRIANGULO : PRISMA ::

   (A) esfera : tierra
   (B) cuadrado : romboide
   (C) rectángulo : edificación
   (D) círculo : cilindro
   (E) polígono : diamante

9. YUNTA : BUEY ::

   (A) silla de montar : semental
   (B) atadura : vaca
   (C) rebaño : oveja
   (D) marca al hierro : novillo
   (E) arneses : caballo

10. VACA : MANTEQUILLA ::

    (A) gallina : tortillas
    (B) árbol : fruta
    (C) novillo : cordero
    (D) agua : hielo
    (E) uva : uva pasa

11. LINEAL : CURVILINEAL ::
    (A) lanzar : alcanzar
    (B) amanecer : anochecer
    (C) absoluto : relativo
    (D) flecha : arco
    (E) arco : flecha

12. LECHUGA : HOJA ::
    (A) patata : ojo
    (B) rosa : espino
    (C) cebolla : bulbo
    (D) hierba : tallo
    (E) uva : vino

13. SODIO : SAL ::
    (A) soda : solución
    (B) molécula : átomo
    (C) oxígeno : agua
    (D) químico : bioquímica
    (E) análisis : síntesis

14. PRESA : AGUA ::
    (A) sobre : debajo
    (B) embargo : comercio
    (C) maldición : H$_2$O
    (D) castor : pez
    (E) río : corriente

15. ALIVIAR : DOLOR ::
    (A) amortiguar : ruido
    (B) crear : ruido
    (C) recuperar : consciencia
    (D) degastar : borde
    (E) calmar : nervios

16. LATENTE : LEJANO ::
    (A) crudo : calloso
    (B) potencial : tardío
    (C) elegante : irritado
    (D) obvio : oculto
    (E) decoroso : fallecido

17. CALIBRE : RIFLE ::
    (A) reputación : ráfaga
    (B) compás : taladro
    (C) infantería : marina
    (D) calibre : raíles
    (E) caballería : infantería

18. TROZO : PICADILLO ::
    (A) freír : hornear
    (B) carne : pastel
    (C) hacha : mazo
    (D) Washington : Lincoln
    (E) sacudir : golpear

19. PECADILLO : CRIMEN ::
    (A) fiscal del distrito : criminal
    (B) vacilar : irresolución
    (C) armadillo : hueso
    (D) celemín : fanega
    (E) policía : cárcel

20. MADERA : PAPEL ::
    (A) hierro : acero
    (B) silla : pared
    (C) corte : clip
    (D) chimenea : encendedor
    (E) bosque : fuego

TEST IV. ANALOGIAS VERBALES

Indicaciones: cada una de estas preguntas empieza con dos palabras en MAYUSCULAS relacionadas de algún modo entre sí. Descubra cómo están relacionadas. Estudie luego las cinco parejas de palabras siguientes. Van precedidas por las letras A, B, C, D y E. Seleccione las dos palabras que se relacionan entre sí del mismo modo que las dos que van en MAYUSCULAS.
Las respuestas correctas y su explicación se encuentran al final del capítulo.

1. ALETA : PEZ ::

    (A) motor : auto
    (B) hélice : avión
    (C) cinco : diez
    (D) dientes : estómago
    (E) pata : silla

2. LIMITAR : REPRIMIR ::

    (A) avanzar : capitular
    (B) rodear : rendir
    (C) marchar : refrenar
    (D) retirarse : combatir
    (E) urgir : espolear

3. CONCIERTO : MUSICA ::

    (A) ejecución : artista
    (B) exposición : arte
    (C) interpretación : actor
    (D) opereta : cantante
    (E) flauta : solista

4. LLAVE : PUERTA ::

    (A) combinación : caja seguridad
    (B) agujero llave : agujero puerta
    (C) candado : llave
    (D) abrir : cerrar
    (E) candado : seguridad

5. LANZAR : BOTAR ::

    (A) llevar : levantar
    (B) dejar caer : romper
    (C) coger : saltar
    (D) sostener : perder
    (E) correr : ocultarse

6. TARDE : OCASO ::

    (A) desayuno : cena
    (B) ayuer : mañana
    (C) domingo : sábado
    (D) noche : amanecer
    (E) edad : juvenil

7. ESTUDIAR : APRENDER ::

    (A) correr : saltar
    (B) investigar : descubrir
    (C) leer : escribir
    (D) bailar : cantar
    (E) sentir : pensar

8. PULPA : PAPEL ::

    (A) cuerda : cáñamo
    (B) caja : paquete
    (C) tela : hilo
    (D) papel : paquete
    (E) celulosa : rayón

9. CORRER : CARRERA ::

    (A) caminar : palo de pogo
    (B) nadar : bote
    (C) volar : cometa
    (D) hundir : botella
    (E) reparar : automóvil

10. OBSTRUCCION : BOYA ::

    (A) construcción : edificación
    (B) chico : chica
    (C) peligro : luz roja
    (D) iceberg : Titanic
    (E) barricada : muro

11. APRESURAR : ACELERAR ::
    (A) iluminar : perturbar
    (B) refinar : refutar
    (C) inflar : hinchar
    (D) fregar : exprimir
    (E) aumentar : disminuir

12. VIBRACION : SONIDO ::
    (A) gravedad : atración
    (B) acuarela : pintura
    (C) accidente : muerte
    (D) gusano : reptil
    (E) sequía : plaga

13. ESCRIBIR : CARTA ::
    (A) pluma : papel
    (B) beber : vaso
    (C) interpretar : papel
    (D) rima : poema
    (E) memorizar : libro

14. DEPRESION : MASOQUISMO ::
    (A) hombre : animal
    (B) uno : muchos
    (C) psiquiatría : curación
    (D) venganza : sadismo
    (E) codicia : avaricia

15. PIEL : HOMBRE ::
    (A) escamas : pellejo
    (B) cabellera : cabello
    (C) paredes : habitación
    (D) ventana : casa
    (E) ropas : señora

16. ELIXIR : PILDORA ::
    (A) vida : salud
    (B) agua : hielo
    (C) botella : caja
    (D) misterio : medicina
    (E) enfermera : doctor

17. FRUGAL : ECONOMICO ::
    (A) frágil : sólido
    (B) próspero : rico
    (C) fructífero : soleado
    (D) regalo : cómico
    (E) prodigalidad : miseria

18. MUNDANO : TEMPORAL ::
    (A) terreno : celestial
    (B) celestial : estelar
    (C) espiritual : permanente
    (D) angélico : religioso
    (E) efímero : eterno

19. CLARINETE : MUSICA ::
    (A) símbolo : signo
    (B) tiza : escritura
    (C) hija : padre
    (D) lápiz : pluma
    (E) pan : harina

20. FURIOSO : COLERICO ::
    (A) frío : congelado
    (B) amar : agradar
    (C) abrazar : apretar
    (D) abofetear : golpear
    (E) deseo : cumplimiento

RAZONAMIENTO CON SIMBOLOS

Series de símbolos

Las preguntas sobre series de símbolos prueban su capacidad de descubrir la relación que rige en un grupo de símbolos, de modo que pueda saber cuál es el término siguiente de la serie. Cada pregunta se compone de una serie de cinco símbolos situados en la mitad izquierda de la página. A la derecha hay otros cinco símbolos, llamados A, B, C, D y E. Tiene que estudiar los cinco símbolos primeros para determinar qué está sucediendo en la serie. Luego seleccione los símbolos que van con una letra el que considera que mejor continúa la serie.

Dos preguntas de muestra explicadas

Cada símbolo de esta serie se compone de dos muelles. Los símbolos se diferencian entre sí por el número de lazos de cada muelle. En el primer símbolo hay cinco lazos; en el segundo el de la izquierda tiene cuatro y el de la derecha cinco; en el tercero cada uno tiene cuatro lazos. Conforme va progresando esta serie, primero el muelle de la izquierda pierde un lazo y luego pierde uno el de la derecha. Como el quinto símbolo de la serie tiene tres lazos en cada muelle, el sexto deberá tener dos lazos en el muelle izquierdo y tres en el derecho, tal como se ve en el símbolo etiquetado A.

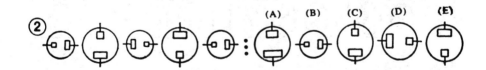

Los cinco primeros símbolos muestran una alternancia de pequeño a grande con un cuarto de giro en el sentido del reloj de un símbolo al siguiente. Por tanto, el término siguiente deberá ser un círculo grande (que elimina la posibilidad B) con el rectángulo más grande en el fondo del círculo (lo que elimina las posibilidades D y E). Un examen más atento de la posibilidad A muestra que los rectángulos de dentro de este círculo son más grandes que los de los demás. Por lo tanto la mejor elección para el término siguiente es (C), que tiene un círculo grande con un cuadrado pequeño arriba y un rectángulo más grande abajo.

Analogías de símbolos

Las preguntas sobre analogías de símbolos tratan de medir su capacidad de descubrir las relaciones subyacentes existentes entre grupos de símbolos. Cada pregunta se compone de tres cajas de símbolos. La primera contiene tres símbolos; la segunda dos y un signo de interrogación; y la tercera contiene cinco símbolos etiquetados con las letras A, B, C, D y E. Debe elegir el símbolo etiquetado de la tercera caja que mejor puede sustituir al de interrogación de la segunda. Para hacerlo así tiene que descubrir primero qué es lo que los símbolos de las dos primeras cajas tienen en común, observando luego de qué manera varían esos rasgos entre las cajas primera y segunda. Su respuesta será un símbolo que tiene un rasgo en común con todos los símbolos de la serie, pero que mantiene la misma variación en ese símbolo tal como la muestra los otros dos signos de la segunda serie.

Dos preguntas de muestra explicadas

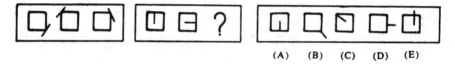

(A) (B) (C) (D) (E)

La característica común de esta serie es que cada símbolo se compone de un cuadrado y una línea que toca al cuadrado. La variación que distingue los símbolos de la serie uno con respecto a los de la serie dos es la posición de la línea en relación con el cuadrado. En la primera serie de símbolos, las líneas son tangentes a una esquina y exteriores al cuadrado. En la segunda serie, las líneas son perpendiculares a un lado y se hallan completamente dentro de ese cuadrado. Sólo la elección A mantiene este modelo.

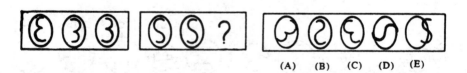

(A) (B) (C) (D) (E)

El rasgo común de esta serie es que todos los símbolos se componen de curvas similares encerradas en óvalos. En la primera serie, dos de las figuras encerradas van en una dirección y la otra a la inversa. Como la segunda serie contiene dos figuras encerradas en la misma dirección, la figura perdida debe ser un óvalo que contiene una figura inversa a las que se ven en la segunda serie de símbolos. La elección correcta es (B).

La lista siguiente le ayudará a descubrir los rasgos comunes y variaciones que probablemente se encontrará en las cuestiones de analogías de símbolos.

RASGOS COMUNES	VARIACIONES DEL RASGO COMUN
Líneas que dividen una figura	Divisiones iguales o desiguales
Líneas que forman ángulos	Angulos agudos, obtusos o rectos
Dirección de las líneas	Vertical, horizontal u oblicua Señalando hacia arriba o hacia abajo
Tipo de Línea	Continua o discontinua Curva o recta Todas iguales, alguna diferente o todas diferentes
Número de líneas	2, 3, 4, etc. Mismo número o diferente en cada figura
Relación entre las líneas	Intersección o sin intersección Paralelas o no
Relaciones de las líneas con las figuras	Líneas en el interior o exterior de las figuras Líneas que tocan o no tocan a las figuras
Formas cerradas	Formadas por líneas rectas o curvas
Figuras abiertas	El extremo abierto está arriba, abajo a la izquierda o a la derecha
Dirección de la figura	Se dirige hacia arriba, abajo, derecha o izquierda
Forma de la figura	Mismas o diferentes formas
Sombreado de la figura	Sombreado total o parcial Sombreado con líneas horizontales, verticales o inclinadas
Tamaño de la figura	Grande o pequeña Mismo o diferente tamaño
Relaciones entre las figuras	Se tocan, separadas Solapadas, compartiendo un área común
Figuras dentro de figuras	Mismas o diferentes figuras Figuras concéntricas o no concéntricas

Clasificación de figuras

En los tests de clasificación de figuras, cada problema se compone de dos grupos de figuras etiquetados 1 y 2. Estos dos grupos son seguidos de cinco figuras de respuesta llamadas A, B, C, D y E. En cada problema debe decidir qué característica es común a CADA UNA de las figuras del grupo 1 pero no aparece en NINGUNA de las figuras del grupo 2. Seleccione luego la letra de la respuesta que tiene esa característica. Los siguientes problemas de muestra aclaran muy bien las indicaciones.

Tres problemas de muestra explicados

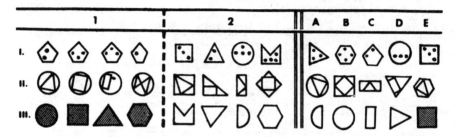

En el problema de muestra I, todas las figuras del grupo 1 son pentágonos, pero no lo es ninguna de las figuras del grupo 2; por tanto (C), el único pentágono de las figuras de respuesta, es la elección correcta.

En el problema de muestra II, todas las figuras del grupo 1 incluyen un círculo, pero no lo incluye ninguna de las figuras del grupo 2; por tanto (A) es la respuesta correcta.

En el problema de muestra III, todas las figuras del grupo 1 están sombreadas, pero no así ninguna figura del grupo 2; por tanto, la respuesta correcta es (E), la única figura de respuesta sombreada.

TEST I. RAZONAMIENTO CON SIMBOLOS

Series de símbolos

Indicaciones: cada problema se compone de cinco símbolos en la mitad izquierda de la página. Junto a ellos hay otros cinco llamados A, B, C, D y E. Debe estudiar los cinco primeros símbolos para determinar lo que está sucediendo en la serie. Seleccione luego la letra del símbolo que mejor continúa la serie.

Las respuestas correctas a estas preguntas se encuentran al final del capítulo.

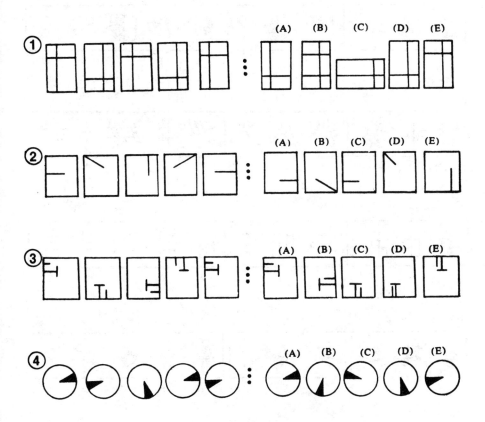

Analogías de símbolos

Indicaciones: cada problema se compone de dos series de símbolos que son análogas. Eso significa que comparten una característica común, aunque difiriendo en un aspecto específico de esa característica. En cada pregunta, la primera serie contiene tres símbolos y la segunda dos y un signo de interrogación. Tras las series de símbolos hay cinco alternativas llamadas A, B, C, D y E. Debe elegir la letra del símbolo que mejor sustituye al signo de interrogación. La elección correcta tendrá la característica común a ambas series de símbolos, pero mantendrá la misma variación de esa característica que los dos símbolos de la segunda serie.

Las respuestas y explicaciones correctas se encuentran al final del capítulo.

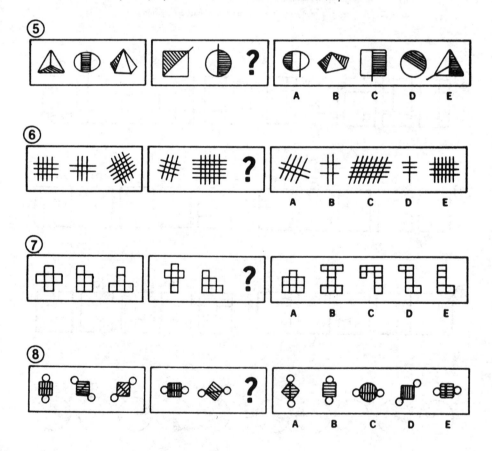

Compruebe sus capacidades mentales 57

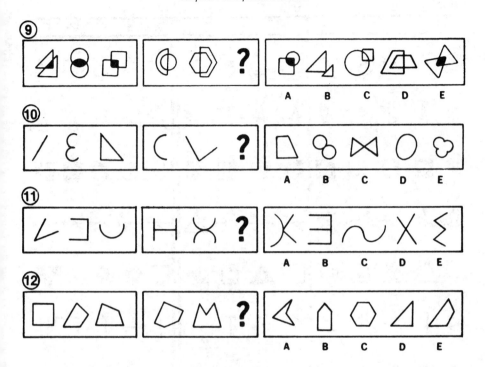

Clasificación de figuras

Indicaciones: cada problema se compone de dos grupos de figuras etiquetadas como 1 y 2. Tras estos dos grupos hay cinco figuras de respuesta, con las letras A, B, C, D y E. En cada problema habrá de decidir qué característica de las figuras del grupo 1 no existe en ninguna de las figuras del grupo. Seleccione entonces la letra de la figura de respuesta que tiene esa característica.

Las respuestas y explicaciones correctas las encontrará al final del capítulo.

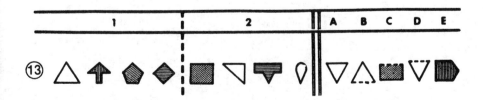

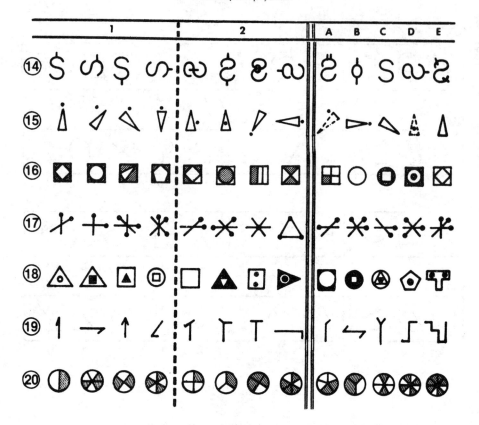

TEST II. RAZONAMIENTO CON SIMBOLOS

Series de símbolos

Indicaciones: cada pregunta se compone de una serie de cinco símbolos situados en la mitad izquierda de la página. Luego hay otros cinco símbolos llamados A, B, C, D y E. Debe estudiar los cinco primeros símbolos para determinar qué sucede en la serie. Seleccione luego la letra del símbolo que mejor continúa la serie.

Las respuestas correctas las encontrará al final del capítulo.

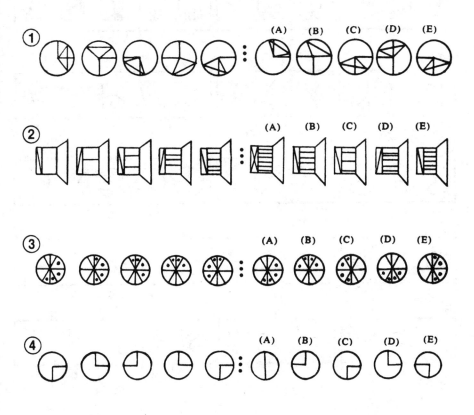

Analogías de símbolos

Indicaciones: cada pregunta se compone de dos series de símbolos que son análogas. Eso significa que comparten una característica común y que difieren en un aspecto específico de esa característica. En cada pregunta, la primera serie contiene tres símbolos y la segunda dos y uno de interrogación. Tras ésta hay cinco alternativas, llamadas A, B, C, D y E. Debe elegir la letra del símbolo que mejor sustituye a la interrogación. la elección correcta tendrá la característica común a ambas series de símbolos, pero manteniendo la misma variación de la característica que los dos símbolos de la serie segunda.

Las respuestas correctas y las explicaciones las encontrará al final del capítulo.

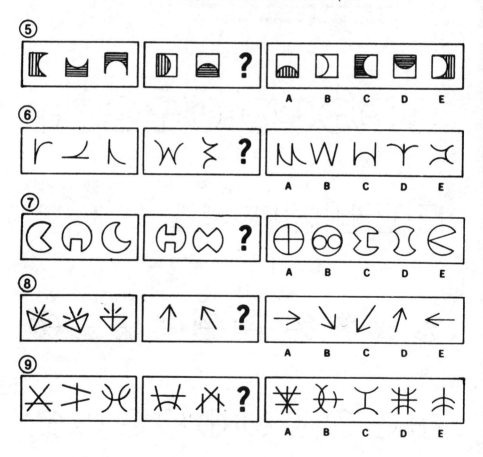

Compruebe sus capacidades mentales

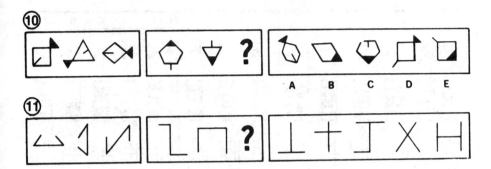

Clasificación de figuras

Indicaciones: cada pregunta se compone de dos grupos de figuras etiquetados como 1 y 2. Tras estos dos grupos hay cinco figuras de respuesta con las letras A, B, C, D y E. En cada problema ha de decidir qué característica tienen las figuras del grupo 1 que no existe en las del grupo 2. Seleccione luego la letra de la figura de respuesta que tiene esa característica.

Las respuestas correctas y las explicaciones las encontrará al final del capítulo.

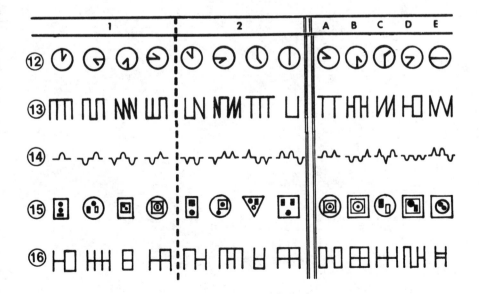

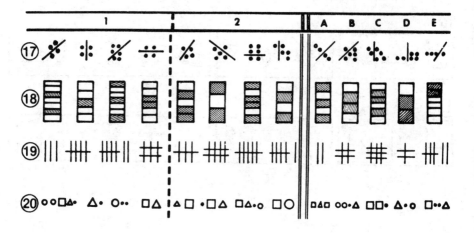

TEST III. RAZONAMIENTO CON SIMBOLOS

Series de símbolos

Indicaciones: cada pregunta se compone de una serie de cinco símbolos en la mitad izquierda de la página. Junto a ellos hay otros cinco símbolos llamados A, B, C, D y E. Debe estudiar los cinco primeros para determinar lo que sucede en la serie. Seleccione luego la letra del símbolo que mejor continúa la serie.

Las respuestas correctas las encontrará al final del capítulo.

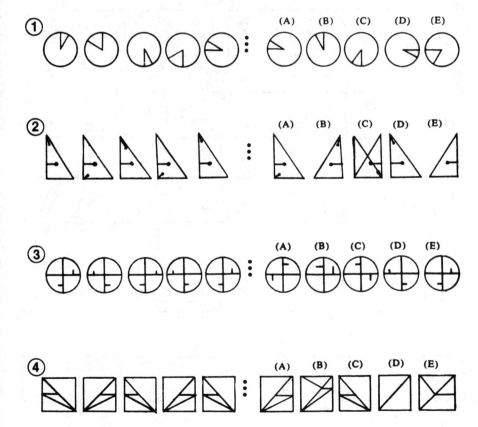

Analogías de símbolos

Indicaciones: cada pregunta se compone de dos series de símbolos que son análogas. Eso significa que comparten una característica común, pero difieren en un aspecto específico de esa característica. En cada pregunta, la primera serie contiene tres símbolos y la segunda dos y uno de interrogación. Tras las series de símbolos hay cinco alternativas llamadas A, B, C, D y E. Ha de elegir la letra del símbolo que mejor puede sustituir al signo de interrogación. La elección correcta tendrá la característica común a ambas series de símbolos, pero manteniendo la misma variación de esa característica que los dos símbolos de la serie segunda.

Las respuestas correctas y las explicaciones las encontrará al final del capítulo.

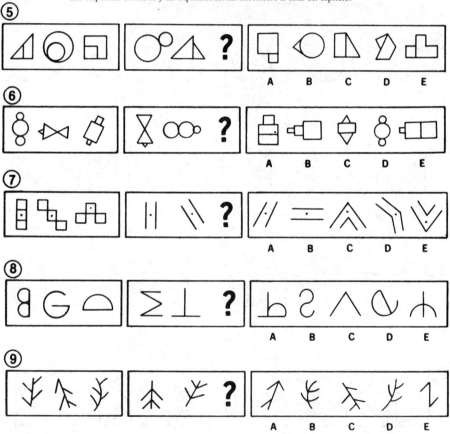

Compruebe sus capacidades mentales

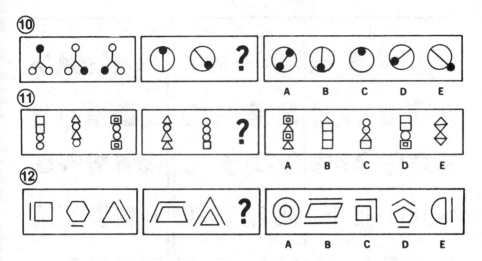

Clasificación de figuras

Indicaciones: cada pregunta se compone de dos grupos de figuras etiquetados como 1 y 2. Tras estos dos grupos hay cinco figuras de respuesta, llamados A, B, C, D y E. En cada problema ha de decidir qué característica tienen las figuras del grupo 1 que no existe en el grupo 2. Seleccione luego la letra de la figura con esa característica.

Las respuestas correctas y las explicaciones las encontrará al final del capítulo.

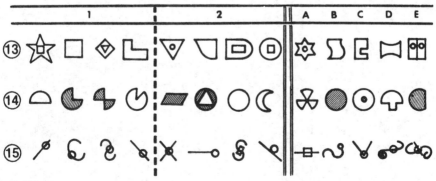

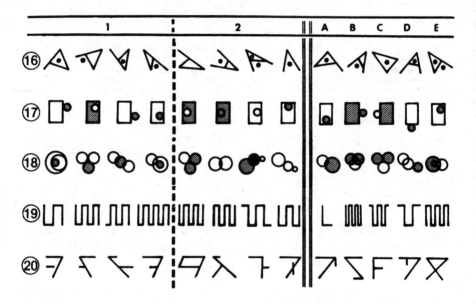

TEST IV. RAZONAMIENTO CON SIMBOLOS

Series de símbolos

Indicaciones: cada pregunta se compone de una serie de cinco símbolos situados en la mitad izquierda de la página. Luego hay otros cinco símbolos llamados A, B, C, D y E. Tiene que estudiar los cinco símbolos primeros para determinar lo que sucede en la serie. Seleccione luego la letra del símbolo que mejor continúa la serie.

Las respuestas correctas las encontrará al final del capítulo.

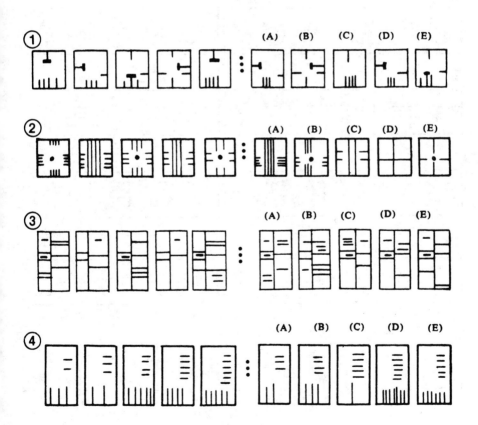

Analogías de símbolos

Indicaciones: cada pregunta se compone de dos series de símbolos que son análogas. Eso significa que comparten una característica común, pero que difieren en un aspecto específico de esa característica. En cada pregunta, la primera serie contiene tres símbolos y la segunda dos y uno de interrogación. Tras las series de símbolos hay cinco alternativas llamadas A, B, C, D y E. Debe elegir la letra del símbolo que mejor sustituye al signo de interrogación. La elección correcta tendrá la característica común a ambas series de símbolos, pero manteniendo la misma variación de esa característica que en los dos símbolos del segundo grupo.

Las respuestas correctas y las explicaciones las encontrará al final del capítulo.

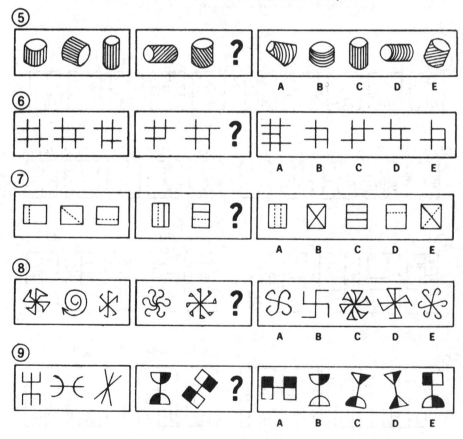

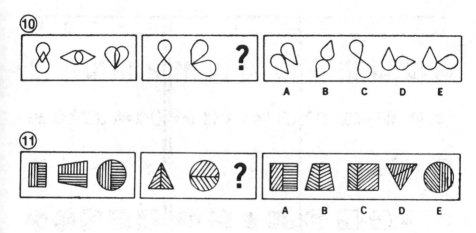

Clasificación de figuras

Indicaciones: cada pregunta se compone de dos grupos de figuras, llamados 1 y 2. Después hay cinco figuras de respuesta etiquetadas por letras. En cada problema ha de decidir qué característica de las figuras del grupo 1 no existe en las figuras del 2. Seleccione entonces la letra de la figura de respuesta con esa característica.

Las respuestas correctas y las explicaciones las encontrará al final del capítulo.

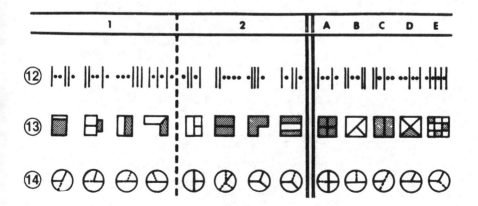

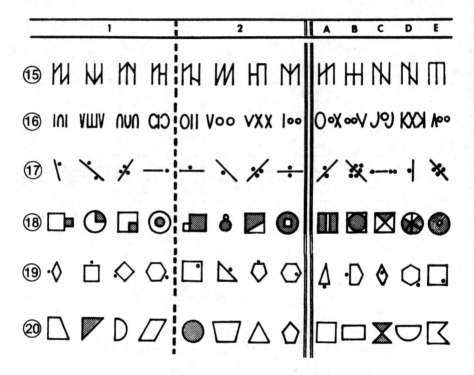

PARTE D. APTITUD NUMERICA

La mayoría de las profesiones exigen algún tipo de aptitud para los números o las matemáticas. Esta sección pone a prueba esas habilidades.
La primera parte de la sección presenta preguntas de series de números. Se le presenta unas series de números y se le pide que determine las relaciones entre esos números. Cada serie está regida por una norma específica. Cuando haya descubierto la relación, podrá responder rápidamente a las preguntas. Lea las indicaciones cuidadosamente y responda a las siguientes preguntas de muestra.
La segunda parte de la sección se dedica a matemáticas. Esencialmente, se cubren tres tipos distintos de preguntas: razonamiento aritmético, operaciones numéricas y conocimiento matemático. El razonamiento aritmético exige la capacidad de pensar con números y calcular correctamente. Las operaciones numéricas ponen a prueba su conocimiento de los hechos numéricos básicos. El conocimiento matemático pone a prueba una amplia gama de habilidades matemáticas, incluyendo cálculo, razonamiento y funciones.

Preguntas de muestra sobre series de números

En las series de números, cada pregunta se compone de un grupo de números que siguen un orden definido. Debe examinarlos atentamente para determinar la norma que rige la formación de las series dadas. Luego debe utilizar esta norma para seleccionar la letra de la respuesta que será el número siguiente (o los dos números siguientes) de la serie. Las cinco preguntas de muestra siguientes ilustran algunas de las posibles variaciones de este tipo de preguntas.

1. 2 4 6 8 10 12
   (A) 14
   (B) 16
   (C) 18
   (D) 20
   (E) ninguno de éstos

En la pregunta 1, la norma es sumar 2 a cada número (2 + 2 = 4; 4 + 2 = 6, etc.). El número siguiente de la serie es el 14 (12 + 2 = 14). Como el 14 lleva la letra (A), (A) es la respuesta correcta.

2. 7 8 6 7 5 6
   (A) 2
   (B) 3
   (C) 4
   (D) 5
   (E) ninguno de éstos

En la pregunta 2, la norma consiste en añadir 1 al primer número, restar 2 del siguiente, añadir 1, restar 2, etc. El siguiente número de la serie es el 4; la letra (C) es la respuesta correcta.

3. 20 20 21 21 22 22 23
   (A) 23 23
   (B) 23 24
   (C) 19 19
   (D) 22 23
   (E) 21 22

En esta serie todos los números se repiten y luego se incrementan en 1. La norma es «repetir, añadir 1, repetir, añadir 1, etc.» La serie sería 20 + 0_{20} + 1_{21} + 0_{21} + 1_{22} + 0_{22} + 1_{23} + 0_{23} + 1_{24}. La respuesta correcta es 23 y 24, la opción (B).

4. 17 3 17 4 17 5 17
   (A) 6 17
   (B) 6 7
   (C) 17 6
   (D) 5 6
   (E) 17 7

5. 1 2 4 5 7 8 10
   (A) 11 12
   (B) 12 14
   (C) 10 13
   (D) 12 13
   (E) 11 13

Si no encuentra una norma única en todos los números de la serie, el problema puede incluir dos series. Esta serie es el número 17 separado por números que se incrementan en 1, empezando por el 3. Si la serie se aumentara en dos números más, sería 17 3 17 4 17 5 17 6 17. La respuesta correcta es 6 y 17, opción (A).

La norma de esta serie no es fácil de ver hasta que establece cómo están cambiando realmente los números: $1 \;{}^{+1}\; 2 \;{}^{+2}\; 4 \;{}^{+1}\; 5 \;{}^{+2}\; 7 \;{}^{+1}\; 8 \;{}^{+2}\; 10$. Los números de esta serie aumentan primero en 1 y luego en dos. Si la serie continuara dos números más, sería 1 2 4 5 7 8 10 (más 1) que es 11 (más 2) que es 13. Por tanto, la respuesta correcta es 11 y 13, opción (E).

Sugerencias para responder a las cuestiones de series de números

- Haga primero las que le resulten más sencillas. Luego vuelva sobre las otras. Tendrá tiempo suficiente para contestar a todas las preguntas, siempre que no emplee demasiado o en aquellas que le resulten difíciles.
- Pronuncie las series para sí mismo. Si oyera 2 4 6 8 10 12 14... ¿cuáles serían los dos números siguientes?
- Examine las series cuidadosamente. Puede ver la norma 9 2 9 4 9 6 9... ¿Cuáles son los dos números siguientes?
- Si no puede oírlas o verlas, tendrá que averiguarlo escribiendo cómo cambian los números: 6 8 16 18 26 28 36... ¿Cuáles son los dos números siguientes? $6 + {}^2 8 + {}^8 16 + {}^2 18 + {}^8 26 + {}^2 28 + {}^8 36 ...$ 36 + 2 = 38 + 8 = 46, ó 38 y 46. Debería marcar la letra de la respuesta de 38 46.
- Si ninguna de las respuestas se adecua a la norma que usted había pensado, pruebe de nuevo. Trate de sacar una norma por la que una de las cinco respuestas sea correcta.
- No emplee demasiado tiempo en ninguna pregunta. Pásela y vuelva atrás. A veces una nueva hojeada sirve de ayuda.

TEST I. SERIES DE NUMEROS

Indicaciones: cada pregunta se compone de una serie de números que siguen un orden definido. Estudie cada serie para determinar cuál es el orden. Mire luego las respuestas. Seleccione la que completa la serie de acuerdo con el esquema establecido.
Las respuestas correctas y las explicaciones las encontrará al final del capítulo.

1. 8 12 17 24 28 33
   (A) 36
   (B) 37
   (C) 38
   (D) 39
   (E) 40

2. 3 12 6 24 12 48
   (A) 24
   (B) 32
   (C) 36
   (D) 40
   (E) 64

3. 7 11 16 22 26 31
   (A) 32
   (B) 34
   (C) 36
   (D) 37
   (E) 39

4. 24 12 36 24 48 36
   (A) 40
   (B) 50
   (C) 52
   (D) 58
   (E) 60

5. 15 13 11 14 17 15
   (A) 11
   (B) 12
   (C) 13
   (D) 14
   (E) 16

6. 8 7 10 5 4 7
   (A) 6
   (B) 4
   (C) 3
   (D) 2
   (E) 1

7. 15 11 7 14 10 6
   (A) 4
   (B) 6
   (C) 8
   (D) 10
   (E) 12

8. 7 4 12 9 27 24
   (A) 11
   (B) 36
   (C) 48
   (D) 72
   (E) 96

9. 5 3 9 7 21 19
   (A) 9
   (B) 36
   (C) 57
   (D) 64
   (E) 72

10. 11 8 16 17 14 28
    (A) 20
    (B) 29
    (C) 32
    (D) 38
    (E) 40

11. 64 32 16 8 4 2
 (A) 1/8
 (B) 1/4
 (C) 1/2
 (D) 1
 (E) 0

12. 48 24 20 10 6 3
 (A) 2
 (B) 1
 (C) 0
 (D) −1
 (E) −2

13. 77 76 74 71 67 62
 (A) 60
 (B) 59
 (C) 58
 (D) 57
 (E) 56

14. 4 2 8 4 12 6
 (A) 8
 (B) 9
 (C) 10
 (D) 11
 (E) 12

15. 1 6 36 3 18 108
 (A) 7
 (B) 8
 (C) 9
 (D) 10
 (E) 11

16. 2 6 12 36 72 216
 (A) 288
 (B) 376
 (C) 432
 (D) 476
 (E) 648

17. .05 .1 .3 1.2 6 36
 (A) 48
 (B) 72
 (C) 164
 (D) 216
 (E) 252

18. 7 $6^{1/2}$ $6^{1/4}$ $5^{3/4}$ $5^{1/2}$ 5
 (A) $4^{3/4}$
 (B) $4^{1/2}$
 (C) $4^{1/4}$
 (D) 4
 (E) $3^{3/4}$

19. 1 2 4 8 16 32
 (A) 48
 (B) 56
 (C) 64
 (D) 80
 (E) 96

20. 4 9 16 25 36 49
 (A) 51
 (B) 53
 (C) 54
 (D) 60
 (E) 64

21. 17 19 22 26 31 37
 (A) 40
 (B) 41
 (C) 42
 (D) 43
 (E) 44

22. 1/16 1/4 1/2 2 4 16
 (A) 24
 (B) 32
 (C) 48
 (D) 64
 (E) 80

23. 1 2 3 2 3 4
   (A) 3
   (B) 4
   (C) 5
   (D) 6
   (E) 7

24. 3 9 14 18 21 23
   (A) 24
   (B) 25
   (C) 26
   (D) 27
   (E) 28

25. 90 45 50 25 30 15
   (A) 16
   (B) 18
   (C) 20
   (D) 10
   (E) 5

TEST II. RAZONAMIENTO ARITMETICO

Indicaciones: solucione cada problema. Circunde la letra de la respuesta correcta.
Las respuestas correctas las encontrará al final del capítulo.

1. Si una persona invierte 1.000 ptas. a un interés anual del 5 %, ¿qué interés habrá obtenido al cabo de un año?
   (A) 20 ptas.
   (B) 50 ptas.
   (C) 100 ptas.
   (D) 120 ptas.

2. Si un caminón de bomberos está a 60 metros de una boca de riego, ¿cuántos metros más cerca de la boca está en comparación con uno que está a 100?
   (A) 60 metros
   (B) 50 metros
   (C) 40 metros
   (D) 20 metros

3. Un funcionario divide sus 35 horas semanales de trabajo del siguiente modo: 1/5 parte de su tiempo en clasificar el correo; la 1/2 del tiempo en archivar cartas; y 1/7 del tiempo en trabajo de recepción. Dedica el resto del tiempo a un trabajo de mensajero. El porcentaje de tiempo dedicado semanalmente a mensajero es como máximo:
   (A) 60%
   (B) 14%
   (C) 10%
   (D) 16%

4. Una sexta parte del público son chicos y un tercio son chicas. ¿Cuál es el porcentaje de niños?
   (A) 66$^{2}/_{3}$%
   (B) 50%
   (C) 37$^{1}/_{2}$%
   (D) 40%

5. En un año, la tasa postal aumentó de 3 a 4 centavos por enviar treinta gramos de correo de primera clase. ¿Cuál fue el porcentaje de incremento de la tasa postal?
   (A) 12$^{1}/_{2}$%
   (B) 15%
   (C) 33$^{1}/_{3}$%
   (D) 40%

6. En un dibujo a escala, una línea de 6 mm. de longitud representa 30 cm. En el mismo dibujo, ¿qué longitud representa 120 cm.?
   (A) 24 mm.
   (B) 48 mm.
   (C) 60 mm.
   (D) 72 mm.

7. En la tienda de música hay discos rebajados. Los discos cuestan normalmente 1.186 ptas. cada uno. El precio rebajado es de 2.125 ptas. por dos discos. José compró 4 discos a precio rebajado. ¿Cuánto dinero ahorró?
   (A) 506 ptas.
   (B) 494 ptas.
   (C) 425 ptas.
   (D) 248 ptas.

8. Un adolescente tiene que caminar 2 kilometros para ir a la escuela. Si camina una media de 3 kilometros por hora, ¿cuántos minutos tarda en llegar?
   (A) 40 minutos
   (B) 20 minutos
   (C) 50 minutos
   (D) 45 minutos

9. Un equipo ganó 2 juegos y perdió 10. La fracción de juegos ganados se expresa correctamente como

(A) 1/6
(B) 1/5
(C) 4/5
(D) 5/6

10. ¿Cuál es el interés simple de 600 ptas. al 4% durante 2 años?

(A) 36 ptas.
(B) 52 ptas.
(C) 48 ptas.
(D) 56 ptas.

11. Un funcionario tiene que archivar 800 cartas. Si puede archivar 80 en una hora, el número de cartas que le quedan por archivar tras 7 horas de trabajo es

(A) 140
(B) 240
(C) 250
(D) 260

12. El salario semanal aumenta de 59.500 ptas. a 64.600. El porcentaje de incremento es de

(A) 6%
(B) 8½%
(C) 10%
(D) 12½%

13. Cuando un patrono va a pagar un salario semanal de 32.396 ptas., deduce 2.219 ptas. para la seguridad social y 966 ptas. para la pensión. ¿Cuál es la cantidad del cheque tras esas deducciones?

(A) 29.211 ptas.
(B) 29.226 ptas.
(C) 29.383 ptas.
(D) 29.408 ptas.

14. La temperatura de ayer a mediodía fue de 38,5 grados C. Hoy ha sido de 29,9. ¿Cuál ha sido la diferencia de temperatura?

(A) 8,4 grados
(B) 8,5 grados
(C) 8,6 grados
(D) 8,7 grados

15. Un hombre tenía 4.250 ptas. Vio unas corbatas que costaban 841,50 ptas. cada una. ¿Cuántas podía comprar?

(A) 6
(B) 7
(C) 5
(D) 3

16. Un hombre gana 3.494 ptas. el lunes; 5.594 ptas. el martes; y 3.532 el miércoles. Gasta en los tres días la mitad de lo que gana. ¿Cuánto le queda?

(A) 4.961 ptas.
(B) 5.309 ptas.
(C) 5.825 ptas.
(D) 6.310 ptas.

17. Si la paga base de un hombre es de 123.000 ptas., incrementándose con una bonificación de 500 ptas. y un aumento por antigüedad de 1.350 ptas., su sueldo total es

(A) 124.850 ptas.
(B) 123.500 ptas.
(C) 125.850 ptas.
(D) 124.500 ptas.

18. Si un sueldo semanal de 21.600 ptas. se aumenta con una bonificación de 670 ptas. y con un incremento por servicios de 1.200 ptas, el total será

(A) 22.320 ptas.
(B) 22.800 ptas.
(C) 23.320 ptas.
(D) 23.470 ptas.

19. Para ir desde Madrid a París, deberá recorrer 1.800 km. Si puede conducir a una media de 90 km. por hora, ¿cuántas horas deberá conducir para realizar ese viaje?

    (A) 18 horas
    (B) 20 horas
    (C) 30 horas
    (D) 27½ horas

20. Una mujer ganó 3 juegos a los bolos. Sus puntuaciones fueron de 136, 133 y 139. Antes tenía una media de 133. ¿Cuál es ahora su media?

    (A) 136
    (B) 138
    (C) 135
    (D) 134

21. Una joven compra una blusa por 10,98$. Devuelve la blusa al día siguiente y elige una mejor que cuesta 12,50$. Da al dependiente un billete de 5 dólares para pagar la diferencia de precio. ¿Qué cambio le tendrán que devolver?

    (A) 3,58$
    (B) 3,48$
    (C) 2,52$
    (D) 1,52$

22. El almanaque diario dice de un día de verano que el sol sale a las 6.14 AM y se pone a las 6.06 PM. Encuentre el número de horas y minutos transcurridos desde la salida del sol hasta la puesta.

    (A) 11 horas y 52 minutos
    (B) 11 horas y 2 minutos
    (C) 12 horas y 8 minutos
    (D) 12 horas y 48 minutos

23. Una pulgada de, un mapa representa 200 millas. En el mismo mapa, una distancia de 275 millas está representada por

    (A) 1 y 1/2 pulgadas
    (B) 1 y 7/8 pulgadas
    (C) 2 y 1/4 pulgadas
    (D) 2 y 3/4 pulgadas

24. El número de paquetes de té de media libra que se puede sacar de una caja que contiene 10 y 1/4 libras de té es

    (A) 5
    (B) 10 y 1/2
    (C) 20
    (D) 20 y 1/2

25. ¿Cuál es la tabla más corta que se debe comprar para cortar de ella tres secciones de 4 pies y 8 pulgadas de longitud?

    (A) 12 pies
    (B) 14 pies
    (C) 16 pies
    (D) 18 pies

26. Una joven desea comprar un suéter, una blusa y un pañuelo. El suéter cuesta 21.00$, la blusa 14.98$, y el pañuelo 4.97$ ¿Cuál ha sido el coste total de la compra?

    (A) 35,50$
    (B) 40,85$
    (C) 30,85$
    (D) 40,95$

27. Si tarda 30 minutos en mecanografiar 6 páginas, ¿cuántas horas empleara en mecanografiar 126 páginas a esa misma velocidad?

    (A) 6,3 horas
    (B) 10,5 horas
    (C) 15 horas
    (D) 25 horas

28. Un vigilante nocturno debe hacer una comprobación en una zona del almacén cada 45 minutos. Si hace la primera comprobación al iniciar una jornada de trabajo de nueve horas, ¿cuántas veces comprobará la zona?

    (A) 10
    (B) 11
    (C) 12
    (D) 13

TEST III. OPERACIONES NUMERICAS

Indicaciones: circunde la letra de la respuesta correcta. Debe terminar este test en 2 minutos o menos.

Encontrará las respuestas correctas a las preguntas del test al final del capítulo.

1. $5 + 3 =$
   - (A) 2
   - (B) 6
   - (C) 8
   - (D) 11

2. $8 - 6 =$
   - (A) 7
   - (B) 2
   - (C) 12
   - (D) 14

3. $3 \times 4 =$
   - (A) 7
   - (B) 12
   - (C) 15
   - (D) 21

4. $8 - 6 =$
   - (A) 12
   - (B) 5
   - (C) 4
   - (D) 2

5. $1 + 8 =$
   - (A) 18
   - (B) 80
   - (C) 7
   - (D) 9

6. $9 \times 8 =$
   - (A) 56
   - (B) 64
   - (C) 72
   - (D) 76

7. $10 \div 5 =$
   - (A) 5
   - (B) 15
   - (C) 2
   - (D) 25

8. $2 \times 9 =$
   - (A) 18
   - (B) 36
   - (C) 16
   - (D) 15

9. $3 \times 3 =$
   - (A) 5
   - (B) 13
   - (C) 24
   - (D) 32

10. $16 \div 2 =$
    - (A) 8
    - (B) 12
    - (C) 9
    - (D) 6

11. $50 \div 5 =$
    - (A) 5
    - (B) 10
    - (C) 55
    - (D) 11

12. $8 - 6 =$
    - (A) 14
    - (B) 4
    - (C) 3
    - (D) 2

13. 6 × 7 =

(A) 13
(B) 24
(C) 27
(D) 42

14. 7 + 6 =

(A) 11
(B) 13
(C) 14
(D) 21

15. 4 × 2 =

(A) 6
(B) 16
(C) 12
(D) 8

16. 49 ÷ 7 =

(A) 6
(B) 7
(C) 8
(D) 9

17. 5 + 6 =

(A) 11
(B) 13
(C) 15
(D) 7

18. 0 + 8 =

(A) 0
(B) 1
(C) 8
(D) 18

19. 2 − 1 =

(A) 2
(B) 3
(C) 0
(D) 1

20. 4 × 0 =

(A) 4
(B) 1
(C) 16
(D) 0

21. 8 + 3 =

(A) 5
(B) 11
(C) 12
(D) 13

22. 2 × 2 =

(A) 2
(B) 4
(C) 6
(D) 8

23. 9 − 7 =

(A) 6
(B) 5
(C) 2
(D) 4

24. 6 + 8 =

(A) 16
(B) 12
(C) 15
(D) 14

25. 4 × 6 =

(A) 21
(B) 24
(C) 26
(D) 28

26. 7 + 2 =

(A) 3
(B) 5
(C) 9
(D) 14

27. 9 + 6 =

(A) 13
(B) 14
(C) 15
(D) 16

28. 2 + 3 =

(A) 5
(B) 7
(C) 1
(D) 6

29. 6 − 6 =
   (A) 0
   (B) 1
   (C) 6
   (D) 12

30. 9 × 6 =
   (A) 15
   (B) 54
   (C) 45
   (D) 72

TEST IV. CONOCIMIENTO MATEMATICO

Indicaciones: solucione cada problema. Circunde la letra de la respuesta correcta. Encontrará las respuestas correctas a las preguntas del test al final del capítulo.

1. Si divide 30 por 0,06, el resultado es
   (A) 5
   (B) 50
   (C) 500
   (D) 5.000

2. En una clase de 24 estudiantes hay 14 chicos. ¿Qué fracción de la clase componen las chicas?
   (A) 4/12
   (B) 6/12
   (C) 7/12
   (D) 2 y 5/6

3. Si $A^2 + B^2 - A^2 + X^2$, entonces B =
   (A) X
   (B) $X^2 - 2A^2$
   (C) A
   (D) $A^2 + X^2$

4. El conductor de un coche sabe que necesita 44 litros de gasolina por cada 200 km. de conducción. Si ajustase el carburador necesitaría sólo el 80%. ¿Cuántos kilómetros podría conducir entonces con los 44 litros de gasolina?
   (A) 150 km.
   (B) 240 km.
   (C) 196 km.
   (D) 260 km.

5. ¿Qué fracción de 63 es 2/7 de 21?
   (A) 1/42
   (B) 7/6
   (C) 2/21
   (D) 1/3

6. En una bolsa hay canicas rojas, verdes, negras y blancas. Si hay 6 rojas, 8 verdes, 4 negras y 12 blancas, y hay que seleccionar una al azar, ¿qué probabilidades hay de que sea blanca?
   (A) 1/5
   (B) 2/5
   (C) 4/15
   (D) 2/15

7. Una persona tiene T dólares para invertir; tras invertir 1.000 dólares, ¿cuánto dinero le queda?
   (A) T + 1.000
   (B) T − 1.000
   (C) 1.000 − T
   (D) 1.000T

8. ¿Qué porcentaje es 60 de 1/2?
   (A) 25
   (B) 12.000
   (C) 1.000
   (D) 24.000

9. Una línea impresa de un artículo de una revista contiene una media de 6 palabras. Hay 5 líneas en cada pulgada. Si hay 8 pulgadas disponibles para un artículo que contiene 270 palabras, ¿qué cambio habrá que hacer en el artículo?
   (A) añadir 30 palabras
   (B) quitar 30 palabras
   (C) quitar 40 palabras
   (D) añadir 60 palabras

10. $9\overline{)111111111} =$
    (A) 12345678
    (B) 11111119
    (C) 11191119
    (D) 12345679

11. Si 3/4 de la clase están ausentes y 2/3 de los presentes abandonan el aula, ¿qué fracción de la clase original permanece en el aula?

   (A) 1/24
   (B) 1/4
   (C) 1/12
   (D) 1/8

12. Si a = 3, entonces $a^2 \cdot a =$

   (A) 9
   (B) 51
   (C) 18
   (D) 81

13. Si D = R × T, entonces R =

   (A) D × T
   (B) T ÷ R
   (C) T − D
   (D) D ÷ T

14. Para encontrar el radio de un círculo cuya circunferencia es de 60 pulgadas

   (A) multiplicar 60 por π
   (B) dividir 60 por 2 π
   (C) dividir 30 por 2 π
   (D) dividir 60 por π y extraer la raíz cuadrada del resultado

15. Si todos los P son S y no S son Q, de ello se deduce necesariamente que

   (A) todos los Q son S
   (B) todos los Q son P
   (C) no P son Q
   (D) no S son P

16. Entre el 100 y el 300, ¿cuántos números empiezan o terminan con 2?

   (A) 40
   (B) 180
   (C) 100
   (D) 110

17. Si la temperatura es de 15" y desciende 21", la temperatura resultante sería de

   (A) −36"
   (B) 36"
   (C) −6"
   (D) −30"

18. En un cruce de carreteras se han producido A accidentes durante un período de diez años, de los que han resultado B muertes. ¿Cuál es la tasa media anual de muertes en ese cruce?

   (A) A + B − 10
   (B) B/10
   (C) 10 − A/B
   (D) A/10

19. La suma de −24 y −3 es

   (A) 8
   (B) 21
   (C) −8
   (D) −27

20. El área de esta figura puede determinarse por la fórmula

   (A) ac ÷ b
   (B) 1/2bh
   (C) bc ÷ a
   (D) bh^2

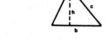

21. El número de dígitos de la raíz cuadrada de 64.048.009 es

   (A) 4
   (B) 5
   (C) 6
   (D) 7

22. Si 9 es el 9% de x, entonces x =

   (A) 0,01
   (B) 100
   (C) 1
   (D) 9

23. Si en un segundo caen T toneladas de nieve, ¿cuántas toneladas caerán en M minutos?

   (A) 60 MT
   (B) MT + 60
   (C) MT
   (D) 60M/T

PARTE E. CAPACIDAD PERCEPTIVA

Los tests de capacidad perceptiva proporcionan una medida de sus facultades de observación, al hacerle comparar, contrastar y clasificar figuras similares. El mejor modo de probar esa capacidad es por medio de los siguientes tipos de preguntas: similaridades y diferencias entre objetos, clasificación de líneas y comparaciones de ángulos. Esta sección incluye explicaciones detalladas de cada tipo de pregunta, seguidas de tests prácticos que le ayudarán a mejorar su capacidad perceptiva.

SIMILARIDADES Y DIFERENCIAS ENTRE OBJETOS

Es un test de su capacidad de observación. Cada pregunta se compone de cinco dibujos etiquetados con las letras A, B, C, D y E. Cuatro de los dibujos son exactamente iguales, y uno es ligeramente diferente. Debe encontrar el dibujo que es diferente.

Una pregunta de muestra explicada

A primera vista, los cinco dibujos inferiores pueden parecer idénticos. Sin embargo, si los observa cuidadosamente se dará cuenta de que uno es ligeramente diferente a los otros cuatro. ¿Puede encontrar el dibujo que es distinto?

El dibujo diferente es el de la letra C. En el segmento de la esquina derecha del dibujo falta una línea que está presente en los otros cuatro del grupo.

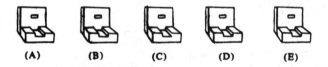

(A)   (B)   (C)   (D)   (E)

TESTS DE CLASIFICACION DE LINEAS Y COMPARACION DE ANGULOS

Estos tests están destinados a medir su percepción bidimensional y su capacidad de solución de problemas. Probablemente no estará familiarizado con este estilo de preguntas, y no tendrá una experiencia previa. Naturalmente, una «buena vista» le permitirá empezar desde una buena posición, pero puede prepararse para estas preguntas aprendiendo el modo de abordar cada problema e invirtiendo en la práctica un tiempo suficiente.

Una pregunta de clasificación de líneas explicada

Elija la alternativa que clasifica correctamente las líneas desde la más corta a la más larga.

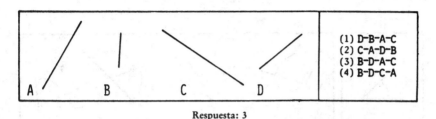

Respuesta: 3

Sugerencias para la clasificación de líneas

1. Examine primero las respuestas. Con una simple inspección podrá eliminar una o dos posibilidades. A menudo la línea más corta y más larga resultan evidentes.
2. Una vez que haya reducido las posibilidades, observe las alternativas que se le ofrecen y concéntrese en la eliminación de las que no son correctas. Evite la pérdida de tiempo elaborando su propia clasificación, pues podría encontrar un orden que no se le ofrece.
3. Para elaborar una clasificación relativa, compare las líneas adyacentes; la distancia distorsiona.
4. Puede mover el papel con toda libertad. Dé vueltas al libro de tests para obtener una perspectiva diferente de las líneas que le confunden.
5. Cuando compare las líneas con referencia a un punto específico de la página, asegúrese de que el punto de referencia se aplica realmente a las dos líneas comparadas (por ejemplo, que ambas líneas empiezan realmente a la misma distancia de la línea de la caja).
6. Sea consciente de las ilusiones ópticas. Las líneas diagonales parecen más cortas que las horizontales o verticales de la misma longitud.

Una pregunta de comparación de ángulos explicada

En cada pregunta, encuentre el ángulo (numerado de 1 a 8) que es igual al ángulo x de la figura de la izquierda.

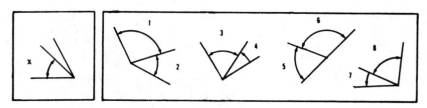

Respuesta: 2

Sugerencias para la comparación de ángulos

1. Examine los ángulos de uno en uno; la yuxtaposición sólo le confundiría. Cubra un ángulo con la mano o el borde de su hoja de respuesta y concéntrese en el que queda a la vista.
2. Ocúpese sólo de ese ángulo. No preste atención a la longitud de las líneas; son irrelevantes y le distraerían.
3. Procure concentrarse en el ángulo mismo, ignorando el arco numerado. Puede serle de utilidad trazar un arco imaginario en la misma posición de cada ángulo que compare.
4. Dé vueltas al librito de tests para considerar todos los ángulos en la misma posición. Le sorprenderá la claridad que obtiene al ver cada ángulo en la misma perspectiva que el original.
5. Como en todos los tests, no pierda demasiado tiempo en una sola pregunta. Si se atasca en una, pase a la siguiente y vuelva a la anterior sólo en caso de que le sobre tiempo. Todas las preguntas cuentan igual, por lo que es rentable responder al mayor número de ellas posible.

TEST I. RELACIONES ESPACIALES

Similaridades y diferencias entre objetos

Indicaciones: cada pregunta se compone de cinco dibujos etiquetados con una legra. Cuatro de ellos son exactamente iguales y uno contiene una ligera diferencia. Seleccione el dibujo que es diferente y marque como respuesta la letra correspondiente.

Encontrará las respuestas correctas al final del capítulo.

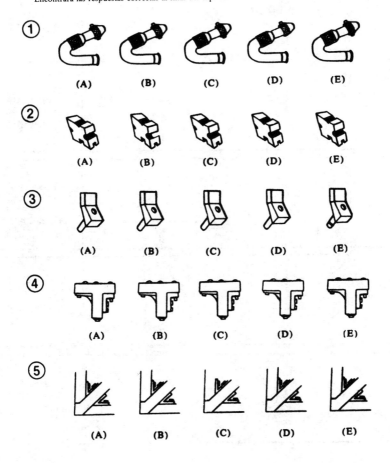

Clasificación de líneas

Indicaciones: elija la alternativa que clasifica correctamente las líneas de la más corta a la más larga.
Encontrará las respuestas correctas al final del capítulo.

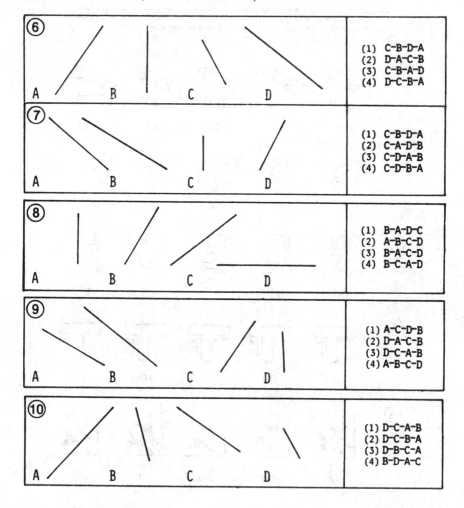

Comparaciones de ángulos

Indicaciones: en cada pregunta ha de encontrar el ángulo (numerado del 1 al 8) que es igual al ángulo x de la figura de la izquierda. Marque su número como respuesta.

Encontrará las respuestas correctas al final del capítulo.

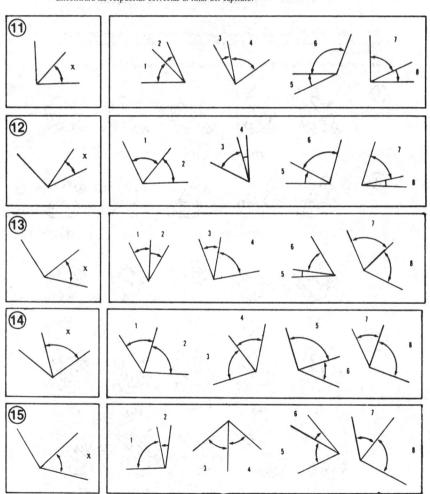

TEST II. RELACIONES ESPACIALES

Similaridades y diferencias entre los objetos

Indicaciones: cada pregunta se compone de cinco dibujos etiquetados con una letra. Cuatro de ellos son exactamente iguales, y otro es ligeramente diferente. Seleccione el dibujo que es diferente.

Encontrará las respuestas correctas a las preguntas del test al final del libro.

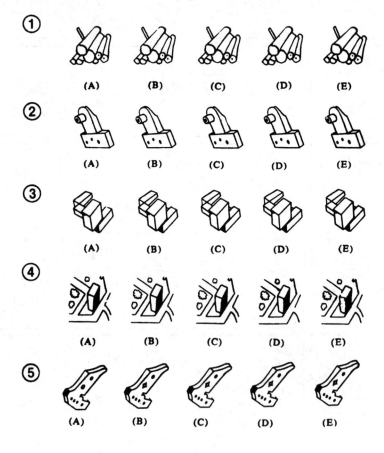

Clasificación de líneas

Indicaciones: elija la alternativa que clasifica correctamente las líneas de la más corta a la más larga.
Encontrará las respuestas correctas al final del capítulo.

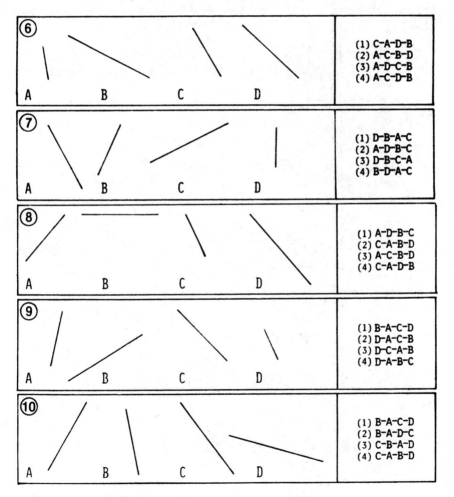

Comparaciones de ángulos

Indicaciones: en cada pregunta, encuentre el ángulo (numerado del 1 al 8) que es igual al ángulo x de la figura de la izquierda.
Encontrará las respuestas correctas al final del capítulo.

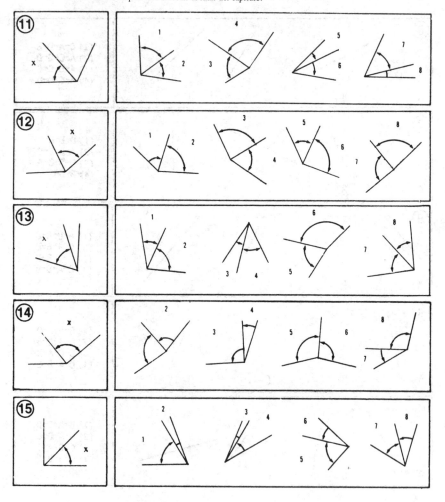

RESPUESTAS Y ANALISIS DE LOS TESTS DE CAPACIDAD MENTAL

PARTE A. CAPACIDADES VERBALES

TEST I. ORTOGRAFIA

1. (B) enhebrar
2. (C) hebilla
3. (B) vejiga
4. (A) exhalar
5. (D) plagiar
6. (C) humor
7. (C) exégesis
8. (D) biombo
9. (B) frágil
10. (B) objeto
11. (B) civismo
12. (C) génesis
13. (A) vulgar
14. (C) yelmo
15. (D) núbil
16. (C) tahona
17. (C) siervo
18. (A) istmo
19. (A) tóxico
20. (B) borla

21. (D) cohibido
22. (C) párvulo
23. (B) jinete
24. (D) hernia
25. (D) cirugía
26. (A) búho
27. (A) novillo
28. (B) vejación
29. (C) bárbaro
30. (C) paraje
31. (C) carabina
32. (B) parábola
33. (D) eremita
34. (A) abjurar
35. (B) taimado
36. (D) subyugar
37. (C) prodigio
38. (A) contrahecho
39. (B) levadura
40. (B) chaval

TEST II. ORTOGRAFIA

1. (A) olivo
2. (B) fotonovela
3. (B) liturgia

4. (C) noviazgo
5. (D) ombligo
6. (A) herético

7. (B) laringe
8. (B) origen
9. (A) plebeyo
10. (C) élite
11. (D) malvado
12. (C) ortodoxo
13. (A) reverso
14. (B) frivolidad
15. (B) abeto
16. (D) eunuco
17. (D) progenitor
18. (A) abolir
19. (B) tibio
20. (C) revolución
21. (C) hospitalidad
22. (B) excéntrico
23. (A) efímero

24. (B) antropológico
25. (D) víscera
26. (C) inaudito
27. (C) accesorio
28. (B) sibila
29. (A) abrevadero
30. (D) alfanje
31. (A) sebo
32. (B) confabulación
33. (A) balizar
34. (C) viscoso
35. (C) desvalijar
36. (C) clavicordio
37. (D) gitanería
38. (B) esquilmar
39. (A) óseo
40. (B) genuflexión

TEST III. ORTOGRAFIA

1. (A) gentil
2. (A) chivo
3. (C) ballesta
4. (C) sorber
5. (B) beodo
6. (A) exhumar
7. (B) exilio
8. (D) estirar
9. (C) hornacina
10. (A) báscula
11. (A) almohada
12. (B) pandilla
13. (C) vespertino
14. (C) vejiga
15. (D) cremallera
16. (A) atlas
17. (B) jarabe
18. (B) vapulear
19. (C) horóscopo
20. (D) baldosa

21. (D) aldaba
22. (C) expatriación
23. (B) vocabulario
24. (A) retrovisor
25. (B) barandilla
26. (D) bayoneta
27. (C) pavo
28. (C) desollar
29. (A) barreno
30. (B) probidad
31. (C) cohete
32. (D) tabernáculo
33. (B) sacrilegio
34. (B) tornillo
35. (C) columna
36. (A) tergiversar
37. (B) vitrina
38. (C) tubérculo
39. (C) zaherir
40. (D) abulia

TEST IV. ORTOGRAFIA

1. (B) vegetal
2. (C) bifurcación
3. (C) calvicie

4. (C) hojalata
5. (B) alcoba
6. (B) desván

Compruebe sus capacidades mentales 95

7. (D) encía
8. (A) cebolla
9. (A) barril
10. (A) hortaliza
11. (C) testuz
12. (D) cocción
13. (D) viril
14. (C) bisoño
15. (B) lacayo
16. (B) calvario
17. (B) orfeón
18. (A) patíbulo
19. (C) caverna
20. (D) ferroviario
21. (C) beatitud
22. (C) albahaca
23. (B) obcecación

24. (C) buche
25. (A) zarabanda
26. (A) uxoricidio
27. (B) clavel
28. (C) furtivo
29. (D) perejil
30. (D) ebullición
31. (C) violeta
32. (A) mayordomo
33. (B) hípico
34. (B) sorbete
35. (C) escaleno
36. (B) contubernio
37. (D) almíbar
38. (C) endibia
39. (A) sección
40. (A) veterinario

TEST I. SINONIMOS

1. (C) dos veces
2. (D) compra
3. (C) operado a mano
4. (D) conducta
5. (A) muestra
6. (D) suponer
7. (D) prisionero
8. (B) vida vegetal
9. (B) capaz
10. (D) detenido temporalmente

11. (B) desear
12. (B) parte superior
13. (D) perverso
14. (C) creencia firme
15. (D) vacío
16. (C) molesto
17. (D) inaceptable
18. (B) sin prisas
19. (C) protegido
20. (B) meta

TEST II. SINONIMOS

1. (D) entender
2. (C) profesor
3. (C) terminación
4. (C) fragancia
5. (A) sorprendido
6. (D) próximo
7. (D) peligro
8. (C) imperfección
9. (D) finalizado
10. (C) bien conocido

11. (D) obtenido
12. (C) cansancio extremo
13. (D) inmóvil
14. (D) regular
15. (D) desarrollado
16. (D) excelencia
17. (B) tonto
18. (A) vacío
19. (A) salvo
20. (D) anterior

TEST III. SINONIMOS

1. (C) sucio
2. (B) falso
3. (C) con habilidad
4. (A) imaginario
5. (D) confortado
6. (A) región
7. (D) inmenso
8. (D) le prestan atención
9. (C) enérgicamente
10. (D) en su momento
11. (C) para menores
12. (B) sin cambio
13. (C) fuerza
14. (A) agradecimiento
15. (D) bien conocido
16. (A) ensamblar
17. (D) tenderos
18. (B) elogiado
19. (D) dar la vuelta
20. (B) innecesario

TEST IV. SINONIMOS

1. (A) expandido
2. (B) decisión
3. (A) independiente
4. (A) llevado
5. (C) caminante
6. (B) mortal
7. (A) pobre
8. (D) abierto
9. (B) segunda clase
10. (D) puesto de relieve
11. (B) ingresos
12. (A) reunir
13. (C) explosivo
14. (D) enterado
15. (D) común
16. (C) descuidado
17. (B) casi exacto
18. (A) que se ha mantenido
19. (A) cenagoso
20. (D) lealtad

TEST I. VOCABULARIO

1. D
2. C
3. B
4. A
5. B
6. B
7. C
8. E
9. B
10. D

TEST II. VOCABULARIO

1. A
2. C
3. E
4. A
5. D
6. E
7. C
8. A
9. D
10. D

TEST III. VOCABULARIO

1. E
2. B
3. E
4. A
5. D

6. D
7. D
8. E
9. B
10. A

TEST IV. VOCABULARIO

1. C
2. A
3. A
4. C
5. E

6. B
7. E
8. B
9. D
10. B

TEST I. ANTONIMOS

1. B
2. C
3. C
4. D
5. A

6. B
7. E
8. E
9. B
10. C

TEST II. ANTONIMOS

1. B
2. C
3. A
4. E
5. B

6. E
7. B
8. C
9. A
10. B

TEST III. ANTONIMOS

1. D
2. C
3. A
4. B
5. C

6. A
7. A
8. B
9. C
10. E

TEST IV. ANTÓNIMOS

1. C
2. D
3. A
4. E
5. E

6. C
7. B
8. A
9. B
10. C

PARTE B. OBSERVACIÓN Y MEMORIA

TEST I. OBSERVACIÓN Y MEMORIA

1. B   2. D   3. E   4. D   5. B   6. B   7. D

TEST II. OBSERVACIÓN Y MEMORIA

1. C   2. C   3. B   4. E   5. D   6. A

TEST III. OBSERVACIÓN Y MEMORIA

1. D   2. C   3. B   4. D   5. B

PARTE C. CAPACIDAD DE RAZONAMIENTO

TEST I. ANALOGIAS VERBALES

Respuestas

1. C	6. D	11. D	16. B
2. A	7. B	12. C	17. D
3. E	8. B	13. E	18. D
4. B	9. E	14. B	19. B
5. A	10. B	15. D	20. D

Explicaciones

1. (C) El CALVO carece de PELO. En una SEQUIA hay falta de LLUVIA.

2. (A) Un BARCO es algo más que un BOTE ordinario, y una VOLUMEN es algo más que un simple LIBRO.

3. (E) Una GUADAÑA simboliza la MUERTE, lo mismo que una FLECHA simboliza el AMOR.

4. (B) Un CARNIVORO come ANIMALES; un VEGETARIANO como VERDURAS.

5. (A) MALVA es un COLOR, y ALBAHACA es una ESPECIA.

6. (D) ENVOLVER algo es casi como SILENCIARLO. OBSTACULIZAR algo es casi como DERROTARLO.

7. (B) ESCASEZ es sinónimo de POQUEDAD, y FALTA DE MENGUA.

8. (B) A veces el PAPEL se identifica por la FILIGRANA, y la PERSONA por la MARCA DE NACIMIENTO.

9. (E) Una persona que tiene mucho BRILLO es BRILLANTE. Y una persona que es muy FELIZ se halla EMBELESADA.

10. (B) Los que son POTENTES son también PODEROSOS. Las cosas que son SEMEJANTES son algo IGUALES.

11. (D) Un INFORME DE NOTICIAS es DESCRIPTIVO de un acontecimiento, pero un ANUNCIO es PRESCRIPTIVO, pues recomienda en lugar de describir.

12. (C) En un caso de CONSENSO entre individuos, hay por necesidad un ACUERDO. Cuando hay TRANQUILIDAD entre individuos, también hay PAZ.

13. (E) HIDRAULICO describe algo que funciona por medio de AGUA. NEUMATICO describe algo que funciona por medio de AIRE.

14. (B) Un CABALLO suele encerrarse y alimentarse en un ESTABLO; un CERDO suele encerrarse y alimentarse en una POCILGA. El paralelo con caballo y cerdos sería los pollos, no la gallina.

15. **(D)** El ACTOR interpreta un PAPEL, lo mismo que el BAILARIN interpreta una POSICION.

16. **(B)** La PROA es la parte delantera de un BARCO, lo mismo que el MORRO lo es del aeroplano.

17. **(D)** MAXIMO y MINIMO señalan extremos de cantidad, como EL QUE MAS y EL QUE MENOS.

18. **(D)** Se puede contrarrestar una SENSACION con la ANESTESIA, y el VENENO con un ANTIDOTO.

19. **(B)** Se abandona un BARCO al DESEMBARCAR, y un CABALLO al DESMONTAR.

20. **(D)** La CARNE es un alimento que nos proporciona PROTEINAS; las PATATAS nos proporcionan FECULA.

TEST II. ANALOGIAS VERBALES

Respuestas

1. A	6. B	11. A	16. C
2. C	7. C	12. E	17. E
3. E	8. D	13. D	18. B
4. B	9. B	14. C	19. E
5. D	10. C	15. B	20. A

Explicaciones

1. **(A)** La NUCA es la parte posterior del CUELLO, y el TALON lo es del PIE.

2. **(C)** Los ALICATES sirven para ASIR y el GATO MECANICO para ELEVAR.

3. **(E)** El RADIO va desde el centro del CIRCULO hasta el borde, el RADIO de la RUEDA va desde el centro hasta el borde.

4. **(B)** Un CABALLO es un animal de cuatro patas que está cubierto de PELO. Una OVEJA es un animal de cuatro patas que está cubierto de LANA.

5. **(D)** Un GLUGLUTEO es un sonido producido por un tipo particular de ave, el PAVO. Un GORJEO es un sonido que producen algunos PAJAROS.

6. **(B)** Lo mismo que ASTUTO es una oposición enfática a ESTUPIDO, AGIL se opone a TORPE. Ambos términos van más allá de la simple negación de los términos opuestos.

7. **(C)** Una BALLENA es un mamífero que se toma equivocadamente como PEZ. Un MURCIELAGO es un mamífero que se toma equivocadamente como AVE.

8. **(D)** Un PROSPECTOR busca ORO del mismo modo que un DETECTIVE busca una PISTA.

9. **(B)** Un PAREADO forma parte de un POEMA, y una FRASE forma parte de un PARRAFO.

10. **(C)** El PETROLEO se extrae de la tierra por medio de un POZO, y la PLATA por medio de una MINA.

11. **(A)** Un TIMON se utiliza para dirigir un BARCO, lo mismo que un VOLANTE para dirigir un COCHE.

12. **(E)** Un SEMENTAL y un GALLO son dos animales diferentes del mismo sexo, lo mismo que YEGUA y GALLINA.

13. **(D)** Asimilamos un LIBRO por medio de su LECTURA, y una GRABACION por medio de su AUDICION.

14. **(C)** Un LORO y un GORRION son dos tipos muy diferentes de pájaros. Una CARPA DORADA y un TIBURON son dos tipos muy diferentes de peces.

15. **(B)** Los MUSCULOS se unen al hueso por medio de los TENDONES, como unos HUESOS se unen a otros por los LIGAMENTOS.

16. **(C)** La comida que es INSIPIDA es ABURRIDA y poco interesante, mientras que la ESPECIADA es INTERESANTE.

17. Un nudo es una escrecencia de un árbol, y una perla de una ostra.

18. **(B)** La LEVADURA QUIMICA se utiliza como LEVADURA y el YODO como ANTISEPTICO. Estas funciones son más específicas que la de la aspirina como medicina.

19. **(C)** Un POLIGONO tiene MUCHOS lados. Un CUADRADO tiene CUATRO.

20. **(A)** Se puede EXPURGAR (eliminar) PASAJES, lo mismo que se puede DESFOLIAR las HOJAS.

TEST III. ANALOGIAS VERBALES

Respuestas

1. D	6. B	11. D	16. B
2. B	7. A	12. C	17. D
3. E	8. D	13. C	18. E
4. B	9. E	14. B	19. B
5. B	10. A	15. A	20. A

Explicaciones

1. **(D)** Los materiales básicos de un FARMACEUTICO son las MEDICINAS; los del COCINERO son los ALIMENTOS.

2. **(B)** CONQUISTAR a alguien es SUBYUGARLE. CALUMNIAR a alguien es VILIPENDIARLE. En ambos casos, el sujeto es hostil hacia el objeto.

3. **(E)** Un CINCEL se puede utilizar para GRABAR algo. El ACIDO se puede utilizar para recortar una superficie y crear un AGUAFUERTE.

4. **(B)** El SONIDO se mide por DECIBELIOS y la ELECTRICIDAD por VOLTIOS.

5. **(B)** El SONIDO determina si dos palabras son HOMONIMAS. El SIGNIFICADO determina si son ANTONIMAS.

6. **(B)** Una SILLA forma parte del MOBILIARIO y un ARBOL es una PLANTA individual.

7. **(A)** En un extremo algo puede ser SIN VALOR y en el otro VALIOSO. En un extremo un individuo puede ser TACAÑO y en el otro extremo FILANTROPICO.

8. **(D)** Un TRIANGULO tiene tres lados y un PRISMA es una figura sólida de tres lados. Un CIRCULO es circular, y un CILINDRO es una figura sólida que también es circular.

9. **(E)** Un BUEY se controla por medio de una YUNTA. Un CABALLO se controla con los ARNESES.

10. **(A)** La VACA y la GALLINA son animales. La MANTEQUILLA es un producto del primero y las TORTILLAS lo son del segundo.

11. **(D)** LINEAL y CURVILINEAL se refieren a ecuaciones que, en su grafía, describen respectivamente las líneas rectas y curvas. La única respuesta que sugiere primero una recta y luego una curva es ARCO: FLECHA. La posibilidad (E) es incorrecta por que el orden de las formas está invertido.

12. **(C)** Los seres humanos consideran comestible la HOJA de la LECHUGA y el BULBO de la CEBOLLA.

13. **(C)** El SODIO es uno de los elementos que componen la SAL; el OXIGENO es uno de los elementos que componen el AGUA.

14. **(B)** Una PRESA obstruye la fluencia del AGUA; un EMBARGO obstruye la fluencia del COMERCIO.

15. **(A)** Se ALIVIA (reduce) el DOLOR; se AMORTIGUA el RUIDO.

16. **(B)** LATENTE significa POTENCIAL; LEJANO significa TARDIO.

17. **(D)** CALIBRE es una medición habitual de un RIFLE, CALIBRE es una medición habitual de los RAILES.

18. **(E)** PICADILLO es más extremo que TROZO; GOLPEAR es más extremo que SACUDIR.

19. **(B)** Un PECADILLO es una pequeña ofensa; un CRIMEN es una grande. La VACILACION es breve; la IRRESOLUCION es más extendida.

20. **(A)** La MADERA se utiliza para hacer PAPEL; el HIERRO se utiliza para hacer ACERO.

TEST IV. ANALOGIAS VERBALES

Respuestas

1. B	6. D	11. C	16. B
2. E	7. B	12. A	17. B
3. B	8. E	13. C	18. C
4. A	9. C	14. D	19. B
5. B	10. C	15. C	20. B

Explicaciones

1. **(B)** Una ALETA impulsa a un PEZ; una HELICE impulsa a un AVION.

2. **(E)** LIMITAR y REPRIMIR son sinónimos, como lo son URGIR y ESPOLEAR.

3. **(B)** Se escucha MUSICA en un CONCIERTO, se ve ARTE en una EXPOSICION.

4. **(A)** La LLAVE adecuada abre la PUERTA; la COMBINACION adecuada abre la CAJA DE SEGURIDAD.

5. **(B)** Si LANZA un determinado tipo de objeto (como una pelota de goma) sobre una superficie sólida, puede BOTAR. Si DEJA CAER un cierto tipo de objeto (como un huevo) sobre una superficie sólida, puede ROMPERSE.

6. **(D)** En esta relación secuencial, la TARDE precede al OCASO, como la NOCHE precede al AMANECER.

7. **(B)** Se necesita ESTUDIAR para APRENDER; se necesita INVESTIGAR para DESCUBRIR.

8. **(E)** La PULPA se usa para hacer PAPEL; la CELULOSA se utiliza para hacer RAYON.

9. **(C)** Se CORRE una CARRERA y se VUELA una COMETA. La relación con el objeto es de acción.

10. **(C)** Una BOYA advierte de una OBSTRUCCION; una LUZ ROJA advierte de un PELIGRO.

11. **(C)** APRESURAR y ACELERAR son sinónimos, como lo son INFLAR e HINCHAR.

12. **(A)** El SONIDO es producido por una VIBRACION; la ATRACCION es producida por la GRAVEDAD. La relación es de causa y efecto.

13. **(C)** Se ESCRIBE una CARTA y se INTERPRETA un PAPEL en esta relación de acción con respecto al objeto.

14. **(D)** La DEPRESION y el MASOQUISMO se refieren al dolor o a la herida provocados a uno mismo; la VENGANZA y el SADISMO hacen referencia al dolor o lesión producidos a otro.

15. **(C)** La PIEL rodea al HOMBRE; las PAREDES rodean una HABITACION.

16. **(B)** Un ELIXIR es una medicina líquida; una PILDORA es una medicina sólida. El AGUA es líquida; el HIELO es sólido.

17. **(B)** FRUGAL y ECONOMICO son sinónimos, como lo son PROSPERO y RICO.

18. **(C)** Lo MUNDANO se suele considerar TEMPORAL; lo ESPIRITUAL se suele considerar PERMANENTE.

19. **(B)** Un CLARINETE se utiliza para producir MUSICA; la TIZA para producir ESCRITURA.

20. **(B)** Estar FURIOSO es una emoción más intensa que estar COLERICO; AMAR es una emoción más intensa que la de AGRADAR. La relación es de grado.

RAZONAMIENTO CON SIMBOLOS

TEST I. RAZONAMIENTO CON SIMBOLOS

Respuestas

1. D	6. B	11. D	16. C
2. B	7. D	12. B	17. E
3. C	8. A	13. B	18. D
4. D	9. D	14. C	19. B
5. C	10. E	15. A	20. D

Explicaciones: preguntas 5-20

Analogías de símbolos

5. (C) La similaridad entre las dos series consiste en que cada una está compuesta de figuras cerradas que contienen una porción sombreada. En la primera serie, las figuras se dividen en tercios, y una de cada figura está sombreada. En la segunda serie, las figuras están divididas por la mitad por una línea que se extiende más allá del perímetro de la figura, y una mitad de cada figura está sombreada. Sólo (C) cumple esos dos requerimientos.

6. (B) Las dos series de figuras se componen de líneas que se cruzan. En la primera, cada figura contiene una línea cruzada más en una dirección que en otra. En la segunda serie, cada figura tiene un número igual de líneas en cada dirección. La figura B es la única que tiene el mismo número de líneas en cada dirección.

7. (D) Las dos series son similares porque ambas se componen de grupos de cajas. Se diferencian en que cada figura de la primera serie se compone de cinco cajas, mientras cada figura de la segunda se compone de seis cajas. Por tanto, la figura perdida será la que consta de seis cajas, como la figura D.

8. (A) Cada figura de esta serie se compone de un rectángulo sombreado biseccionado por una línea recta y dos círculos que tocan el borde exterior de cada rectángulo. En la primera serie, los círculos tocan el rectángulo en puntos opuestos a la línea biseccionadora. En la segunda serie, los círculos están conectados al rectángulo en la línea que los bisecciona. La figura A es el único símbolo que puede completar la segunda serie, de acuerdo con el esquema establecido.

9. (D) Todas las figuras de esta serie se componen de formas superpuestas. La primera serie se compone de formas idénticas que se superponen la una a la otra. En la segunda serie cada figura tiene superpuesta una mitad de una forma similar pero más grande. La figura D cumple el esquema establecido por las dos primeras figuras de la serie.

Compruebe sus capacidades mentales 105

10. **(E)** Todas las figuras de esta serie se componen de segmentos lineales rectos o curvos. En la primera serie, las figuras se componen de un número creciente de segmentos lineales con un segmento en la primera figura, dos en la segunda y tres en la tercera. Asimismo, en la segunda serie la primera figura tiene un segmento y la segunda dos. Por tanto, la figura perdida será la E, que tiene tres segmentos.

11. **(D)** Todos los símbolos de esta serie se componen de líneas rectas o curvas. Cada figura de la segunda serie se compone de una repetición de una figura de la primera junto con su opuesto. La única figura de la primera serie que falta en la segunda es el ángulo, el cual, combinado con su opuesto, crea la figura representada por D.

12. **(B)** Las dos series se componen de figuras cerradas. Las de la primera serie son de cuatro lados, y las de la segunda de cinco. Por tanto, la figura perdida será B, que es la única de cinco lados ofrecida.

Clasificación de figuras

13. **(B)** tiene una punta arriba.

14. **(C)** contiene una S (que puede estar de costado, pero no puede ser una imagen especular).

15. **(A)** tiene un punto arriba.

16. **(C)** se compone de una sola figura blanca en el centro de una figura sombreada.

17. **(E)** incluye una línea vertical.

18. **(D)** es una figura *única* (de cualquier color o forma) sobre un fondo blando.

19. **(B)** no incluye ángulos rectos u obtusos (sólo agudos).

20. **(D)** se divide igualmente entre áreas blancas y negras.

TEST II. RAZONAMIENTO CON SIMBOLOS

Respuestas

1. B	6. A	11. A	16. D
2. D	7. D	12. D	17. A
3. C	8. D	13. B	18. E
4. E	9. B	14. C	19. D
5. D	10. E	15. B	20. C

Explicaciones: preguntas 5-20

Analogías de símbolos

5. **(D)** Todas las figuras se componen de líneas rectas y curvas, y todas están sombreadas. En la primera serie, las líneas del área sombreada son paralelas al borde recto más largo. En la segunda las líneas del área sombreada son paralelas al diámetro del semicírculo. Este esquema sólo se mantiene en D.

6. **(A)** Todos los símbolos de esta serie se componen de dos o más líneas. En la primera serie, cada figura tiene dos líneas, una recta y una curva. En la segunda serie, cada figura tiene cuatro líneas, dos rectas y dos curvas. La figura A es el único símbolo que puede completar a la segunda serie.

7. **(D)** Todas las figuras de esta serie se componen de círculos con alguna parte recortada. En la primera serie hay un triángulo en primer lugar, luego un cuadrado y luego un recorte curvo en los círculos. En la segunda serie, los recortes siguen el mismo esquema, pero ahora hay dos recortes en cada círculo. Como los recortes triangular y cuadrado se ven, la figura perdida de la segunda serie será un círculo con dos recortes curvos, como sucede en D.

8. **(D)** Todas las figuras de esta serie son esencialmente flechas, pero difieren en la dirección en que señalan. Todas las figuras de la primera serie señalan hacia abajo y las de la segunda hacia arriba. Por tanto la flecha perdida será D, la única que señala en la dirección adecuada.

9. **(B)** Todas las figuras de esta serie se componen de líneas, rectas o curvas, o de una combinación de ambas. Sin embargo, todas las figuras de la primera serie se componen de tres líneas, mientras las de la segunda están formadas por cuatro. Sólo B es una figura formada por cuatro líneas, que es lo que se necesita para completar la segunda serie.

10. **(E)** Todos los símbolos de esta serie se componen de una forma cerrada, un pequeño triángulo oscuro y una línea corta. En la serie primera, el triángulo oscuro pequeño está fuera de la forma cerrada con la línea corta enfrente y dentro de la figura. En la segunda serie, el triángulo oscuro pequeño está dentro de la figura y la línea corta enfrente y fuera. La figura E, que cumple ambas condiciones, es la que se necesita para completar la segunda serie.

11. **(A)** Todas las figuras de esta serie se componen de líneas rectas que forman ángulos. En la primera parte, cada grupo de líneas forma dos ángulos agudos. En la segunda, cada grupo de líneas forma dos ángulos rectos. La única figura que forma dos ángulos rectos es la A.

Clasificación de figuras

12. **(D)** tiene un ángulo agudo que va en el sentido de las agujas del reloj desde la «manecilla» larga a la corta.

13. **(B)** incluye cuatro (y sólo cuatro) líneas verticales.

14. **(C)** no tiene dos protuberancias adyacentes en el mismo lado de la línea.

15. **(B)** se compone de dos círculos y dos rectángulos (sólo).

16. **(D)** tiene tres longitudes horizontales (entre las verticales).

17. **(A)** tiene el mismo número de puntos en cada lado de la línea.

18. **(E)** tiene más casillas en blanco que sombreadas.

19. **(D)** tiene un número impar de líneas.

20. **(C)** tiene las partes dispuestas de modo que todos los círculos quedan a la izquierda de todo lo demás, todos los cuadrados a la izquierda de los triángulos y puntos, y todos los triángulos preceden a los puntos.

TEST III. RAZONAMIENTO CON SIMBOLOS

Respuestas

1. E   6. E   11. B   16. A
2. A   7. C   12. C   17. E
3. D   8. C   13. C   18. D
4. A   9. B   14. A   19. E
5. A   10. D   15. D   20. B

Explicaciones: preguntas 5-20

Analogías de símbolos

5. **(A)** Todas las figuras de esta serie se componen de dos formas similares que se unen. En la primera serie, la forma más pequeña está totalmente encerrada por la más grande. En la segunda serie, la forma más pequeña está fuera de la más grande. Sólo la figura A tiene dos formas idénticas que guardan la misma relación entre sí que las dos figuras dadas de la segunda serie.

6. **(E)** Todas las figuras de esta serie están formadas por tres formas similares. En la primera serie las tres formas de cada figura varían de tamaño de pequeña a grande a mediana. En la segunda, las tres formas que conforman cada figura varían de tamaño de grande a grande a pequeña. Sólo (E) sigue la secuencia establecida por las dos figuras de la segunda serie.

7. **(C)** La similaridad entre estas series es direccional. Las líneas paralelas de la segunda serie repiten la dirección de las casillas de la primera serie; por tanto, la figura perdida es (C).

8. **(C)** Lo único que tienen en común estas figuras es que están compuestas de líneas. Las figuras de la primera serie se componen de líneas curvas y rectas. Las figuras de la segunda serie se componen sólo de líneas rectas. La figura C es la única posibilidad que sólo contiene líneas rectas.

9. **(B)** Todos los símbolos de esta serie se componen de líneas que salen de una rama. En la primera serie las líneas salen de posiciones alternativas a ambos lados de la rama. En la segunda serie salen de puntos directamente opuestos a ambos lados de la rama. Sólo en la figura B se oponen las líneas directamente unas a otras.

10. **(D)** Todas las figuras de la primera serie son idénticas salvo por la posición de la bola sombreada. Similarmente, cada figura de la segunda serie a la bola sombreada en una posición que se corresponde exactamente a su posición en la primera serie. La figura D, que muestra la bola sombreada en la porción izquierda inferior del círculo, corresponde a la tercera figura de la primera serie, en la que la bola oscura también ocupa la porción izquierda inferior de la figura.

11. **(B)** Todas las figuras de esta serie se componen de dos formas diferentes. En la primera cada serie se compone de dos de cada forma. En la segunda cada figura se compone de una forma que aparece tres veces y otra que sólo aparece una vez. La figura

B, que se compone de tres trectángulos y un triángulo, es la única que se conforma al esquema establecido.

12. (C) Todos los símbolos de esta serie se componen de una figura cerrada y líneas exteriores y paralelas a la forma. En la primera serie hay una línea exterior a cada forma y paralela a un lado. En la segunda hay dos líneas adyacentes exteriores a cada forma cerrada. Estas líneas exteriores son paralelas a los dos lados de cada forma cerrada. Sólo la figura C sigue este modelo.

Clasificación de figuras

13. (C) sólo incluye líneas rectas.

14. (A) es un círculo al que se le han quitado secciones «en forma de pastel».

15. (D) es un círculo con una línea recta o curva que lo cruza completamente.

16. (A) es un triángulo con un lado extendido, y un punto en otra parte.

17. (E) es un rectángulo con un círculo de calor diferente unido a su parte más a la derecha.

18. (D) se compone de dos círculos blancos y uno sombreado.

19. (D) termina con un trazo hacia abajo (en el extremo de la derecha).

20. (B) se compone de dos líneas horizontales y una diagonal.

TEST IV. RAZONAMIENTO CON SIMBOLOS

Respuestas

1. A	6. D	11. B	16. D
2. C	7. E	12. C	17. A
3. B	8. C	13. D	18. C
4. E	9. D	14. B	19. D
5. E	10. C	15. B	20. E

Explicaciones: preguntas 5-20

Analogías de símbolos

5. (E) El rasgo común de esta serie es que todos los símbolos son un cilindro con líneas en la superficie exterior. En la primera serie, las líneas son perpendiculares a la base. En la segunda son diagonales a la base. La figura E es la única que completa correctamente la serie.

6. (D) Cada figura de esta serie se compone de cuatro líneas, unas largas y otras cortas.

Todas las figuras de la primera serie se componen de tres líneas largas y una corta. Todas las figuras de la segunda serie se componen de dos líneas largas y dos cortas. Por tanto, D es la necesaria para completar la serie.

7. **(E)** El rasgo común de esta serie es que todos los símbolos son un rectángulo con líneas en su interior. En la primera serie, cada rectángulo tiene en su interior una línea discontinua. En la segunda serie, cada rectángulo contiene una línea discontinua y una continua. Esa figura viene ilustrada por E.

8. **(C)** Cada figura de esta serie representa una rotación. En la primera serie, las figuras indican rotación en el sentido de las agujas del reloj, mientras que en la segunda serie van en sentido opuesto. La figura C, que representa rotación en sentido contrario a las agujas del reloj, es la necesaria para completar la serie.

9. **(D)** Los símbolos de la primera serie se repiten en la segunda, salvo porque en ésta los extremos están cerrados y los segmentos opuestos se hallan sombreados. Como los dos primeros símbolos de la primera serie aparecen ya en la segunda, la serie la completará una variación del tercer símbolo. Esta figura es la D.

10. **(C)** Todos los símbolos de esta serie son lágrimas. En la primera, las lágrimas se superponen. En la segunda los extremos puntiagudos se tocan. Por tanto, la figura perdida debe ser C, que se compone de formas de lágrimas con las puntas tocándose.

11. **(B)** El rasgo común de estas series es que cada símbolo es una forma cerrada con líneas en su interior. En la primera serie las líneas encerradas forman ángulos rectos entre sí. En la segunda cada forma se divide por la mitad y las líneas encerradas forman raspas de pescado, como en B.

Clasificación de figuras

12. **(C)** se compone de tres líneas y tres puntos.

13. **(D)** se compone de una única zona sombreada sin dividir en contacto con una serie de zonas en blanco.

14. **(B)** es un círculo con tres radios, dos sólidos y uno punteado, formando dos ángulos que totalizan 180°.

15. **(B)** contiene intersecciones en medio de las líneas verticales de los extremos izquierdo y derecho.

16. **(D)** tiene tres elementos, siendo el primero y el tercero imágenes especulares.

17. **(A)** tiene exactamente un punto a la derecha de la línea.

18. **(C)** tiene más zona blanca que zona sombreada.

19. **(D)** tiene un número igual de lados, con el punto fuera de la figura.

20. **(E)** es asimétrica si se traza una línea vertical por el centro.

PARTE D. APTITUD NUMERICA

TEST I. SERIES NUMERICAS

Respuestas

1. E	6. D	11. D	16. C	21. E
2. A	7. E	12. D	17. E	22. B
3. D	8. D	13. E	18. A	23. A
4. E	9. C	14. E	19. C	24. A
5. C	10. B	15. C	20. E	25. C

Explicaciones

1. (E) Para obtener los términos de la serie, tomar el primer término, sumar 4, sumar 5, sumar 7; repetir el ciclo.

2. (A) Multiplicar por 4, dividir por 2; repetir el ciclo.

3. (D) Sumar 4, sumar 5, sumar 6; repetir el ciclo.

4. (E) Restar 12, sumar 24; repetir el ciclo.

5. (C) Restar 2, restar 2, sumar 3, sumar 3; repetir el ciclo.

6. (D) Restar 1, sumar 3, restar 5; repetir el ciclo.

7. (E) Restar 4, restar 4, multiplicar por 2; repetir el ciclo.

8. (D) Restar 3, multiplicar por 3; repetir el ciclo.

9. (C) Restar 2, multiplicar por 3; repetir el ciclo.

10. (B) Restar 3, multiplicar por 2, sumar 1; repetir el ciclo.

11. (D) Dividir por 2; repetir.

12. (D) Dividir por 2, restar 4; repetir el ciclo.

13. (E) Restar 1, restar 2, restar 3, restar 4 ... (restar uno más cada vez ...).

14. (E) Dividir por 2, multiplicar por 4; dividir por 2, multiplicar por 3; dividir por 2, multiplicar por 2; etc. (repetir, sustrayendo uno del multiplicador cada vez).

15. (C) Multiplicar por 6, multiplicar por 6, dividir por 12; repetir el ciclo.

16. (C) Multiplicar por 3, multiplicar por 2; repetir el ciclo.

17. (E) Multiplicar por 2; multiplicar por 3; multiplicar por 4; etc. (repetir, añadiendo uno al multiplicador cada vez).

18. (A) Restar 1/2, restar 1/4; repetir el ciclo.

19. (C) Multiplicar por 2; repetir.

20. (E) Sumar 5, sumar 7, sumar 9, etc. (repetir, añadiendo cada vez dos).

21. (E) Sumar 2, sumar 3, sumar 4, etc. (repetir, añadiendo cada vez uno al número).

22. **(B)** Multiplicar por 4, multiplicar por 2; repetir el ciclo.

23. **(A)** Sumar 1, sumar 1, restar 1; repetir el ciclo.

24. **(A)** Sumar 6, sumar 5, sumar 4, etc. (repetir, restando cada vez uno del número).

25. **(C)** Dividir por 2, sumar 5; repetir el ciclo.

TEST II. RAZONAMIENTO ARITMETICO

1. B	7. B	13. A	19. B	25. D
2. C	8. A	14. C	20. A	26. D
3. D	9. A	15. C	21. B	27. B
4. B	10. C	16. D	22. A	28. D
5. C	11. B	17. A	23. B	
6. A	12. B	18. D	24. D	

TEST III. OPERACIONES NUMERICAS

1. C	7. C	13. D	19. D	25. B
2. B	8. A	14. B	20. D	26. C
3. B	9. C	15. D	21. B	27. C
4. D	10. A	16. B	22. B	28. A
5. D	11. B	17. A	23. C	29. A
6. C	12. D	18. C	24. D	30. B

TEST IV. CONOCIMIENTO MATEMATICO

1. C	6. B	11. C	16. D	21. A
2. D	7. B	12. D	17. C	22. B
3. A	8. B	13. D	18. B	23. A
4. B	9. B	14. B	19. D	
5. C	10. D	15. C	20. B	

PARTE E. CAPACIDAD PERCEPTIVA

TEST I. RELACIONES ESPACIALES

1. D	6. 3	11. 1
2. B	7. 3	12. 5
3. E	8. 2	13. 6
4. E	9. 3	14. 3
5. C	10. 3	15. 5

TEST II. RELACIONES ESPACIALES

1. D	6. 4	11. 7
2. B	7. 1	12. 2
3. A	8. 2	13. 7
4. D	9. 2	14. 3
5. A	10. 1	15. 7

CAPITULO 3

COMPRUEBE SU PERCEPCION MECANICA Y SU CAPACIDAD DE VISUALIZACION ESPACIAL

En esta sección se pone a prueba su percepción mecánica y su visualización espacial.
Los tests de capacidad mecánica se suelen utilizar para seleccionar individuos para trabajos que requieran una especial habilidad para la mecánica, más que la capacidad de utilizar una herramienta. Necesitan capacidad mecánica los trabajadores que están a cargo de equipos y de maquinaria, o aquellos que desarrollan conceptos con la maquinaria, y no los que reparan o utilizan la maquinaria o las herramientas. Estas cuestiones comprueban su aptitud mecánica general, en lugar de las habilidades específicas.
Dentro de este área hay otra capacidad específica, llamada usualmente *visualización*. En esta sección, y con los tests seleccionados, se evalúa su capacidad para manipular mentalmente las imágenes visuales en dos o tres dimensiones.
Cuando llegue a la sección del capítulo dedicada a la visualización, se dará cuenta de que determinados factores de la visualización y las relaciones espaciales pueden tener una gran importancia para algunos trabajos mecánicos, pues se le puede pedir que visualice las relaciones físicas de los objetos con los que trabaja.

PARTE A. PERCEPCION MECANICA

Las preguntas siguientes se han seleccionado de varios tests de aptitud. Todas están pensadas para medir su aptitud mecánica y su sentido innato para la maquinaria. También miden la capacidad aritmética.

Miles de trabajos de una gran variedad de campos requieren la habilidad llamada «percepción mecánica»; dicho de otro modo, la capacidad de visualizar las operaciones de una máquina en movimiento, de ver las relaciones entre las diferentes partes de una máquina, y la capacidad de hacer los cómputos necesarios que forman parte del trabajo de una persona cuando está relacionado con maquinaria.

Muchas de las preguntas de las páginas siguientes están destinadas a comprobar la capacidad que tiene el candidato para pensar en términos de una tercera dimensión. Otras se refieren a la hidráulica, las fuerzas ejercidas por los líquidos en un sistema cerrado y al funcionamiento de válvulas. Algunas exigen conocimiento sobre el funcionamiento de los sistemas de poleas y palancas. En otras es necesario analizar el movimiento de sistemas de engranajes ensamblados.

No encontrará «trampas» en las preguntas de este tipo. El propósito de estos tests es encontrar las personas mejor cualificadas para un trabajo de naturaleza mecánica.

Una pregunta de muestra explicada

En esta y otras preguntas de percepción mecánica, para obtener la respuesta correcta es de vital importancia la atenta observación y la interpretación precisa de lo que se ve.

Si observa atentamente se dará cuenta de que estamos tratando con: (1) una báscula de resorte que registra el peso cuando una fuerza tira desde abajo; (2) dos pesas de 5 kg.; (3) una barra de 5 kg. Cuando tras la atenta observación haya captado el hecho de que es una báscula que registra el peso cuando una fuerza tira desde *abajo*, está en vías de encontrar la solución. Si el dibujo no representara este tipo de báscula, el peso hubiera sido cero, pues las dos pesas de 5 kg., que hay a ambos extremos se habrían anulado una a otra y la barra de 5 kg., al estar perfectamente equilibrada, tampoco habría registrado peso alguno.

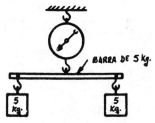

El peso que marca la báscula será aproximadamente
(A) cero
(B) 5 kg.
(C) 10 kg.
(D) 15 kg.
La respuesta correcta es (D), 15 kg.

TEST I. PERCEPCION MECANICA

Indicaciones: lea cuidadosamente todas las alternativas de las preguntas. Seleccione luego la respuesta que considera correcta o que cree que es más probable que lo sea.

Las respuestas correctas las encontrará al final del capítulo.

1. Examine la figura 1 de la página siguiente y determine cuál de las afirmaciones siguientes es cierta.

   (A) Si la tuerca se mantiene fija y la cabeza gira en el sentido de las agujas del reloj, el tornillo ascenderá.
   (B) Si la cabeza del tornillo se mantiene fija y la tuerca gira en el sentido de las agujas del reloj, la tuerca descenderá.
   (C) Si la cabeza del tornillo se mantiene fija y la tuerca gira en el sentido de las agujas del reloj, la tuerca subirá.
   (D) Si la tuerca se mantiene fija y el tornillo gira en sentido contrario a las agujas del reloj, el tornillo bajará.

2. Refiriéndonos a la figura 2 de la página siguiente, ¿cuál de las frases siguientes es cierta?

   (A) Si la tuerca se mantiene fija y la cabeza gira en el sentido de las agujas del reloj, el tornillo bajará.
   (B) Si la cabeza del tornillo se mantiene fija y la tuerca gira en el sentido de las agujas del reloj, la tuerca bajará.
   (C) Si la cabeza del tornillo se mantiene fija y la tuerca gira en el sentido de las agujas del reloj, la tuerca subirá.
   (D) Si la tuerca se mantiene fija y la cabeza gira en sentido contrario a las agujas del reloj, el tornillo subirá.

3. La figura 3 de la página siguiente muestra un tornillo, una tuerca y cinco piezas numeradas. Si todas las piezas son lo bastante largas para pasar por el tornillo y si el agujero circular se extiende a través del tornillo y del otro lado de la tuerca, ¿qué pieza debe utilizar para fijar la tuerca en una posición estacionaria?

   (A) 1
   (B) 2
   (C) 3
   (D) 4
   (E) 5

4. Examine la espiga y las mortajas numeradas de la figura 4 de la página siguiente. Donde mejor encaja la espiga es en la mortaja número

   (A) 1
   (B) 2
   (C) 3
   (D) 4
   (E) 5

5. Para hacer la espiga de la figura 4, la mejor herramienta que se puede utilizar es

   (A) martillo
   (B) cuchillo
   (C) sierra
   (D) taladro
   (E) plaqueta cortante

6. Estudie las ruedas de los engranajes de la figura 5 de la página siguiente y diga cuál de las afirmaciones siguientes es cierta.

   (A) Si por medio de una manivela gira la rueda M en el sentido de las agujas del reloj, la rueda P girará también en ese sentido.
   (B) Un diente de la rueda P tardará en hacer un giro completo el mismo tiempo que uno de la rueda M.
   (C) Un diente de la rueda P tardará en hacer un giro completo menos que uno de la rueda M.
   (D) Un diente de la rueda P tardará más tiempo en hacer un giro completo que uno de la rueda M.
   (E) Cuanto más rápido gire la rueda P, más lento girará la M.

La flecha indica giro en la dirección de las agujas del reloj

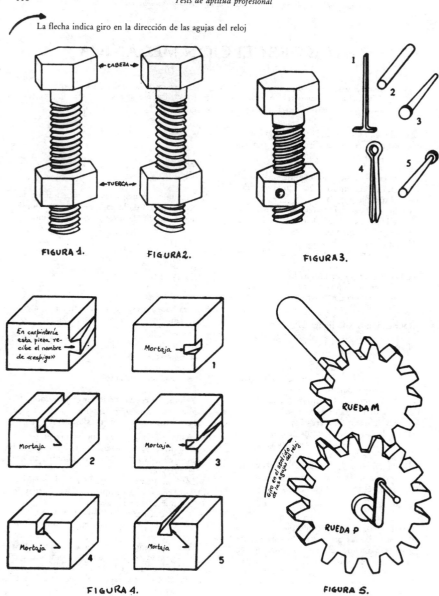

7. Si la rueda M de la figura 5 hace 16 giros completos, el número de giros completos de la rueda P será
   (A) 20
   (B) 12
   (C) 10
   (D) 18
   (E) 15

8. En la figura 5, el número de dientes de la rueda M es
   (A) 12
   (B) 14
   (C) 16
   (D) 10
   (E) 15

9. En la figura 5, el número de dientes de la rueda P es
   (A) 10
   (B) 18
   (C) 16
   (D) 17
   (E) 19

10. La polea A del diagrama inferior mueve un sistema de poleas. Las poleas B y C están unidas al mismo eje. Utilice los siguientes diámetros en sus propios cómputos: A = 2½ cm.; B = 5 cm.; C = 1¼ cm.; y D = 10 cm. Cuando la polea A gira a 2.000 RPM, la polea D hará
    (A) 125 RPM
    (B) 250 RPM
    (C) 500 RPM
    (D) 8.000 RPM
    (E) 6.200 RPM

11. En el diagrama superior, el brazo se manivela C gira a una velocidad constante de 400 RPM y mueve la palanca AB. Cuando la palanca AB se mueva a la máxima velocidad, el brazo C se hallará en la posición
    (A) 1
    (B) 5
    (C) 6
    (D) 7
    (E) 8

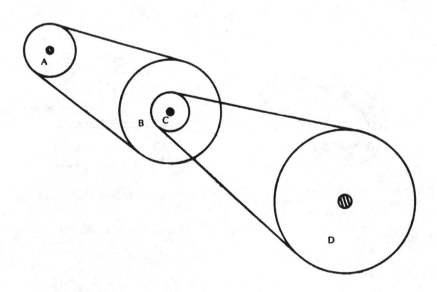

TEST II. PERCEPCION MECANICA

Indicaciones: lea cuidadosamente todas las posibilidades de las preguntas. Seleccione luego la respuesta que considere correcta o crea que tiene más probabilidades de serlo.
Encontrará las respuestas correctas al final del capítulo.

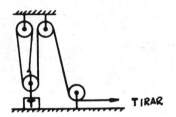

1. Se ha de levantar el tanque T uniendo la cuerda de la polea a un transporte. Para levantar el tanque 280 cm., el transporte habrá de recorrer

   (A) 560 cm.
   (B) 650 cm.
   (C) 1.120 cm.
   (D) 1.400 cm.

3. La distancia X de esta pieza es

   (A) 16 pulgadas   (C) 12 pulgadas
   (B) 14 pulgadas   (D) 10 pulgadas

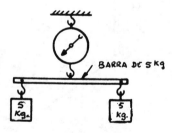

2. En el caso del tubo rebordeado del dibujo, el ángulo máximo en el que sería necesario girar el tubo para hacer coincidir los agujeros es

   (A) 22,5 grados
   (B) 30 grados
   (C) 45 grados
   (D) 60 grados

4. La lectura de la báscula será aproximadamente

   (A) cero   (C) 10 kg.
   (B) 5 kg.   (D) 15 kg.

Compruebe su percepción mecánica y su capacidad de visualización espacial

5. Si el agua entra en el tanque a una tasa de 120 litros por hora y sale a una tasa constante de un litro por minuto, el nivel de agua del tanque

   (A) aumentará un litro por minuto
   (B) aumentará 2 litros por minuto
   (C) disminuirá 2 litros por minuto
   (D) disminuirá 1 litro por minuto

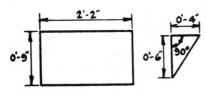

6. El número máximo de piezas triangulares que se puede cortar de esta hoja metálica es

   (A) 12   (C) 20
   (B) 16   (D) 25

7. El número máximo de piezas triangulares que se puede cortar de esta hoja de estaño es

   (A) 10   (C) 6
   (B) 8   (D) 4

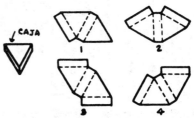

8. El modelo de hoja metálica plana que puede doblarse por las líneas punteadas para formar de modo completo la caja triangular cerrada es

   (A) 1   (C) 3
   (B) 2   (D) 4

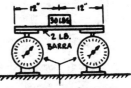

9. El peso puesto sobre el tablero y colocado sobre dos básculas idénticas dará en *cada* báscula una lectura de

   (A) 8 libras   16 libras
   (B) 15 libras   32 libras

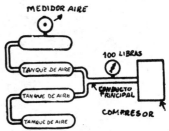

10. El compresor de aire ha llenado cuatro tanques. Si el medidor del conducto principal da una lectura de 100 libras, el medidor de aire del tanque dará una lectura de

    (A) 25 libras   (C) 100 libras
    (B) 50 libras   (D) 200 libras

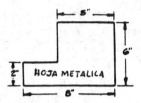

11. El área de esta hoja metálica en centímetros cuadrados es

(A) 48 (C) 20
(B) 36 (D) 16

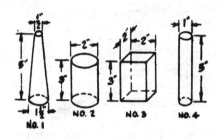

13. El recipiente que contiene más cantidad de agua es

(A) N.º 1 (C) N.º 4
(B) N.º 2 (D) N.º 4

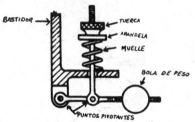

12. Si el mecanismo de bola y resorte se equilibran en la posición que se ve en el dibujo, la bola se moverá hacia arriba si

(A) se suelta la tuerca
(B) se aleja la bola del bastidor
(C) se suelta la tuerca y se aleja la bola del bastidor
(D) se aprieta la tuerca

PARTE B. TESTS DE VISUALIZACION ESPACIAL

Para comprobar la capacidad de visualizar y manipular objetos en el espacio se utilizan seis tipos diferentes de preguntas. Como quizá no esté familiarizado con los tests de visualización espacial, incluimos explicaciones de cada tipo de pregunta junto con preguntas de muestra que ilustran el modo de enfocar los problemas de visualización espacial. Lea primero las explicaciones; realice luego los dos tests siguientes de visualización espacial. Las respuestas a todas las preguntas se encuentran al final del capítulo.

PREGUNTA TIPO 1. FIGURAS OCULTAS

Las preguntas de figuras ocultas ponen a prueba su capacidad de encontrar un modelo geométrico simple dentro de otro modelo más grande y complejo. Cada test presenta una serie de cinco modelos simples etiquetados como A, B, C, D y E. Estos modelos simples van seguidos de un grupo de modelos más complejos que se numeran empezando por el 1. En cada figura numerada ha de elegir la letra de la figura que puede encontrarse oculta en la forma más compleja. Conteste a las cuatro preguntas de muestra siguientes.

Cuatro preguntas de muestra para practicar

PASO UNO: examine las cinco figuras simples siguientes:

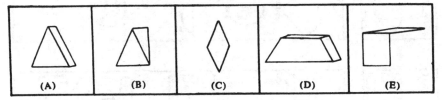

PASO DOS: trate de encontrar cuál de las figuras simples de arriba está oculta dentro de cada figura compleja de abajo:

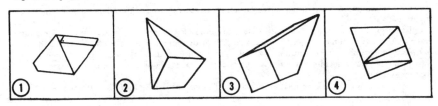

Respuestas correctas a las preguntas de muestra

1. A   2. C   3. E   4. B

PREGUNTA TIPO 2. ARMONIZACION DE PIEZAS Y FIGURAS

Hay varios tipos de preguntas que prueban su capacidad de armonizar piezas y figuras. Aunque las indicaciones pueden variar ligeramente, cada tipo de pregunta le exige visualizar la forma que resultaría de encajar una serie de piezas cortadas.

Las preguntas 1 y 2 ilustran un tipo de pregunta de piezas y figuras. En estas preguntas hay una figura con un número y un grupo de cinco figuras etiquetadas con letras. Ha de elegir las dos figuras con letra que, unidas, formen una figura del mismo tamaño y forma que la figura numerada.

Examine la pregunta 1. La figura numerada es un círculo. Cada figura de letra forma parte de un círculo; sin embargo, sólo las figuras A y E formarán un círculo completo del mismo tamaño que el del círculo dado.

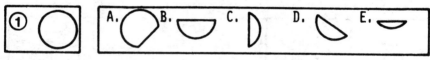

Intente ahora la pregunta 2.

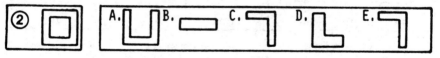

Sólo las figuras C y E ajustan formando un cuadrado dentro de otro tal como se ilustra en la figura dada.

La pregunta 3 muestra otra variación de la armonización de piezas y figuras. En esta pregunta se le da una figura numerada junto con cuatro grupos de piezas etiquetados con letras. Ha de determinar qué grupo de piezas ajustan formando la figura numerada. Las piezas cortadas pueden girarse para hacerlas coincidir con el dibujo dado, pero no pueden quedar espacios entre las piezas ni bordes superpuestos.

Las únicas dos piezas que ajustan formando el dibujo de la pregunta 3 son las piezas de la figura A.

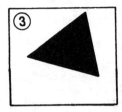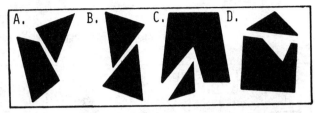

Las preguntas 4 y 5 invierten el procedimiento utilizado en las tres anteriores, dándole unas piezas numeradas y pidiéndole que identifique la figura completa que se puede formar con aquellas piezas. Como en los otros tipos de pregunta, tendrá que girar mentalmente las piezas dadas con el fin de crear el dibujo.

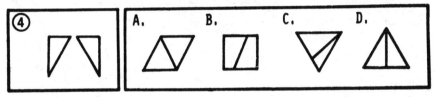

La única figura que puede formarse con las dos piezas del dibujo de la pregunta 4 es la D.

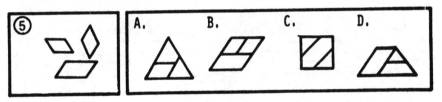

Las tres piezas de la pregunta 5 sólo se pueden disponer como se indica en B.

PREGUNTA TIPO 3. VISTAS ESPACIALES

El test de preguntas de vistas espaciales pone a prueba otro aspecto de su capacidad para comprender objetos estáticos. En estas preguntas le dan un dibujo numerado en el que ve la parte superior, frontal y lateral de un objeto tridimensional. Junto a cada imagen numerada hay cuatro dibujos con letras. Ha de seleccionar el dibujo de letra que tendría la parte superior, frontal y lateral de la figura numerada.

Una pregunta de muestra explicada

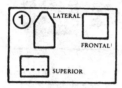 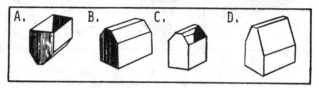

La primera caja de la pregunta 1 muestra la vista superior, lateral y frontal de uno de los objetos etiquetados como A, B, C, y D. A primera vista puede eliminar la figura D, pues la vista lateral es más alta y delgada que la vista lateral de la primera caja. También pueden eliminarse las figuras A y B, pues ofrecen vistas frontales demasiado largas y estrechas. La figura C es la única de las cuatro que podría tener las vistas frontal, lateral y superior de la figura numerada.

PREGUNTA TIPO 4. CONTAR CUBOS

Hay dos tipos diferentes de pregunta que miden su capacidad de contar los cubos de una disposición tridimensional. En uno de los tipos debe contar todos los cubos de la disposición, sean visibles o no. En el otro tipo de pregunta ha de contar el número de cubos que contactan con un determinado cubo del grupo.

Examine la pregunta 1 inferior. ¿Cuántos cubos hay?

Debería haber contado 17 cubos. Hay 4 montones de 2 cubos a la izquierda y otros tantos a la derecha, con un solo cubo uniendo a ambos grupos.

Una palabra de advertencia: examine críticamente todos los diagramas, contando los bloques uno a uno. Aunque una figura parezca tener cuatro partes idénticas, no cometa el error de contar simplemente los cubos de una parte y multiplicar por 4. Podría contar dos veces la misma fila de bloques o no contar una columna parcialmente escondida.

La pregunta de muestra 2 ilustra otro tipo de test de cubos. En ella ha de contar el número de cubos que tocan al que está señalizado por la flecha.

En estas preguntas ha de suponer que todos los cubos de la disposición tienen el mismo tamaño y que están ocultos sólo los cubos necesarios para soportar a los que puede ver.

Se considera que un cubo toca a otro si están en contacto por cualquier parte, incluso una esquina.

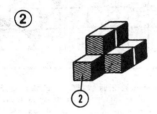

Hay 3 cubos en contacto con el número 2; el de la derecha que está detrás y no puede ver, el de arriba de ése y el que toca la esquina posterior derecha del señalizado.

PREGUNTA TIPO 5. ANALISIS DE ESQUEMAS

Hay dos tipos principales de preguntas sobre cajas. En uno de ellos debe encontrar la caja que podría hacerse doblando una pieza de cartón. En la otra la tarea consiste en determinar qué pieza de cartón se formaría si se desplegara una caja.

Dos preguntas de muestra explicadas

La pregunta de muestra 1 ilustra una cuestión de pliegue de cartón. La caja numerada contiene una pieza de cartón que ha de plegarse por las líneas indicadas. Ha de determinar cuál de las figuras A, B, C o D puede estar hecha plegando el cartón desplegado.

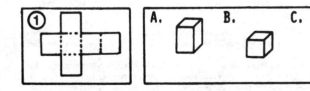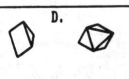

La respuesta correcta es B. La figura 1 tiene seis divisiones iguales que, plegadas, formarían un cubo. Ni C ni D tienen seis lados, y A, que con cuatro superficies grandes y dos pequeñas no podría formarse con el cartón de la figura 1.

Examine ahora la pregunta de muestra 2. En el marco numerado hay una caja con un dibujo en cada lado. Si se desplegara, sería como uno de los dibujos etiquetados por letras. Ha de elegir aquel que resultaría de desplegar la caja numerada.

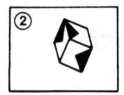
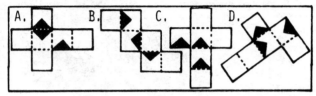

La respuesta correcta a la pregunta 2 es D. En las elecciones A y C los triángulos están incorrectamente colocados, y en B los triángulos están en las caras erróneas. Sólo D se puede plegar formando un cubo con un triángulo oscuro exactamente en las posiciones que ocupan en la caja dada.

PREGUNTA TIPO 6. GIRO DE FIGURAS

Hay dos tipos de preguntas de giro de figuras. En una de ellas le presentan una forma sólida y le piden que elija una de las cuatro alternativas, que representa a la misma forma pero en distinta posición. En el otro tipo le presentan un cubo que tiene un diseño diferente en cada cara y ha de elegir la alternativa o alternativas que pudieran ser el cubo original al darles una o más vueltas.

La pregunta de muestra 1 ilustra una pregunta de giro de figura sólida. De las alternativas A, B, C o D, ¿cuál representa la figura 1 en una posición diferente?

(A) (B) (C) (D)

La figura 1 es un sólido de siete caras. La alternativa D, que inclina la figura hacia atrás exponiendo la superficie del fondo, es la única que puede representar a la figura dada en una posición diferente.

La pregunta de muestra 2 es un problema de giro de cubo. Examine cuidadosamente el cubo numerado. Aunque sólo ve tres dibujos diferentes, en realidad tiene seis diferentes, uno en cada cara. Examine ahora los cuatro cubos etiquetados como A, B, C y D. Seleccione uno o más de estos cubos de acuerdo con las reglas siguientes:

1. Si más de uno pudiera ser el cubo de la izquierda tras girar, seleccione el cubo o cubos que puedan ser el de la izquierda con un sólo giro.

2. Si sólo uno puede serlo al girar, ése es el de la respuesta, con independencia de cuántos giros se hayan dado.
3. Si más de uno de los cubos pueden ser el original al girarlos, pero ninguno podría serlo con un solo giro, seleccione como respuesta todas esas posibilidades.

A B C D

La pregunta de muestra 2 se conforma a la norma 2. La elección A es errónea porque el triángulo de arriba debería señalar con la punta hacia la cruz. La elección C es errónea porque el cubo tendría que haber girado hasta colocarse boca abajo, en cuyo caso el cuadrado desaparecería. También es falsa la posibilidad D, pues la punta del triángulo tendría que señalar a la cruz y no es así. La posibilidad B es la correcta. Es el cubo original al que se le ha girado dos vasos.

TEST I. VISUALIZACION ESPACIAL

1. Figuras ocultas

Figuras simples para las preguntas 1 a 28

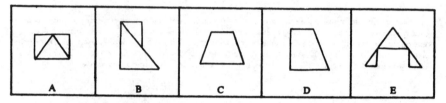

Indicaciones: encuentre las figuras simples ocultas en estas figuras más complejas. Elija como respuesta la letra que corresponde a la figura simple que encuentre en cada figura compleja de las de abajo.

Encontrará las respuestas correctas al final del capítulo.

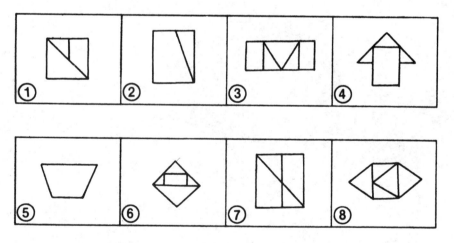

Compruebe su percepción mecánica y su capacidad de visualización espacial 129

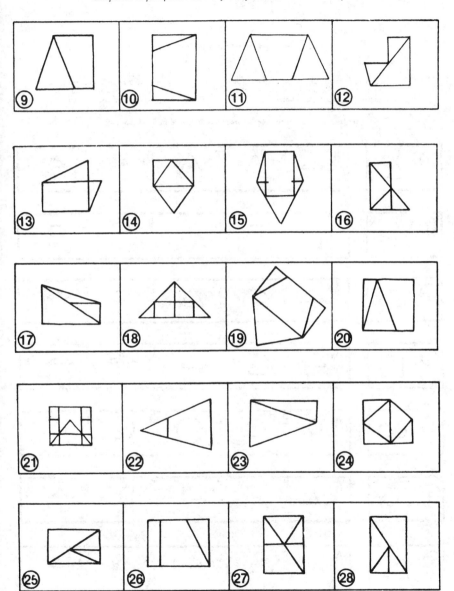

2. Armonización de piezas y figuras

Indicaciones: cada una de las preguntas de este test se compone de una figura numerada más un grupo de cinco figuras con las letras A, B, C, D y E. Cuando se unen dos de estas últimas forman la figura numerada. Elija las letras de las dos figuras que, unidas, son casi la misma que la figura numerada.

Encontrará las respuestas correctas a las preguntas del test al final del capítulo.

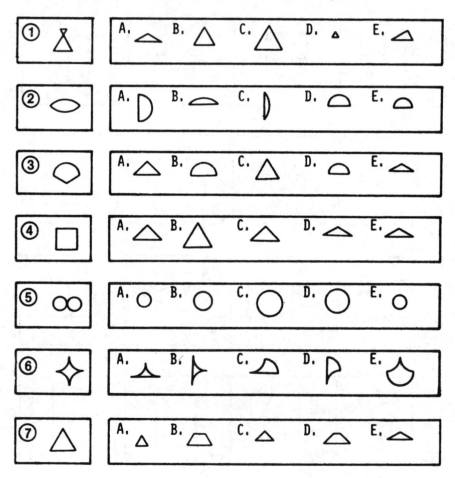

Compruebe su percepción mecánica y su capacidad de visualización espacial   131

3. Vistas espaciales

Indicaciones: cada pregunta del test consta de una figura numerada que muestra la parte superior, frontal y lateral de un objeto tridimensional. A la derecha hay otras imágenes etiquetadas como A, B, C y D. Tiene que elegir la letra del dibujo que tendría las secciones superior, frontal y lateral de la figura numerada.

Encontrará las respuestas correctas al final del capítulo.

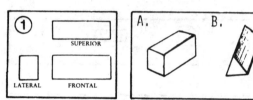
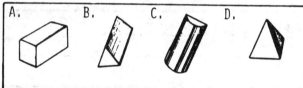

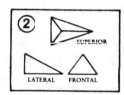
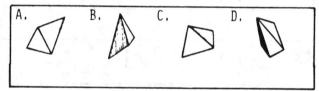

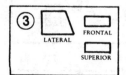
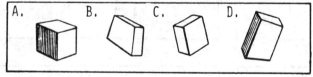

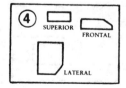
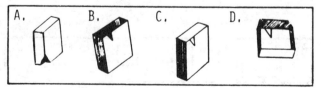

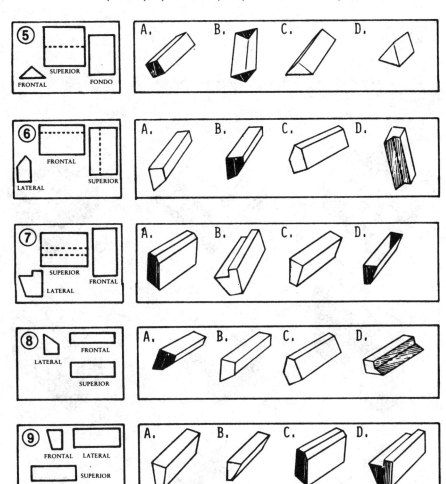

4. Cuenta de cubos

Indicaciones: cuente el número de bloques de cada disposición. Suponga que descansan sobre los bloques que se hallan inmediatamente debajo, salvo en los arcos (como los de las preguntas 4, 11, 13 y 17).

Encontrará las respuestas correctas a las preguntas del test al final del capítulo.

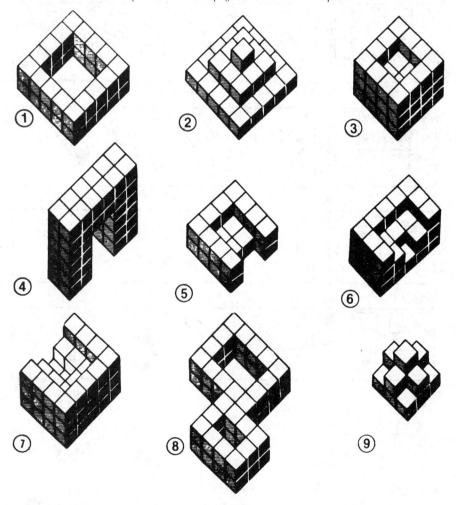

Compruebe su percepción mecánica y su capacidad de visualización espacial 135

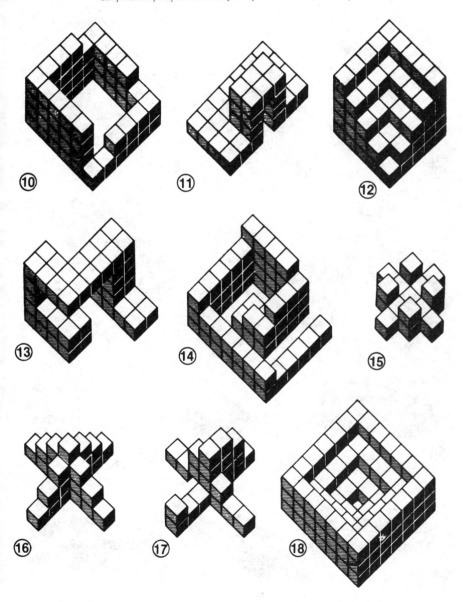

Tests de aptitud profesional

5. Pliegue de cartón

Indicaciones: cada pregunta del test se compone de una figura numerada que es una pieza de cartón que debe plegarse. Las líneas discontinuas muestran por dónde debe realizarse el plegado. Ha de elegir la figura etiquetada como A, B, C o D que resultaría del plegado de la figura numerada.

Encontrará las respuestas correctas al final del capítulo.

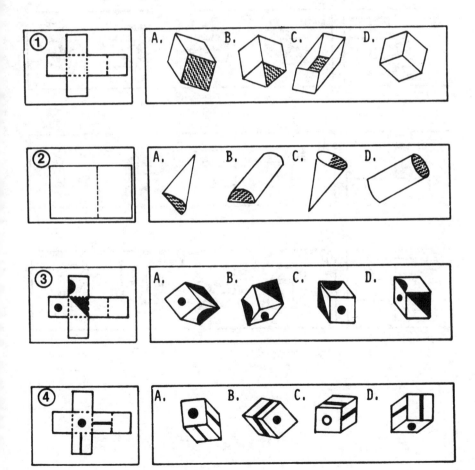

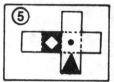 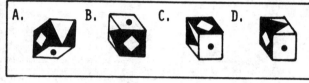

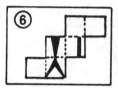 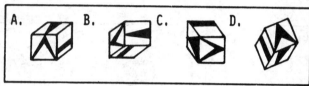

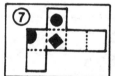 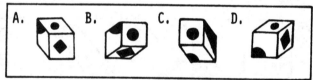

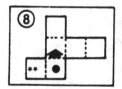 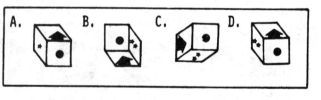

6. Desplegado de caja

Indicaciones: cada pregunta del test se compone de una imagen numerada de una caja que ha de ser desplegada. En ese caso sería como una de las figuras etiquetadas como A, B, C o D. Elija esa letra como respuesta.

Encontrará las respuestas correctas al final del capítulo.

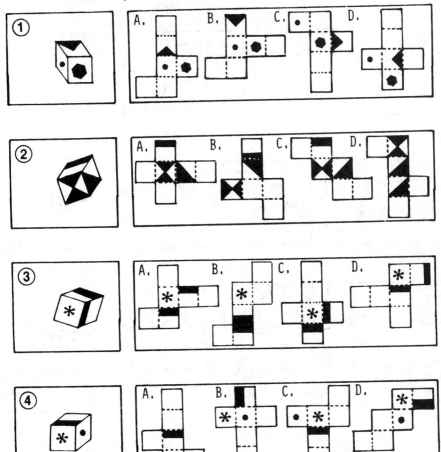

140 Tests de aptitud profesional

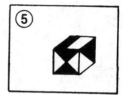 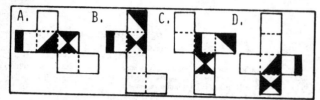

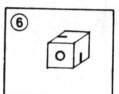 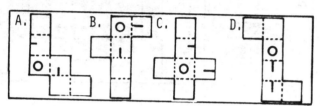

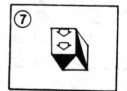 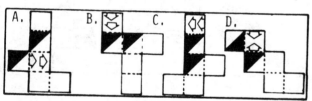

 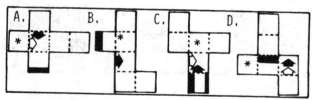

7. Giro de figuras sólidas

Indicaciones: cada figura numerada se compone de cubos o de otras formas que se supone están pegados. Al lado de cada figura numerada hay otras etiquetadas con letras. Elija la letra de la figura (A, B, C o D) que es la figura numerada puesta en una posición diferente. Para elegir la respuesta correcta, tendrá que girar mentalmente las figuras, darles la vuelta o ambas cosas.

Encontrará las respuestas correctas al final del capítulo.

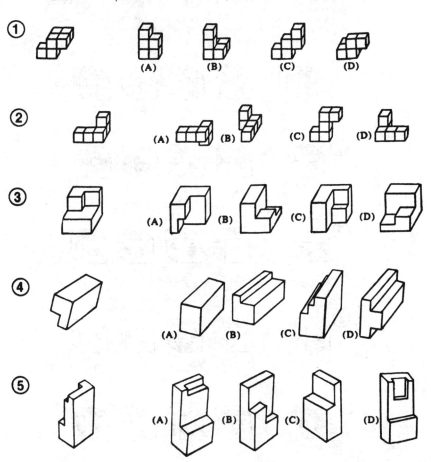

8. Giro de figuras sólidas

Indicaciones: el dibujo numerado de la izquierda de cada una de las preguntas siguientes representa un cubo. Cada una de sus caras tiene un dibujo diferente. Junto a cada cubo numerado hay otros cuatro con las letras A, B, C y D. Seleccione las letras de uno o más cubos de acuerdo con las siguientes normas:
1. Si más de uno de los cubos de letras pudiera ser el cubo de la izquierda tras girar, seleccione el cubo o cubos que puedan ser el de la izquierda con un solo giro.
2. Si sólo uno puede serlo al girar, ése es el cubo de la respuesta, con independencia de cuántos giros se hayan dado.
3. Si más de uno de los cubos pueden ser el original al girarlos, pero ninguno podría serlo con un solo giro, seleccione como respuesta todas esas posibilidades.

Encontrará las respuestas correctas al final del capítulo.

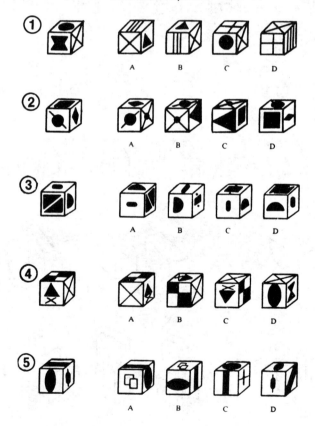

TEST II. VISUALIZACION ESPACIAL

1. Figuras ocultas

Figuras simples de las preguntas 1 a 32

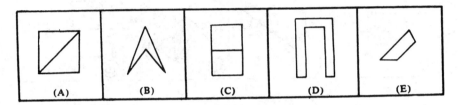

Indicaciones: encuentre la figura simple oculta en las figuras más complejas. Elija como respuesta la letra que corresponde a la figura simple en cada una de las figuras complejas de abajo.

Encontrará las respuestas correctas al final del capítulo.

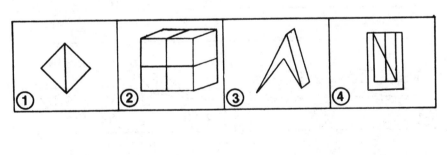

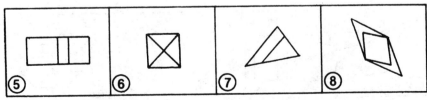

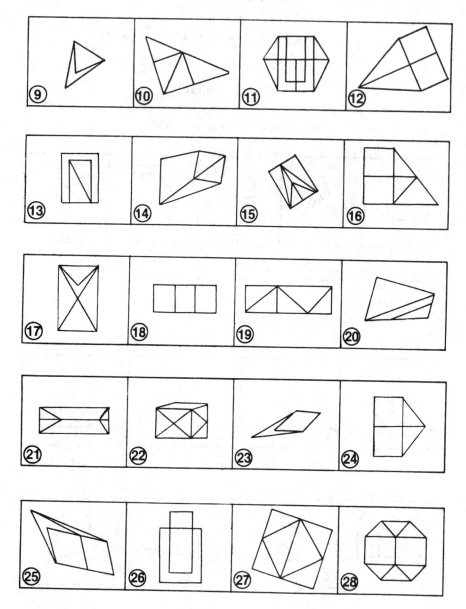

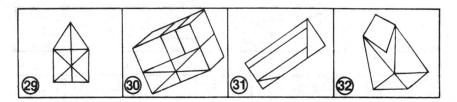

2. Armonización de piezas y figuras

Indicaciones: cada una de las preguntas 1 a 7 se compone de una figura numerada más un grupo de cinco figuras con las letras A, B, C, D y E. Cuando se unen dos de éstas forman la figura numerada. Elija las letras de las dos figuras que, unidas, forman casi la misma imagen que la figura numerada.

Encontrará las respuestas correctas al final del capítulo.

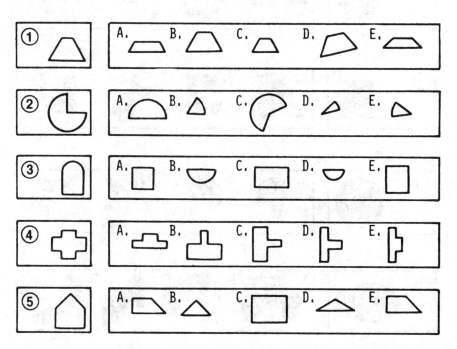

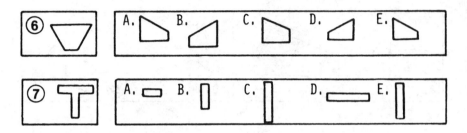

Indicaciones: cada una de las preguntas 8 a 12 se compone de una imagen numerada con un sólido único y un grupo de imágenes con letras que muestran piezas cortadas. En cada pregunta elija la letra de las piezas cortadas que, al ser unidas, forman la imagen de la figura numerada. Para que ajusten quizá haya que girar las piezas.

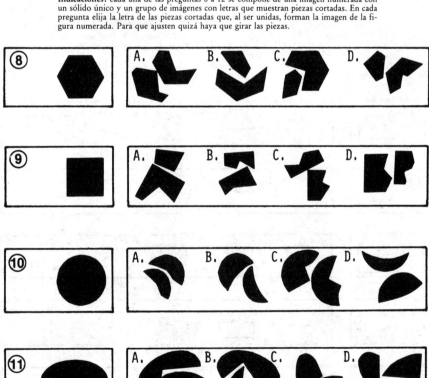

Compruebe su percepción mecánica y su capacidad de visualización espacial 147

 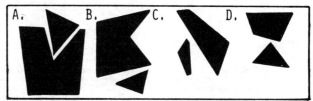

Indicaciones: cada una de las preguntas 13 a 15 se compone de una imagen numerada que muestra las partes de un objeto. A la derecha hay varios objetos etiquetados como A, B, C o D. Ha de seleccionar la letra del objeto que consta de las piezas de la imagen numerada.

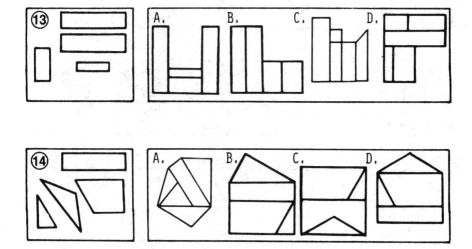

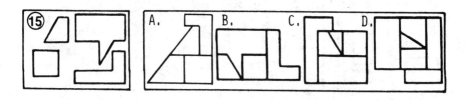

3. Vistas espaciales

Indicaciones: cada una de las preguntas del test se compone de una imagen numerada que muestra las secciones superior, frontal y lateral de un objeto tridimensional. A la derecha hay cuatro imágenes etiquetadas como A, B, C o D. Ha de seleccionar la letra del dibujo que tendría las secciones frontal, superior y lateral de la imagen numerada.

Las respuestas correctas las encontrará al final del capítulo.

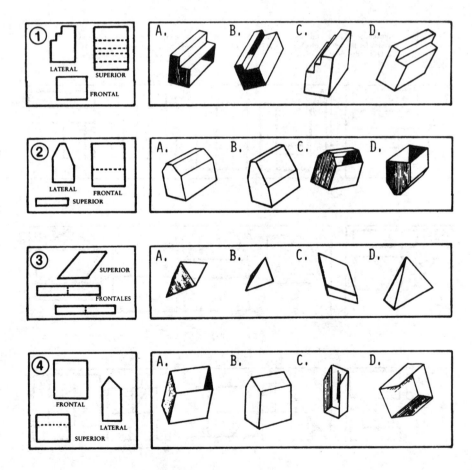

Compruebe su percepción mecánica y su capacidad de visualización espacial   149

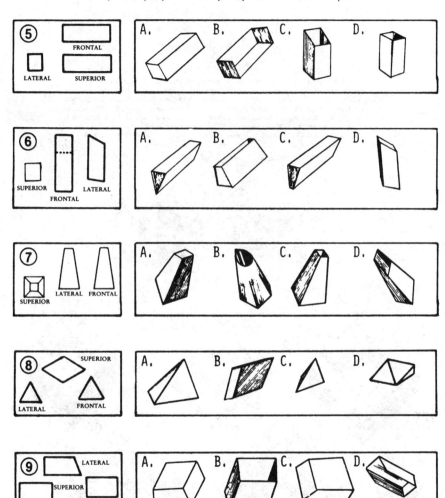

4. Cuenta de cubos

Indicaciones: en este test se supone que todos los cubos de cada disposición tienen exactamente el mismo tamaño y que sólo hay cubos ocultos para sostener a los que están a la vista. Cada número de pregunta señala a un cubo particular. Ha de determinar cuántos cubos del grupo contactan con el cubo numerado. Se considera que un cubo contacta con el numerado si lo toca por cualquier parte, incluso una esquina. Cuando haya determinado cuántos cubos tocan al cubo numerado, señale su respuesta del modo siguiente: (A) si la respuesta es 1, 6 ó 11; (B) si la respuesta es 2, 7 ó 12; (C) si la respuesta es 3, 8 ó 13; (D) si la respuesta es 4, 9 ó 14; y (E) si la respuesta es 5, 10 ó 15.

Encontrará las respuestas correctas al final del capítulo.

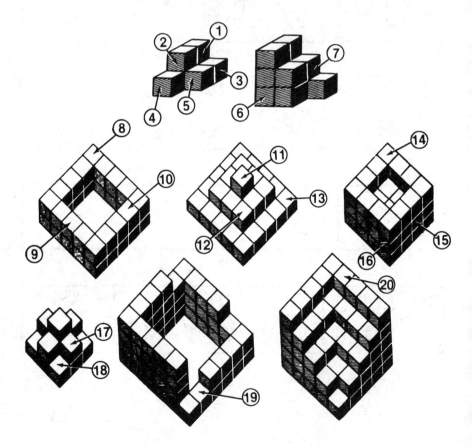

Compruebe su percepción mecánica y su capacidad de visualización espacial

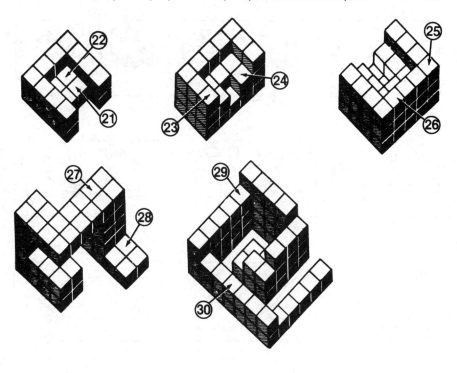

5. Plegado de cartón

Indicaciones: cada pregunta de este test se compone de una imagen numerada en la que se ve una pieza de cartón que ha de ser plegada. Las líneas discontinuas muestran la posición de los pliegues. Ha de elegir la imagen etiquetada como A, B, C o D que resultaría del plegado de la imagen numerada.
Encontrará las respuestas correctas al final del capítulo.

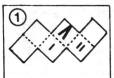 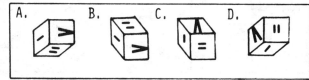

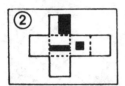 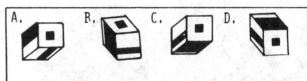

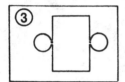 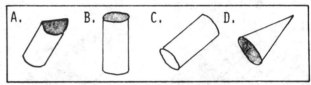

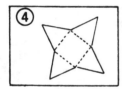 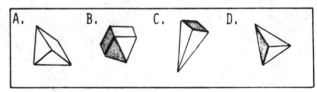

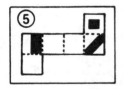 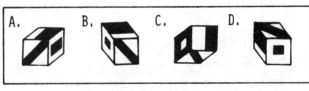

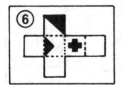 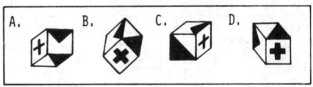

Compruebe su percepción mecánica y su capacidad de visualización espacial   153

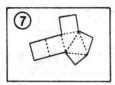 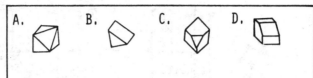

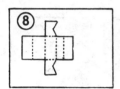 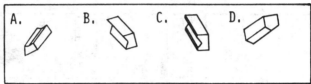

6. Desplegado de caja

Indicaciones: cada pregunta de este test se compone de una imagen numerada de una caja que ha de ser desplegada. Al hacerlo se asemejaría a una de las cuatro imágenes etiquetadas como A, B, C o D. Elija como respuesta la imagen de cartón que tendría desplegada la imagen numerada.

Encontrará las respuestas correctas al final del capítulo.

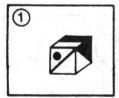 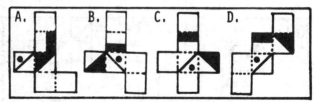

 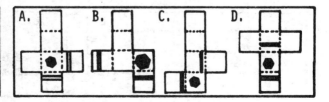

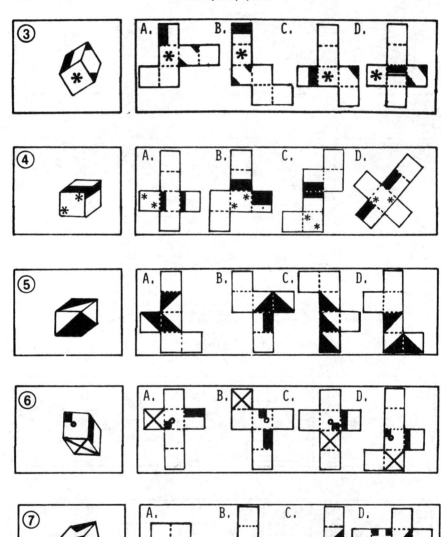

Compruebe su percepción mecánica y su capacidad de visualización espacial 155

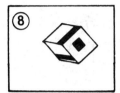
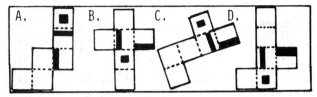

7. Giro de figura sólida

Indicaciones: cada figura numerada está formada por cubos u otras formas que se supone están pegados. Junto a ella hay cuatro figuras con letras. Elija la letra de la figura (A, B, C o D) que es la figura numerada puesta en una posición diferente. Para seleccionar la respuesta correcta, tendrá que girar mentalmente las figuras, darles la vuelta o hacer ambas cosas.

Encontrará las respuestas correctas al final del capítulo.

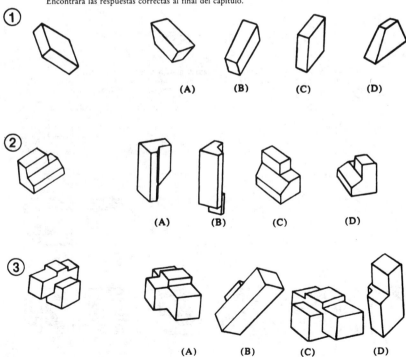

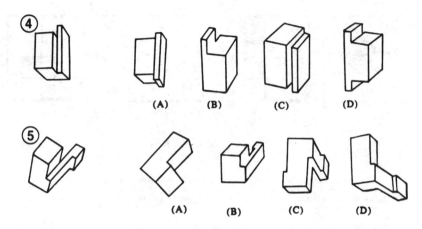

8. Giro de cubo

Indicaciones: el dibujo numerado de la izquierda de cada una de las siguientes preguntas representa un cubo. Hay un diseño diferente en cada una de las caras del cubo. Junto a cada cubo numerado hay otros cuatro etiquetados como A, B, C y D. Seleccione uno o más de los cubos de letras de acuerdo con las normas siguientes:
1. Si más de uno de los cubos de letra pudieran ser el cubo de la izquierda al girar, seleccione el cubo o cubos que sea el de la izquierda sólo con un giro.
2. Si sólo uno de los cubos de letra pudiera ser el de la izquierda tras girar, ése es el cubo de la respuesta, con independencia de los giros que se le hayan dado.
3. Si más de uno de los cubos de letra pudieran ser el de la izquierda después de girar, pero ninguno podría serlo sólo con un giro, seleccione como respuesta todas esas posibilidades.

Encontrará las respuestas correctas al final del capítulo.

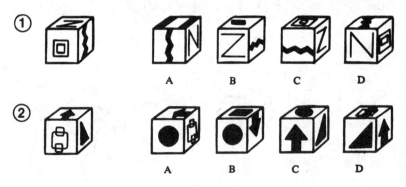

Compruebe su percepción mecánica y su capacidad de visualización espacial

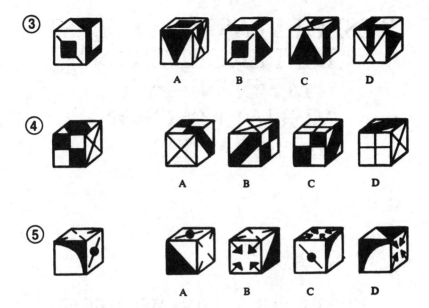

RESPUESTAS A LOS TESTS DE PERCEPCION MECANICA Y VISUALIZACION ESPACIAL

TEST I. PERCEPCION MECANICA

1. B
2. C
3. D
4. E

5. C
6. D
7. B
8. A

9. C
10. A
11. B

TEST II. PERCEPCION MECANICA

1. B
2. A
3. B
4. D
5. A

6. B
7. B
8. C
9. C
10. C

11. B
12. D
13. C

TEST I. VISUALIZACION ESPACIAL

1. Figuras ocultas

1. B	8. A	15. E	22. C
2. D	9. D	16. B	23. D
3. A	10. C	17. B	24. A
4. E	11. C	18. E	25. B
5. C	12. B	19. C	26. D
6. E	13. D	20. D	27. A
7. B	14. A	21. E	28. B

2. Armonización de piezas y figuras

1. B,D	6. A,B	11. A,D
2. B,C	7. A,B	12. D,E
3. B,E	8. B,D	13. A,D
4. A,C	9. B,C	14. A,D
5. A,E	10. A,B	15. B,C

3. Vistas espaciales

1. A	4. A	7. A
2. A	5. C	8. B
3. B	6. C	9. A

4. Cuenta de cubos

1. 32	7. 49	13. 56	19. 46	25. 17
2. 35	8. 48	14. 63 ó 64	20. 32	26. 20
3. 44	9. 14	15. 17	21. 70	27. 16
4. 56	10. 59	16. 28	22. 58	28. 14
5. 24	11. 40	17. 24	23. 47	29. 24
6. 38	12. 95	18. 112	24. 105	30. 19

5. Plegado de cartón

1. D   5. C
2. B   6. A
3. D   7. B
4. A   8. D

6. Desplegado de caja

1. B   5. C
2. A   6. A
3. D   7. B
4. C   8. A

7. Giro de figura sólida

1. D   2. B   3. D   4. B   5. A

8. Giro de cubo

1. C   2. A   3. B   4. D   5. B

TEST II. VISUALIZACION ESPACIAL

1. Figuras ocultas

1. A
2. C
3. B
4. D
5. C
6. A
7. E
8. B

9. B
10. A
11. D
12. C
13. D
14. A
15. B
16. C

17. B
18. C
19. A
20. E
21. E
22. A
23. B
24. C

25. B
26. D
27. A
28. C
29. A
30. C
31. E
32. B

2. Armonización de piezas y figuras

1. A,C
2. C,E
3. A,D
4. A,E
5. A,E

6. D,E
7. B,E
8. A
9. A
10. C

11. A
12. A
13. A
14. D
15. B

3. Vistas espaciales

1. C
2. B
3. C

4. B
5. A
6. D

7. C
8. D
9. A

4. Cuenta de cubos

1. E
2. A
3. E
4. C
5. A
6. B

7. E
8. E
9. E
10. B
11. D
12. C

13. D
14. A
15. E
16. E
17. E
18. A

19. E
20. D
21. D
22. C
23. E
24. B

25. A
26. D
27. D
28. B
29. D
30. A

5. Plegado de cartón

1. A
2. D
3. C
4. A

5. B
6. D
7. A
8. B

6. Desplegado de caja

1. D
2. C
3. A
4. B

5. D
6. D
7. D
8. B

7. Giro de figura sólida

1. C   2. C   3. C   4. B   5. D

8. Giro de cubo

1. B   2. A,C   3. B   4. C   5. B

CAPITULO 4

COMPRUEBE SUS APTITUDES ESPECIALES

Este capítulo pone a prueba tres aptitudes especiales diferentes. El primero es un test de aptitud funcionarial. Aunque la mayoría de estos tests implican *habilidades mentales*, no se incluyen en la primera sección porque se refieren a habilidades mucho más específicas. Muchas partes de estos tests evalúan su capacidad de disponer y redisponer mentalmente números, letras y palabras. Ponen a prueba capacidades como la simple alfabetización. No tiene que realizarlos si no va a seguir una profesión funcionarial, a menos que simplemente desee probar con ellos.

La segunda sección pone a prueba su comprensión lectora. Conforme pasa de párrafos cortos a otros más largos y complejos, podrá medir su capacidad de leer rápidamente y con comprensión. La lectura comprensiva es importante para muchas profesiones, y puede incluir la lectura de direcciones, seguimiento de órdenes y comprensión de memorándums y comunicaciones interdepartamentales.

Finalmente, a los que estén interesados en trabajar con herramientas en trabajos de orientación mecánica, los tests de conocimiento de herramientas les permitirán evaluar su capacidad. Contienen dos tipos de preguntas: reconocimiento de herramientas y preguntas de analogías de herramientas. Las del segundo tipo comprueban su comprensión de las relaciones existentes entre las distintas herramientas y, al mismo tiempo, miden su capacidad de razonamiento con ellas.

APTITUDES FUNCIONARIALES

TEST I. CAPACIDAD DE CODIFICACION

Indicaciones: los códigos de la Columna I empiezan y terminan con una letra mayúscula y tienen 8 dígitos en medio. Ha de disponer los códigos de la Columna I de acuerdo con las normas siguientes:
1. Disponga los códigos en orden alfabético de acuerdo con la primera letra.
2. Cuando dos o más códigos tengan la misma letra primera, dispóngalos en orden alfabético de acuerdo con la última.
3. Cuando dos o más códigos tengan iguales las letras primera y última, dispóngalos en orden numérico empezando por los de número inferior.

Los códigos de la Columna I van numerados del 1 al 5. La Columna II de una selección de cuatro respuestas posibles, etiquetadas como A, B, C y D. Ha de elegir de la Columna II la letra que de la lista correcta de los códigos de la Columna I de acuerdo con las normas anteriores.

Encontrará las respuestas correctas al final del capítulo.

COLUMNA I:
Serie de códigos

1. (1) S55126179E
   (2) R55136177Q
   (3) P55126177R
   (4) S55126178R
   (5) R55126180P

2. (1) T642171813Q
   (2) I64217817O
   (3) T64217818O
   (4) I64217811Q
   (5) T64217816Q

3. (1) C83261824G
   (2) C78361833C
   (3) G83261732G
   (4) C88261823C
   (5) G83261743C

4. (1) A11710107H
   (2) H17110017A
   (3) A11170707A
   (4) H17170171H
   (5) A11710177A

COLUMNA II:
Respuestas posibles

(A) 1, 5, 2, 3, 4
(B) 3, 4, 1, 5, 2
(C) 3, 5, 2, 1, 4
(D) 4, 3, 1, 5, 2

(A) 4, 1, 3, 2, 5
(B) 2, 4, 3, 1, 5
(C) 4, 1, 5, 2, 3
(D) 2, 3, 4, 1, 5

(A) 2, 4, 1, 5, 3
(B) 4, 2, 1, 3, 5
(C) 3, 1, 5, 2, 4
(D) 2, 3, 5, 1, 4

(A) 2, 1, 4, 3, 5
(B) 3, 1, 5, 2, 4
(C) 3, 4, 1, 5, 2
(D) 3, 5, 1, 2, 4

5. (1) R26794821S
   (2) O26794821T
   (3) M26794827Z
   (4) Q26794821R
   (5) S26794821E

   (A) 3, 2, 4, 1, 5
   (B) 3, 4, 2, 1, 5
   (C) 4, 2, 1, 3, 5
   (D) 5, 4, 1, 2, 3

6. (1) D89143888P
   (2) D98143838B
   (3) D89113883B
   (4) D89148338P
   (5) D89148388B

   (A) 3, 5, 2, 1, 4
   (B) 3, 1, 4, 5, 2
   (C) 4, 2, 3, 1, 5
   (D) 4, 1, 3, 5, 2

7. (1) W62455599E
   (2) W62455090F
   (3) W62405099E
   (4) V62455097F
   (5) V62405979E

   (A) 2, 4, 3, 1, 5
   (B) 3, 1, 5, 2, 4
   (C) 5, 3, 1, 4, 2
   (D) 5, 4, 3, 1, 2

8. (1) N74663826M
   (2) M74633286M
   (3) N76633228N
   (4) M76483686N
   (5) M74636688M

   (A) 2, 4, 5, 3, 1
   (B) 2, 5, 4, 1, 3
   (C) 1, 2, 5, 3, 4
   (D) 2, 5, 1, 4, 3

9. (1) P97560324B
   (2) R97663024B
   (3) P97503024E
   (4) R97563240E
   (5) P97652304B

   (A) 1, 5, 2, 3, 4
   (B) 3, 1, 4, 5, 2
   (C) 1, 5, 3, 2, 4
   (D) 1, 5, 2, 3, 4

10. (1) H9241165G
    (2) A92141465G
    (3) H92141165C
    (4) H92444165C
    (5) A92411465G

    (A) 2, 5, 3, 4, 1
    (B) 3, 4, 2, 5, 1
    (C) 3, 2, 1, 5, 4
    (D) 3, 1, 2, 5, 4

11. (1) X90637799S
    (2) N90037696S
    (3) Y90677369B
    (4) X09677693B
    (5) M09673699S

    (A) 4, 3, 5, 2, 1
    (B) 5, 4, 2, 1, 3
    (C) 5, 2, 4, 1, 3
    (D) 5, 2, 3, 4, 1

12. (1) K78425174L
    (2) K78452714C
    (3) K78547214N
    (4) K78442774C
    (5) K78547724M

    (A) 4, 2, 1, 3, 5
    (B) 2, 3, 5, 4, 1
    (C) 1, 4, 2, 3, 5
    (D) 4, 2, 1, 5, 3

13. (1) P18736652U
    (2) P18766352V
    (3) T17686532U
    (4) T17865523U
    (5) P18675332V

    (A) 1, 3, 4, 5, 2
    (B) 1, 5, 2, 3, 4
    (C) 3, 4, 5, 1, 2
    (D) 5, 2, 1, 3, 4

TEST II. CODIFICACION DE TABLA

Indicaciones: en este test de velocidad y precisión le dan una Tabla de Códigos compuesta de las letras y números correspondientes. En la primera línea tiene un Nombre de Código. En la segunda línea las letras de las Palabras Código van directamente debajo del Nombre de Código. En la tercera línea, los Números de Código van directamente debajo de la Palabra Código. En cada pregunta de este test tendrá que utilizar la Tabla de Código para determinar si las Letras de Código de la Columna II y los Números de Código de la Columna III se corresponden con el Nombre de Código impreso en letras mayúsculas en la Columna I. Estudie cuidadosamente cada pregunta y elija las respuestas del modo siguiente:

(A) si sólo hay un error en la Columna II
(B) si sólo hay un error en la Columna III
(C) si hay un error en las Columnas II y III
(D) si ambas Columnas son correctas.

Encontrará las respuestas correctas al final del capítulo.

TABLA CODIGO

NOMBRE CODIGO → G A L D B R U C H
PALABRA CODIGO → c o m p l i a n t
NUMEROS CODIGO → 1 2 3 4 5 6 7 8 9

Columna I NOMBRE CODIGO	Columna II: PALABRA CODIGO	Columna III: NUMEROS CODIGO
1. BRALD	liomp	56234
2. LAGUC	mocan	32168
3. HURAD	taiop	97623
4. CHUBA	ntali	89752
5. DULGH	panct	47318

TABLA CODIGO

NOMBRE CODIGO → S H U M A C K E R
PALABRA CODIGO → f a v o r i t e s
NUMEROS CODIGO → 0 1 2 3 4 5 6 7 8

Columna I: NOMBRE CODIGO	Columna II: PALABRA CODIGO	Columna III: NUMEROS CODIGO
6. SUMAC	fvoai	02345
7. MAKER	ortev	34658
8. GRAMS	isrof	57430
9. HARMS	arsof	14832
10. UKRAH	vtsra	26841

TABLA CODIGO

NOMBRE CODIGO → S I M O N D A L E
PALABRA CODIGO → e d u c a c i ó n
NUMEROS CODIGO → 4 5 7 9 6 8 3 1 2

Columna I: NOMBRE CODIGO	Columna II: PALABRA CODIGO	Columna III: NUMEROS CODIGO
11. MESON	uneca	72496
12. DILES	tdoie	85124
13. LEMON	onuct	12795
14. OAESN	conea	93246
15. IDMEA	dtuni	58923

TABLA CODIGO

NOMBRE CODIGO → C A R P E T K I N G
PALABRA CODIGO → s p o r t i n g l y
NUMEROS CODIGO → 4 5 6 7 8 9 0 1 2 3

Columna I: NOMBRE CODIGO	Columna II: PALABRA CODIGO	Columna III: NUMEROS CODIGO
16. REGAP	otypr	68347
17. TIPEC	igrto	91874
18. KANRI	nplog	05261
19. AKGEC	pnyts	50384
20. PIKET	rglti	71089

TEST III. PRACTICA DE CODIFICACION

Indicaciones: en este test de velocidad y precisión debe realizar los cambios de código requeridos cuando cambian las Palabras Código y los Números Código. En una oficina solían utilizar secretamente el siguiente código para precios de costo:

```
    f i n      b y     z e a l d
    1 2 3      5 6     7 8 9 0 4
```

Pero luego se decide cambiar el código a:

```
    w r i t e s     a bl y
    1 2 3 4 5 6     7 8 9 0
```

Ello implica que hay que cambiar todas las etiquetas de precios. En la Columna I hay una lista de precios con las marcas del código antiguo, y tiene que cambiarlas a los del código nuevo. En la Columna II ha de escribir las letras que exige el Nuevo Código.

Encontrará las respuestas correctas al final del capítulo.

Columna I: CODIGO ANTIGUO	Columna II: CODIGO NUEVO	Columna I: CODIGO ANTIGUO	Columna II: CODIGO NUEVO
1. dnb	_____	23. ayi	_____
2. nba	_____	24. yif	_____
3. blz	_____	25. dfl	_____
4. lzdy	_____	26. faz	_____
5. ife	_____	27. eld	_____
6. fye	_____	28. inf	_____
7. alzd	_____	29. bel	_____
8. nel	_____	30. zyl	_____
9. ilza	_____	31. fly	_____
10. blz	_____	32. ibad	_____
11. fzi	_____	33. lan	_____
12. dey	_____	34. iaf	_____
13. nyid	_____	35. zany	_____
14. lzey	_____	36. dif	_____
15. dfl	_____	37. eaz	_____
16. bea	_____	38. fibl	_____
17. dnb	_____	39. deaz	_____
18. zyd	_____	40. nay	_____
19. eidf	_____	41. niz	_____
20. byi	_____	42. lea	_____
21. fez	_____	43. labz	_____
22. eay	_____	44. feil	_____

TEST IV. PRACTICA DE CLASIFICACION

Indicaciones: este test se compone de una lista de palabras numeradas que debe clasificar.
Para cada palabra, elija la respuesta del siguiente modo:
Elija (A) si la segunda letra es *o* y la tercera es *l*.
Elija B si la segunda letra es *o*, la tercera es *i* y la letra final es *l*.
Elija C si la segunda letra es *o*, la tercera es cualquiera salvo *i* y la última legra es *l*.
Elija D si la segunda letra no es *o*, la tercera es cualquiera salvo *i* y la cuarta es cualquiera salvo *l*.
Elija E si no puede clasificar la palabra en ninguna de las cuatro categorías anteriores.

Encontrará las respuestas correctas a las preguntas del test al final del capítulo.

1. clay
2. spoilt
3. pole
4. broil
5. police
6. tepid
7. spring
8. volition
9. foul
10. spoof
11. tool
12. vicar
13. foliage
14. foible
15. violet
16. sale
17. dole
18. coastral
19. scowls
20. coil
21. molar
22. raise
23. moral
24. fools
25. foil
26. mallet
27. fervid
28. murals
29. mall
30. dorsal

31. soil
32. doldrum
33. poison
34. orals
35. boil
36. tonal
37. kiln
38. mollify
39. spools
40. solvent
41. cholera
42. portal
43. model
44. slope
45. devils
46. native
47. usual
48. hollow
49. farce
50. collar
51. sorrel
52. thermal
53. colic
54. verbiage
55. lion
56. howl
57. roller
58. focal
59. mole
60. holiness

TEST V. COMPARACIONES DE NUMEROS Y PERSONAS

Indicaciones: compare en este test los tres nombres o números y elija la respuesta del modo siguiente:
Elija (A) si LOS TRES nombres o números son exactamente IGUALES.
Elija (B) si sólo los nombres o números PRIMERO y SEGUNDO son exactamente IGUALES.
Elija (C) si sólo los nombres o números PRIMERO y TERCERO son exactamente IGUALES.
Elija (D) si sólo los nombres o números SEGUNDO y TERCERO son exactamente iguales.
Elija (E) si LOS TRES nombres o números son DIFERENTES.
Encontrará las respuestas correctas al final del capítulo.

1. 5261383	5261383	5261338
2. 8125690	8126690	8125609
3. W. E. Johnston	W. E. Johnson	W. E. Johnson
4. Vergil L. Muller	Vergil L. Muller	Vergil L. Muller
5. Atherton R. Warde	Asheton R. Warde	Atherton P. Warde
6. 2395890	2395890	2395890
7. 1926341	1926347	1926314
8. E. Owens McVey	E. Owen McVey	E. Owen McVay
9. Emily Neal Rouse	Emily Neal Rowse	Emily Neal Rowse
10. H. Merritt Audubon	H. Merriott Audubon	H. Merritt Audubon
11. 6219354	6219354	6219354
12. 2312793	2312793	2312793
13. 1065407	1065407	1065047
14. Francis Ransdell	Frances Ramsdell	Francis Ramsdell
15. Cornelius Detwiler	Cornelius Detwiler	Cornelius Detwiler
16. 6452054	6452654	6452054
17. 8501268	8501268	8501286
18. Ella Burk Newham	Ella Burk Newnham	Elena Burk Newnham
19. Jno. K. Ravencroft	Jno. H. Ravencroft	Jno. H. Ravencott
20. Martin Wills Pullen	Martin Wills Pulen	Martin Wills Pullen
21. 3457988	3457986	3457986
22. 4695682	4695862	4695682
23. Stricklund Kanedy	Stricklund Kanedy	Stricklund Kanedy
24. Joy Harlor Witner	Joy Harloe Witner	Joy Harloe Witner
25. R. M. O. Uberroth	R. M. O. Uberroth	R. N. O. Uberroth
26. 1592514	1592574	1592574
27. 2010202	2010202	2010220
28. 6177396	6177936	6177396
29. Drusilla S. Ridgeley	Drusilla S. Ridgeley	Drusilla S. Ridgeley
30. Andrei I. Toumantzev	Andrei I. Tourmantzev	Andrei I. Toumantzov

Compruebe sus aptitudes especiales 171

TEST VI. ALFABETIZACION

Indicaciones: en cada una de las preguntas siguientes encontrará un nombre encerrado en un rectángulo y una serie de otros cuatro nombres en un orden alfabético apropiado. Los espacios existentes entre los nombres son etiquetados como A, B, C, D y E. Decida qué lugar le corresponde en esa serie al nombre de la caja y márquelo con la letra correspondiente.

Encontrará las respuestas correctas al final del capítulo.

① | Hackett, Gerald |

A) →
  Habert, James
B) →
  Hachett, J. J.
C) →
  Hachetts, K. Larson
D) →
  Hachettson, Leroy
E) →

② | Margenroth, Alvin |

A) →
  Margeroth, Albert
B) →
  Margestein, Dan
C) →
  Margestein, David
D) →
  Margue, Edgar
E) →

③ | Bobbitt, Olivier E. |

A) →
  Bobbitt, D. Olivier
B) →
  Bobbitt, Olive B.
C) →
  Bobbitt, Olivia H.
D) →
  Bobbitt, R. Olivia
E) →

④ | Mosely, Werner |
- A) → Mosely, Albert J.
- B) → Mosley, Alvin
- C) → Mosley, S. M.
- D) → Mozley, Vinson N.
- E) →

⑤ | Youmuns, Frank L. |
- A) → Youmons, Frank G.
- B) → Youmons, Frank H.
- C) → Youmons, Frank K.
- D) → Youmons, Frank M.
- E) →

⑥ | Watters, N. O. |
- A) → Waters, Charles L.
- B) → Waterson, Nina P.
- C) → Watson, Nora J.
- D) → Wattwood, Paul A.
- E) →

⑦ | Johnston, Edward |
- A) → Johnston, Edgar R.
- B) → Johnston, Edmond
- C) → Johnston, Edmund
- D) → Johnstone, Edmund A.
- E) →

⑧ | Rensch, Adeline |
- A) → Ramsay, Amos
- B) → Remschel, Augusta
- C) → Renshaw, Austin
- D) → Rentzel, Becky
- E) →

⑨ Schnyder, Maurice
- A) → Schneider, Martin
- B) → Schneider, Mertens
- C) → Schnyder, Newman
- D) → Schreibner, Norman
- E) →

⑩ Freedenburg, C. Erma
- A) → Freedenberg, Emerson
- B) → Freedenberg, Erma
- C) → Freedenberg, Erma E.
- D) → Freedinberg, Erma F.
- E) →

⑪ DeMattia, Jessica
- A) → DeLong, Jesse
- B) → DeMatteo, Jessie
- C) → Derby, Jessie S.
- D) → DeShazo, L. M.
- E) →

⑫ Theriault, Louis
- A) → Therien, Annette
- B) → Therien, Elaine
- C) → Thibeault, Gerald
- D) → Thiebeault, Pierre
- E) →

⑬ Gaston, M. Hubert
- A) → Gaston, Dorothy M.
- B) → Gaston, Henry N.
- C) → Gaston, Isabel
- D) → Gaston, M. Melvin
- E) →

⑭ SanMiguel, Carlos
- A) → SanLuis, Juana
- B) → Santilli, Laura
- C) → Stinnett, Nellie
- D) → Stoddard, Victor
- E) →

⑮ DeLa Tour, Hall F.
- A) → Delargy, Harold
- B) → DeLathouder, Hilda
- C) → Lathrop, Hillary
- D) → LaTour, Hulbert E.
- E) →

⑯ O'Bannon, M. J.
- A) → O'Beirne, B. B.
- B) → Oberlin, E. L.
- C) → Oberneir, L. P.
- D) → O'Brian, S. F.
- E) →

⑰ Entsminger, Jacob
- A) → Ensminger, J.
- B) → Entsminger, J. A.
- C) → Entsminger, Jack
- D) → Entsminger, James
- E) →

⑱ Iacone, Pete R.
- A) → Iacone, Pedro
- B) → Iacone, Pedro M.
- C) → Iacone, Peter F.
- D) → Iascone, Peter W.
- E) →

Compruebe sus aptitudes especiales 175

⑲ | Sheppard, Gladys |
- A) → Shepard, Dwight
- B) → Shepard, F. H.
- C) → Shephard, Louise
- D) → Shepperd, Stella
- E) →

⑳ | Thackton, Melvin T. |
- A) → Thackston, Milton G.
- B) → Thackston, Milton W.
- C) → Thackston, Theodore
- D) → Thackston, Thomas G.
- E) →

㉑ | Dunlavey, M. Hilary |
- A) → Dunleavy, Hilary G.
- B) → Dunleavy, Hilary K.
- C) → Dunleavy, Hilary S.
- D) → Dunleavy, Hilery W.
- E) →

㉒ | Yarbrough, Maria |
- A) → Yabroudy, Margy
- B) → Yarboro, Marie
- C) → Yarborough, Marina
- D) → Yarborough, Mary
- E) →

㉓ | Prouty, Martha |
- A) → Proutey, Margaret
- B) → Proutey, Maude
- C) → Prouty, Myra
- D) → Prouty, Naomi
- E) →

㉔ Pawlowicz, Ruth M.
- A) → Pawalek, Edward
- B) → Pawelek, Flora G.
- C) → Pawlowski, Joan M.
- D) → Pawtowski, Wanda
- E) →

㉕ Vanstory, George
- A) → Vanover, Eva
- B) → VanSwinderen, Floyd
- C) → VanSyckle, Harry
- D) → Vanture, Laurence
- E) →

㉖ Fitzsimmons, Hugh
- A) → Fitts, Harold
- B) → Fitzgerald, June
- C) → FitzGibbon, Junius
- D) → FitzSimons, Martin
- E) →

㉗ D'Amato, Vincent
- A) → Daly, Steven
- B) → D'Amboise, S. Vincent
- C) → Daniel, Vail
- D) → DeAlba, Valentina
- E) →

㉘ Schaeffer, Roger D.
- A) → Schaffert, Evelyn M.
- B) → Schaffner, Margaret M.
- C) → Schafhirt, Milton G.
- D) → Shafer, Richard E.
- E) →

㉙ White-Lewis, Cecil
 A) →
    Whitelaw, Cordelia
 B) →
    White-Leigh, Nancy
 C) →
    Whitely, Rodney
 D) →
    Whitlock, Warren
 E) →

㉚ VanDerHeggen, Don
 A) →
    VanDemark, Doris
 B) →
    Vandenberg, H. E.
 C) →
    VanDercook, Marie
 D) →
    VanderLinden, Robert
 E) →

TEST VII. ARMONIZACION DE LETRAS Y NUMEROS

Indicaciones: en este test de capacidad funcional, la Columna I se compone de una serie de preguntas numeradas que ha de responder de una en una. La Columna II se compone de las respuestas posibles a la serie de preguntas de la Columna I. Seleccione de la Columna II la respuesta posible que contenga sólo los números y letras, con independencia de su orden, que aparezcan en la pregunta de la Columna I. Si no es correcta ninguna de las cuatro respuestas posibles, elija E.

Una pregunta de muestra explicada

COLUMNA I:
Serie de preguntas

1. 2-Q-P-5-T-G-4-7

COLUMNA II:
Respuestas posibles

(A) 5-G-8-P-4-Q
(B) P-R-7-Q-4-2
(C) Q-5-P-9-G-2
(D) 4-2-5-P-7-Q
(E) ninguno de éstos

La respuesta correcta a la pregunta es D. ¿Cómo llegamos a esa solución? En primer lugar, recuerde que las instrucciones le dicen que seleccione como respuesta la posibilidad que contenga sólo números y letras que aparecen en la pregunta con independencia de su orden. Las respuestas de la Columna II no tienen que contener *todos* los números y letras que aparezcan en la pregunta. Pero la respuesta no puede contener un número o letra que no aparezcan en la Columna I. Empecemos por tanto a comprobar los números y letras de la respuesta A. Observará que 5-G-P-4-Q aparecen en la pregunta, pero no así el número 8, que está incluido en la respuesta A, por lo que A es incorrecta. También es incorrecta la respuesta B, porque la letra R no aparece en la pregunta. Sin embargo, al comprobar la respuesta D observamos que 4-2-5-P-7-Q aparecen todos en la pregunta. D es por tanto la respuesta correcta, con lo que eliminamos, obviamente, la posibilidad E.

Pase ahora a responder a las preguntas siguientes de acuerdo con las instrucciones que se dan a continuación.

Compruebe sus aptitudes especiales

Indicaciones: en esta prueba de habilidad funcionarial, la Columna I se compone de una serie de preguntas numeradas que ha de responder de una en una. La columna B se compone de respuestas posibles a la serie de preguntas de la Columna I. Seleccione de la Columna II la respuesta posible que contenga sólo los números y letras que aparecen en la pregunta de la Columna I, con independencia de su orden. Si no es correcta ninguna de las cuatro respuestas posibles, elija E como respuesta.

Encontrará las respuestas correctas a las preguntas del test al final del capítulo.

COLUMNA I:	COLUMNA II:
Serie de preguntas	Serie de respuestas

1. 6-4-T-G-9-K-N-8
2. K-3-L-6-Z-7-9-T
3. N-8-9-3-K-G-7-Z
4. L-Z-G-6-4-9-K-3
5. 9-T-K-8-3-7-N-Z

(A) Z-8-K-G-9-7
(B) 7-N-Z-T-9-8
(C) L-3-Z-K-7-6
(D) 4-K-T-G-8-6
(E) ninguno de éstos

Serie de preguntas

6. 2-3-P-6-V-Z-4-L
7. T-7-4-3-P-Z-9-G
8. 6-N-G-Z-3-9-P-7
9. 9-6-P-4-N-G-Z-2
10. 4-9-7-T-L-P-3-V

Serie de respuestas

(A) 3-6-G-P-7-N
(B) 3-7-P-V-4-T
(C) 4-6-V-Z-2-L
(D) 4-7-G-Z-T-3
(E) ninguno de éstos

Serie de preguntas

11. Q-1-6-R-L-9-7-V
12. 8-W-2-Z-P-4-H-O
13. N-J-3-T-K-5-F-M
14. 5-T-H-M-O-4-Q-J
15. 4-Z-X-8-W-O-2-L

Serie de respuestas

(A) F-3-N-K-J-4
(B) Q-H-4-0-5-M
(C) O-W-2-Z-4-8
(D) R-9-V-1-Q-6
(E) ninguno de éstos

Serie de preguntas

16. S-2-L-8-U-Q-7-P
17. 4-M-O-6-T-F-W-1
18. J-M-4-X-W-Z-5-8
19. H-Q-2-9-T-I-K-7
20. 8-M-Z-V-4-P-5-Q

Serie de respuestas

(A) 9-Q-T-K-2-7
(B) F-0-1-4-W-M
(C) U-2-8-P-Q-S
(D) Z-M-4-5-8-Q
(E) ninguno de éstos

LECTURA COMPRENSIVA

Encontrará muy pocas profesiones, trabajos o proyectos que no exijan algún tipo de habilidad de lectura.

Con independencia de lo que pueda gustarle un trabajo específico, o incluso una tarea, raro es que no tenga que demostrar (aunque sea sólo ante sí mismo) su capacidad de leer clara, rápida y comprensivamente. Si es usted presidente de una empresa tendrá que leer interminables memorandums, cartas, periódicos, revistas e informes. Para poner una arandela dentro de la ducha tendrá que leer las instrucciones que acompañan al producto hasta que haya aprendido a hacerlo. ¡Imagine su consternación si por leer mal las instrucciones no conecta un cable eléctrico a la terminal apropiada! ¿Quién sabe la catástrofe que podría producirse?

Los pasajes siguientes cubren una amplia variedad de temas para mantener su interés y para darle un cuadro más amplio de las necesidades de lectura diarias. Lea rápidamente cada pasaje y hágase una idea del tema. Reléalo luego mucho más lentamente. Intente entonces responder a las preguntas. Al final del capítulo aparecen las respuestas correctas a todas las preguntas.

TEST I. LECTURA COMPRENSIVA

Indicaciones: todos los pasajes siguientes van acompañados de una o más preguntas basadas en sus contenidos. Responda las preguntas sobre la base de lo que el pasaje dice o implica realmente. Circunde la letra que aparece antes de su respuesta.

Encontrará las respuestas correctas a las preguntas del test al final del capítulo.

PASAJE I

Es aconsejable elegir una multicopista que haga el trabajo requerido con la mayor eficiencia y al menor coste. Los usuarios con un gran volumen de negocios necesitan máquinas más rápidas cuyo funcionamiento cueste poco y que estén bien hechas.

1. El párrafo apoya sobre todo la opinión de que

   (A) la mayoría de los usuarios de multicopistas prefieren el bajo costo del funcionamiento a la eficiencia
   (B) una máquina bien construida durará más que una barata
   (C) una multicopista no será eficiente si no es robusta
   (D) una multicopista debe ser eficiente y económica
   (E) la mayoría de los usuarios de multicopistas tienen un gran volumen de negocios

PASAJE II

La televisión ha alcanzado en 20 años el objetivo por el que la imprenta ha trabajado durante 500: ampliar su público hasta incluir a toda la población. En 1973, en Estados Unidos, nueve de cada diez familias miraban 45 millones de aparatos de televisión durante una media de cinco horas al día.

2. El párrafo apoya sobre todo la opinión de que

   (A) toda la nación tiene aparatos de TV
   (B) nueve de cada diez individuos la ven una media de cinco horas diarias
   (C) el público que ve TV ha crecido con mayor rapidez que el público que lee
   (D) hay más aparatos de TV en los Estados Unidos que en otros países
   (E) las personas que ven TV no leen periódicos

PASAJE III

Antiguamente, sólo trabajadores no cualificados cambiaban de un lugar a otro siguiendo los «booms» industriales. Pero como muchas empresas industriales se han hecho de nivel nacional en los campos que cubren, los empleados se encuentran en una similar situación de movimiento.

3. El crecimiento de la gran empresa ha producido

   (A) un suministro cambiante de fuerza de trabajo no cualificada
   (B) una tendencia creciente a la movilidad de los trabajadores
   (C) una proporción creciente de trabajos para empleados
   (D) la estabilización de los «booms» industriales
   (E) los trabajadores no cualificados se han convertido en empleados

PASAJE IV

Los telegramas deben ser claros, concisos y breves. Omita todas las palabras innecesarias. Las partes gramaticales que más se utilizan en los telegramas son los sustantivos, verbos, adjetivos y adverbios. Si es posible, omita los pronombres preposiciones, artículos y verbos copulativos. Utilice frases simples en lugar de complejas y compuestas.

4. Al escribir telegramas se debe utilizar siempre

(A) palabras comunes y simples
(B) sólo sustantivos, verbos, adjetivos y adverbios
(C) frases incompletas
(D) sólo palabras esenciales al significado
(E) pronombres y preposiciones

Pasaje V

El Sistema de Sugerencias se lleva a cabo para realizar un estudio completo y comprensivo de las ideas presentadas por los empleados postales para promover el bienestar del personal postal, para mejorar el manejo del correo y otras tareas postales y para estimular y recompensar a los empleados postales que piensen, desarrollen y presenten ideas y planes aceptables. Mediante este sistema, el talento y la habilidad de los empleados postales se utiliza para mejorar el servicio postal y reducir los gastos.

5. Un fin del Sistema de Sugerencias es

(A) mantener una unidad de empleados experimentados a fin de planificar y desarrollar mejoras
(B) obtener ideas que ayudarán a los empleados postales a mejorar su trabajo
(C) permitir la promoción de los empleados postales que sugieran cambios útiles para el servicio.
(D) permitir aumentos salariales a los empleados que aumenten su rendimiento
(E) disminuir las tasas postales

Pasaje VI

El teatro, a diferencia de los otros tipos de literatura, no se escribe para que lo lea el lector individual, sino sobre todo para ser representado por actores sobre el escenario. Por ello es, ante todo, entretenimiento. En segundo lugar, busca respuestas de una masa de personas a una serie de preguntas. Estos prerrequisitos condicionan la naturaleza y estructura del teatro. Como toda la literatura, el teatro trata de inculcar en su público algunos valores. Estos valores pueden ser de baja naturaleza, quizá con la preocupación principal de proporcionar una hora de diversión, o, en una escala superior, el teatro puede ser utilizado para hacer notar u ordenar algún aspecto de la existencia del público. Desde el tiempo de los antiguos griegos, el teatro ha sido el principal instrumento con el que el hombre ha intentado explorar y explicar su existencia. La naturaleza del hombre ha cambiado en 2.500 años y el teatro nos da un relato más que preciso de estos cambios. El teatro tampoco nos da menos que los otros tipos de literatura un cuadro del hombre individual, el hombre bueno, el hombre malo y el hombre social. Posee un determinado atractivo: quizá el mismo que la música para los animales. Puede ser experimentado incluso por los que no entienden las palabras. Para ver cómo el teatro nos permite percibir al hombre y su existencia, es necesario conocer brevemente su historia, naturaleza y estructura. Esta percepción no se basa sólo en presenciar la interpretación, sino también en un análisis de la obra escrita, para determinar si la acción, los personajes y las técnicas están empleados apropiadamente, dándonos una imagen de la vida de la época en que la obra fue escrita.

6. El teatro es una forma de literatura porque

(A) está destinado a ser leído
(B) está destinado a ser visto y oído
(C) su primer objetivo es el entretenimiento
(D) intentan transmitir a su público algo de valor
(E) nada de lo anterior

7. El atractivo del teatro se basa en

(A) el uso de las palabras
(B) la música de fondo
(C) los instintos
(D) la época que es representada
(E) nada de lo anterior

8. La función del teatro ha sido

(A) mostrar al hombre tal como es hoy
(B) presentar al hombre como un paso adelante sobre los animales
(C) mostrar que el hombre está por debajo del antiguo ideal de la humanidad
(D) relatar de modo preciso los cambios producidos en la naturaleza del hombre
(E) revelar los instintos y puntos flacos del hombre

9. El teatro representa al hombre individual con la misma eficacia que

   (A) la poesía
   (B) las novelas
   (C) las óperas
   (D) las historias breves
   (E) todo lo anterior

10. La percepción que nos da el teatro moderno depende de lo bien

    (A) que se lee la obra
    (B) que está puesto el escenario
    (C) nos da una imagen de la vida de hoy
    (D) los actores están motivados
    (E) está producido

Pasaje VII

Los mexicanos ahora establecidos en territorios que antes pertenecían a México y que ahora pertenecen a los Estados Unidos, con límites definidos por el presente tratado, son libres de continuar donde ahora residen o de irse en cualquier momento a la República de México, reteniendo las propiedades que poseen en los mencionados territorios, o disponer de ellas y enviarlas a donde deseen, sin estar sometidos por ello a ninguna contribución, impuesto o carga alguna.

Los que prefieran permanecer en los mencionados territorios pueden retener el título y los derechos de los ciudadanos mexicanos o adquirir el de ciudadanos de los Estados Unidos. Pero están obligados a hacer su elección en el plazo de un año a partir de la fecha del intercambio de ratificaciones de este tratado; y los que permanezcan en los mencionados territorios tras la expiración de ese año, sin haber declarado su intención de retener el carácter de mexicanos, se considerará que han elegido ser ciudadanos de los Estados Unidos.

En los mencionados territorios, todos los tipos de propiedades pertenecientes ahora a mexicanos no establecidos allí serán inviolablemente respetadas. Los dueños actuales, los herederos de éstos y todos los mexicanos que a partir de ahora adquieran esas propiedades por contrato gozarán con respecto a ellas de garantías tan amplias como si las mismas pertenecieran a ciudadanos de los Estados Unidos.

11. Según este pasaje, un ciudadano mexicano que prefiera permanecer en el territorio que va a ser transferido a Estados Unidos

    (A) adquiere de modo automático e inmediato la ciudadanía estadounidense
    (B) puede vender su tierra con beneficio sin pagar impuestos
    (C) sólo puede vender sus posesiones dentro del mencionado territorio
    (D) debe declarar sus intenciones con respecto a la ciudadanía estadounidense
    (E) nada de lo anterior

12. Según este pasaje, cualquier mexicano que permanezca en territorio de EE.UU. durante un año

    (A) tiene doble nacionalidad
    (B) puede vender su tierra con ganancia sin tasa alguna que la grave
    (C) no puede vender sus posesiones, excepto dentro del citado territorio
    (D) debe declarar sus intenciones con respecto a nacionalizarse estadounidense
    (E) nada de esto

13. Si un mexicano va a ceder su tierra estadounidense a sus hijos o nietos, éstos deberán

    (A) naturalizarse ciudadanos estadounidenses en el momento de la transferencia
    (B) recibir los mismos derechos que los descendientes de progenitores estadounidenses
    (C) vivir en el mencionado territorio en el momento de la transferencia
    (D) vivir en el mencionado territorio en el momento del fallecimiento
    (E) querer mantener la ciudadanía mexicana

14. De acuerdo con este pasaje, un año y un día después del intercambio y ratificación del tratado, todos los súbditos mexicanos que cambien de posesión mexicana a estadounidense

    (A) tendrá la oportunidad de elegir la ciudadanía estadounidense
    (B) se convertirán automáticamente en ciudadanos de los Estados Unidos

(C) pueden mantener su ciudadanía mexicana, si así hubieran expresado su intención al menos con tres días de antelación
(D) las dos respuestas anteriores
(E) ninguna de las respuestas anteriores

15. Un ciudadano estadounidense que resida en territorio mexicano en el momento de la ratificación de este tratado, de acuerdo con este pasaje

(A) recibe derechos recíprocos a los de los mexicanos
(B) obtiene automáticamente la ciudadanía mexicana si desea permanecer más de un año
(C) puede vender sus propiedades inmuebles con beneficio, pero pagando impuesto por ello
(D) no obtiene ninguno de los derechos concedidos a los mexicanos en su posición, pues no hay acuerdo recíproco
(E) nada de lo anterior

PASAJE VIII

Al poderoso lucio se le considera como el tirano del agua dulce, al igual que el salmón es el rey. No cabe duda de que se crían algunos mediante generación y otros no, como los que lo hacen a partir de una hierba llamada *Pontederia cordata*, a menos que se equivoque el ilustrado Gesner, quien dice que de esta hierba y de otras materias glutinosas, con la ayuda del calor del sol en algunos meses determinados, y de algunas charcas aptas para ello por naturaleza, salen los lucios. Sin duda diversos lucios surgen de este modo, o son llevados a algunas charcas de otros modos, como han descubierto hombres del pasado, de lo que tenemos testimonios diarios.

Observa Sir Francis Bacon en su libro «Historia de la vida y de la muerte» que el lucio es el pez de agua dulce de más larga vida, aunque piensa que no suele sobrepasar los cuarenta años; otros opinan que no está más arriba de los diez; pero Gesner menciona un lucio pescado en tierras suecas en 1449 con un aro en su cuello, afirmando que lo había echado allí Federico II, más de doscientos años antes de que fuera pescado, como por la inscripción del aro, que era griega, interpretó por entonces el obispo de Worms. Pero de esto no digamos más, pues es sabido que los lucios muy grandes o viejos no tienen mucho de bueno; son más pequeños o medianos los más sabrosos al paladar y los conocedores opinan que tienen la mejor carne; en cambio, la anguila sabe más cuanto más vieja y grande es.

Los lucios que viven mucho son una carga para sus mantenedores, pues se mantiene su vida con la muerte de otros muchos peces, incluso de su especie; ello ha hecho que algunos autores le llamen el Tirano de los Ríos, o el Lobo del Agua Dulce, por razón de su disposición voraz, comilona y devoradora; que es tanta, como relata Gesner, que un hombre que acudió a lavar a su mula a una charca en donde un lucio había devorado a todos los peces, y el lucio mordió a la mula en el morro; y tan aprisa le mordía que el mulo lo sacó del agua, y de esa sazón el hombre pescó al lucio. El propio Gesner comenta que a una doncella polaca le mordió un lucio en un pie mientras estaba lavando las ropas. Lo mismo he oído yo de una mujer del Lago Killingworth, no lejos de Coventry. Y mi amigo Seagrave, de quien ya le hablé antes, porque domestica nutrias, que un lucio con un hambre extrema luchó con una de sus nutrias por una carpa que la nutria había cogido, y así le sacaron del agua. Ya le he dicho quienes mencionan estas cosas, y que son personas de fama; y concluiré esta observación diciendo lo que ha observado un hombre sabio: «Es difícil persuadir al estómago, pues no tiene oídos.»

16. Según este pasaje, el lucio de mejor sabor es

(A) mejor por su edad y tamaño
(B) el alimentado con la *Pontederia cordata*
(C) el de tamaño medio
(D) el que se pesca en verano
(E) criado por generación espontánea

17. De acuerdo con Gesner, se ha observado que un lucio vive

(A) tanto como cualquier otro pez de agua dulce
(B) cuarenta años
(C) tanto como cuente con la ayuda de la luz del sol

(D) dos siglos
(E) como cualquier pez de agua salada

18. Según este pasaje se sabe que un lucio ataca a cualquier ser vivo salvo un(a)

    (A) mula
    (B) lobo
    (C) nutria
    (D) joven
    (E) carpa

19. La negativa del lucio a abandonar su presa, incluso aunque lo hayan sacado totalmente del agua, se explica con la siguiente metáfora

    (A) los lucios no tienen pies
    (B) los tiranos no tienen piedad
    (C) los lucios se alimentan de la *Pontederia cordata*
    (D) el estómago no tiene oídos
    (E) la vida se mantiene con la muerte de otros

20. Las «personas de crédito» que, de acuerdo con el autor, hacen las afirmaciones incluidas en este pasaje son todas las siguientes salvo

    (A) Federico II
    (B) Sir Francis Bacon
    (C) Gesner
    (D) una mujer de Killingworth
    (E) Mr. Seagrave

TEST II. LECTURA COMPRENSIVA

Indicaciones: después de todos los pasajes siguientes se incluyen algunas preguntas basadas en su contenido. Responda a las preguntas basándose en lo que realmente éstas dicen o implican. Circunde la letra que aparece antes de su respuesta.
Encontrará las respuestas correctas al final del capítulo.

PASAJE I

Los rayos X han entrado en el mundo de la empresa. Desarrollados al principio para la diagnosis de dolencias humanas, funcionan ahora en las plantas de empaquetado, en fundiciones, en las estaciones de servicio, contribuyendo de múltiples modos a la precisión de la industria.

1. En este pasaje, la afirmación que más se apoya es
   (A) fue desarrollado en un principio como una ayuda al mundo de la empresa
   (B) se utiliza para mejorar el funcionamiento de la industria
   (C) es más preciso para las plantas de empaquetamiento que para las fundiciones
   (D) aumenta el rendimiento de industrias como las estaciones de servicio
   (E) se utiliza también en los aeropuertos

PASAJE II

Una encuesta realizada para determinar qué materias han ayudado más a los estudiantes en sus trabajos demuestra que la mecanografía es superior a todas las demás materias en el grupo empresarial. También es una de las materias a las que dan más valor los estudiantes universitarios, quienes la repetirían si volvieran a realizar el bachillerato.

2. En este pasaje, la afirmación que más se apoya es
   (A) la capacidad mecanográfica se valora en la empresa y la universidad
   (B) los universitarios que vuelven a hacer el bachillerato optan de nuevo por la mecanografía
   (C) los universitarios con conocimientos mecanográficos hacen mejores trabajos en la universidad
   (D) los que saben mecanografía tienen asegurado el éxito en el mundo empresarial
   (E) los que no saben mecanografía tienen menos éxito que los que conocen la materia

PASAJE III

La iluminación directa es la menos satisfactoria. Con toda seguridad, los reflectores situados en la mesa de trabajo o el techo que difuminan todos los rayos hacia abajo producen brillo en la superficie de trabajo.

3. La luz directa es el método de iluminación menos satisfactorio porque
   (A) la luz difuminada produce tensión ocular
   (B) la sombra de la lámpara individual de la mesa de trabajo no está científicamente pensada
   (C) la superficie de trabajo suele oscurecerse por causa del brillo
   (D) la iluminación directa es nociva para los ojos
   (E) no es tan brillante

PASAJE IV

Los peligros de la antigua triple amenaza del quirófano —shock, hemorragia e infección— han quedado prácticamente eliminados. Para combatir el shock y la hemorragia se emplea la transfusión de sangre. También se utiliza para fortalecer a un paciente tan debilitado por la enfermedad que sin ella sería imposible operarle

4. En este pasaje, la afirmación que más se apoya es

(A) la asepsia ha eliminado el peligro de infección
(B) las operaciones no son actualmente tan peligrosas como antes
(C) toda operación grave suele ir precedida de una transfusión de sangre
(D) la técnica quirúrgica ha mejorado mucho por el crecimiento de los noveles de las facultades de medicina
(E) en épocas antiguas había quirófanos

PASAJE V

El hierro se utiliza para hacer los puentes y rascacielos, los metros y los vapores, los ferrocarriles y los automóviles, y casi todo tipo de maquinaria... además de millones de artículos, desde la guadaña del labrador a la aguja del sastre.

5. En este pasaje, la afirmación que más se apoya es que el hierro

(A) es el más abundante de los metales
(B) tiene muchos usos diferentes
(C) es el más fuerte de todos los metales
(D) es el único material utilizado en la construcción de rascacielos y puentes
(E) es el metal menos caro

PASAJE VI

Aunque se cuiden ovejas como negocio principal, y no como producto secundario de la granja, es extremadamente difícil producir lana de calidad uniforme. En una sola oveja la hay de por lo menos cuatro grados. En cada estación no hay dos ovejas del rebaño que tengan exactamente el mismo grado de lana. Además, como la calidad se ve afectada por el alimento que ingieren las ovejas, por el suelo en el que pastan y por el clima, en un año no hay dos ovejas que produzcan el mismo tipo de lana.

6. en este pasaje, la afirmación que más se apoya es que

(A) el suelo es un factor en la calidad de la lana
(B) el cuidado de las ovejas es siempre un producto secundario de las industrias cárnicas
(C) en cada estación todas las ovejas tienen exactamente el mismo grado de lana
(D) se produce un importante cambio en la calidad estacional de la lana
(E) es extremadamente difícil producir lana para uniformes militares

PASAJE VII

Como el gobierno sólo puede gastar lo que obtiene de la gente, y en última instancia esa cantidad está limitada por la capacidad y el deseo de la gente de pagar los impuestos, es muy importante que la gente tenga una información completa de la obra del gobierno.

7. En esta pasaje, la afirmación que más se apoya es que

(A) los empleados públicos deberían recibir formación no sólo sobre su propio trabajo, sino también sobre el modo de realizar las tareas de los otros empleados de su institución
(B) los impuestos gubernamentales descansan en el consentimiento del pueblo
(C) el informar plenamente sobre la obra del gobierno aumentará la eficacia de las operaciones gubernamentales
(D) en años recientes, la obra del gobierno se ha limitado por la reducción de los impuestos cobrados
(E) los evasores fiscales no saben nada sobre el gobierno

PASAJE VIII

La enseñanza secundaria y la universitaria deben aceptar la responsabilidad de preparar al estudiante para que obtenga un trabajo. Como la capacidad de escribir una buena carta de solicitación es uno de los primeros pasos de ese objetivo, todo profesor debería hacer lo que estuviera en su mano para ayudar al estudiante a aprender a escribir esas cartas.

8. En este pasaje, la afirmación que más se apoya es que

(A) la incapacidad de escribir una buena carta suele reducir las perspectivas de trabajo
(B) la responsabilidad más importante de la escuela es obtener trabajos para sus estudiantes
(C) el éxito depende en gran medida del tipo de trabajo que solicite primero el estudiante
(D) todos los profesores deberían enseñar un curso de escritura de solicitudes
(E) la mayoría de los profesores son incapaces de escribir una buena solicitud

Pasaje IX

«Cuello blanco» es un término utilizado para describir a uno de los grupos más grandes de trabajadores de la industria y el comercio estadounidense. Distingue a los que trabajan con la pluma y la mente de aquellos que lo hacen con las manos y la máquina. Sugiere ocupaciones en las que el esfuerzo físico y el manejo de materiales no son rasgos primordiales del trabajo.

9. Los trabajadores de «cuello blanco»

(A) no son tan fuertes como los que trabajan con sus manos
(B) son los que supervisan a los trabajadores que manejan materiales
(C) son los que trabajan siempre en interiores
(D) no es probable que utilicen máquinas con tanta frecuencia como los otros grupos de trabajadores
(E) son distinguidos, no físicos

Pasaje X

Las tasas vibratorias percibidas por los oídos como tonos musicales tienen unos límites bien definidos. En el oído, al igual que en el ojo, hay variaciones individuales. Sin embargo, las variaciones están más marcadas en el oído, pues su gama perceptiva es mayor.

10. El oído

(A) está limitado por la naturaleza de sus variaciones

(B) es el más sensible de los órganos auditivos
(C) se diferencia del ojo por tener una gama perceptiva más amplia
(D) es sensible a una amplia gama de volumen musical
(E) no puede oír ciertos tonos musicales si varía su gama

Pasaje XI

Atenienses, escuchadme sin interrupciones; ha habido un gran acuerdo entre nosotros que debéis conocer por mí. Y creo que lo que voy a deciros, os parecerá bien: pues tengo otra cosa que deciros ante la que podéis sentiros inclinados a llorar, pero os suplico que no lo hagáis. Habéis de saber que, si matáis a alguien como yo, os haríais más daño a vosotros que a mí mismo. No me herirán Meleto y Anito; no pueden hacerlo; pues no pertenece a la naturaleza de las cosas que un mal hombre cause daño a quien es mejor que él. No niego que quizá pueda matarlo, o enviarlo al exilio, o privarle de sus derechos civiles; y puede imaginar, y otros pueden imaginar con él, que le está causando un gran daño: pero en eso no estoy de acuerdo con él; pues el mal de hacer como Anito está haciendo —quitar injustamente la vida a otro hombre— es mucho mayor. pero ahora, atenienses, no hablaré por mi propio beneficio, como podríais estar pensando, sino por el vuestro, para que no pequéis contra Dios, ni os privéis de su favor por condenarme a mí. Pues si me matáis no os será fácil encontrar otro hombre como yo, quien, si se me permite utilizar esta ridícula figura del lenguaje, soy una especie de tábano que Dios ha regalado al Estado; y el Estado es como un corcel noble y grande que es tardío en sus movimientos por causa de su tamaño, y requiere ser espoleado para que se mueva. Soy ese tábano que Dios ha dado al Estado y todo el día y en todos los lugares siempre estoy agarrándome a ti, estimulándote, persuadiéndote y reprochándote. Y como no encontrarás a otro como yo, te aconsejaría que me conservaras. Me atrevo a decir que puedes sentirte irritado cuando estabas sesteando y te despiertan de repente; y puedes pensar que si te condenaran a muerte, como aconseja Anito, entonces podrías dormir fácilmente el resto de tu vida, a menos que Dios se cuidara de darte otro tábano. Y que Dios me ha entregado a ti se demuestra con esto: que si fuera como los otros hombres, no habría desatendido todos mis intereses, o visto pacientemente el desprecio de ellos durante todos estos años, y habría realizado los tuyos, llegando a ti individualmente, como un padre o hermano mayor, exhortándote a considerar la virtud; yo diría que esto no pertenece a la naturaleza humana. Y si hubiera ganado algo, o mis exhortaciones hubieran sido pagadas, habría habido algún sentido en ello: pero, como te darás cuenta, ni siquiera la impudicia de mis acusadores osa decir que he exigido o buscado el pago de alguien; no tienen testigos de ello. Y yo tengo un testigo de la verdad de lo que digo: mi pobreza es un testigo suficiente.

11. Probablemente el hablante de este pasaje es

   (A) romano
   (B) ateniense
   (C) un tábano
   (D) un filósofo
   (E) un político

12. De acuerdo con el hablante, Dios hizo a los tábanos para

   (A) molestar a la gente
   (B) actuar como conciencia colectiva
   (C) provocar al pueblo a una acción constructiva
   (D) distraer al pueblo de la verdad
   (E) que los destruyan cuando causen problemas

13. El hablante pide

   (A) ser oído
   (B) por su vida
   (C) la protección de los tábanos
   (D) medidas contra los que se duermen en público
   (E) el derecho a predicar

14. El hablante recomienda que conserven su vida porque

   (A) no encontrarán a otro hombre como él
   (B) si le matan, tendrán un mal fin
   (C) ha olvidado sus propios intereses
   (D) nunca ha obtenido ningún beneficio por aconsejarles

   (E) enviarle al exilio es una alternativa viable

15. El pueblo de Atenas parece estar molesto porque el hablante

   (A) sólo ha predicado por su beneficio
   (B) se sabe que es muy pobre
   (C) es una carga para el estado
   (D) no deja de recordarle sus responsabilidades
   (E) les exhorta a considerar la virtud

PASAJE XII

Considerando que una gran parte de los territorios que, por el presente tratado, estarán en el futuro dentro de las fronteras de los Estados Unidos, están ocupados ahora por tribus salvajes, que a partir de ahora quedarán bajo el control exclusivo del Gobierno de los Estados Unidos, y cuyas incursiones en territorio mexicano serían perjudiciales en extremo, se acepta solemnemente que todas esas incursiones sean evitadas por la fuerza por el Gobierno de los Estados Unidos siempre que puede ser necesario; y que cuando no puedan ser impedidas, sean castigadas por el mencionado Gobierno, y sea pagada la satisfacción por las mismas, todo del mismo modo, y con igual diligencia y fuerza, que si esas incursiones fueran cometidas dentro de su propio territorio y contra sus ciudadanos.

No será legal, bajo ningún pretexto, que un habitante de los Estados Unidos compre o adquiera a un mexicano, o un extranjero residente en México, que haya sido capturado por los indios que habitan el territorio de las dos repúblicas; ni que compre o adquiera caballos, mulas, ganado ni propiedades de ningún tipo que hayan sido robadas por esos indios en territorio mexicano.

Y en el caso de que una persona o personas, capturadas dentro de territorio mexicano por los indios, sean llevadas a territorio de los Estados Unidos, su gobierno se compromete, de la manera más solemne, tan pronto como sepa que esos cautivos están en su territorio, y así pueda hacerlo mediante el fiel ejercicio de su influencia y poder, a rescatarlos y devolverlos a su país, o entregarlos a un agente o representante del Gobierno mexicano. Siempre que les sea posible, las autoridades mexicanas notificarán al Gobierno estadounidense esas capturas; y sus agentes pagarán los gastos de mantenimiento y transmisión de los cautivos rescatados; los cuales, entretanto, serán tratados por las autoridades americanas con la máxima hospitalidad en el lugar en donde puedan hallarse. Pero si el Gobierno de los Estados Unidos, antes de recibir una notificación de México, llegara a conocer, por cualquier otro canal, la existencia de cautivos mexicanos dentro de su territorio, procedería enseguida a efectuar su liberación y entrega al agente mexicano, tal como se estipula arriba.

A fin de dar a estas estipulaciones la máxima eficacia posible, para permitir la seguridad y reparación exigidas por su verdadero espíritu e intención, el Gobierno de los Estados Unidos, a partir de ahora, sacará sin retrasos innecesarios, y obligará a cumplir, las leyes que la naturaleza del tema exija. Y, finalmente, esta obligación sagrada nunca será olvidada por el mencionado gobierno, cuando proceda a la eliminación de los indios de cualquier porción del mencionado territorio, o sea colonizado por ciudadanos de los Estados Unidos; antes al contrario, se ocupará especialmente de no poner a sus ocupantes indios en la necesidad de buscar un nuevo hogar, cometiendo las invasiones que los Estados Unidos se han comprometido solemnemente a limitar.

16. ¿Qué tipo de ley se cita en este pasaje?

(A) estatal
(B) federal
(C) municipal
(D) de condado
(E) estatutaria

17. Según este artículo, es ilegal

(A) comprar bienes robados
(B) comprar a cualquier nativo como esclavo
(C) comprar un caballo de un indio tejano
(D) comprar un francés a un indio mexicano en Dallas
(E) comprar un mexicano a un francés en Acapulco

18. El castigo de las tribus indias que realicen incursiones en México

(A) ha de ser ejecutado por el Gobierno mexicano
(B) ha de ser limitado por el Gobierno estadounidense
(C) puede ser detenido por cualquier gobierno
(D) no es descrito en este pasaje
(E) depende de la nacionalidad del cautivo

19. Para que estas estipulaciones sean más efectivas, los EE.UU.

(A) bloquearán la ejecución de cualquier ley que pueda resultar necesaria
(B) llevarán a cabo invasiones dado que los indios americanos necesitan un nuevo hogar
(C) eliminarán a los indios de todas las partes colonizadas de los EE.UU.
(D) cruzarán la frontera para devolver a todos los súbditos estadounidenses al hogar en donde estén justificados
(E) redactarán con prontitud las leyes que exija el problema

20. De acuerdo con su contenido, este artículo fue escrito en una época en que

(A) los Estados Unidos y México llevaban en guerra varios años
(B) los Estados Unidos y México estaban disponiendo una tregua
(C) los Estados Unidos iban a poseer una tierra que estaba todavía bajo la bandera mexicana
(D) los Estados Unidos iban a ceder tierra a México
(E) los Estados Unidos iban a intercambiar tierras con México

CONOCIMIENTO DE HERRAMIENTAS

Como todo artesano debe estar familiarizado con las herramientas de su profesión, y como esa familiaridad es una medición importante del interés y la motivación, las preguntas sobre el conocimiento de herrramientas se han convertido en un rasgo importante de muchos tests de comprensión, aptitud y capacidad mecánica. Para que se familiarice con este tipo de preguntas, hemos reunido aquí una variedad de ellas.

Las preguntas que comprueban su conocimiento de las herramientas son principalmente de dos tipos: de reconocimiento de herramientas y de analogía de herramientas.

En los tests de reconocimiento de herramientas le dan una lista de trabajos que hay que realizar y una ilustración con una serie de herramientas. Ha de armonizar el trabajo con la herramienta requerida. Las preguntas de muestra 1 a 5 ilustran este tipo de preguntas. En cada una escriba como respuesta la letra de la herramienta junto al número de trabajo descrito.

Preguntas de muestra

1. Medir el diámetro de una vara que ha de ser cortada a 1,84 cm. en torno.
2. Medir el espaciamiento entre dos contactos de relé que han de estar separados por 0,01 cm.
3. Cortar rápidamente en muchas secciones cortas 3,81 cm. de tubo galvanizado.
4. Cortar en piezas cortas 3,81 cm. de varilla de acero.
5. Alisar un trozo de tubo antes de cortar una rosca.

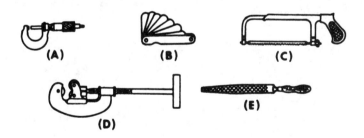

Respuestas correctas a las preguntas de muestra

La herramienta correcta para cada una de las operaciones indicadas es la siguiente:

1. **(A)** (compás de gruesos)
2. **(B)** (calibrador de separaciones)
3. **(C)** (sierra alternativa de metales)
4. **(D)** (cortatubos)
5. **(E)** (lima)

En los tests de analogía, cada pregunta presenta una imagen numerada y cuatro imágenes etiquetadas con letras. Ha de seleccionar la herramienta o pieza etiquetada por una letra que más se relacione con la herramienta o pieza numerada. La cuestión de muestra 6 ilustra este tipo de pregunta.

 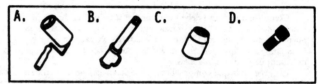

La respuesta correcta a la pregunta 6 es B. La imagen numerada muestra una válvula utilizada para abrir y cerrar el paso al agua. Con lo que más se relaciona la válvula es con el tubo de agua de la imagen B.

Realice ahora los siguientes tests de conocimiento de herramientas. Encontrará las respuestas correctas al final del capítulo.

TEST I. RECONOCIMIENTO DE HERRAMIENTAS

Indicaciones: los elementos de la lista inferior son tareas, cada una de las cuales requiere normalmente la utilización de una de las herramientas o piezas de las ilustraciones. Lea cada elemento y, para ese trabajo, seleccione la herramienta o pieza necesarias. Escriba la letra de la herramienta junto al número de la tarea.

Encontrará las respuestas correctas al final del capítulo.

1. Taladrar un agujero de 2,17 cm. en una pared de ladrillo.
2. Apretar un acoplamiento de un tubo de conducción de agua.
3. Cortar un cable de acero en torón de 1,27 cm.
4. Apretar una tuerca de fijación de una caja de descarga montada en superficie.
5. Hacer volutas en madera.
6. Redondear un agujero de una chapa metálica.
7. Desconchar la esquina de un ladrillo.
8. Eliminar un borde de 0,63 cm. de una chapa metálica.
9. Hacer un agujero para introducir una rosca en un bloque de acero.
10. Convertir una varilla de latón de cuatro pies en piezas de un pie.
11. Hacer un agujero en una puerta para una cerradura cilíndrica.

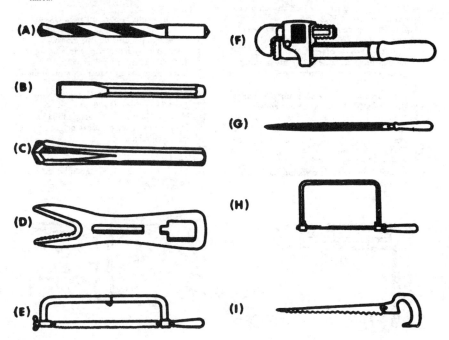

TEST II. RECONOCIMIENTO DE HERRAMIENTAS

Indicaciones: los elementos de la lista inferior son tareas, cada una de las cuales requiere normalmente la utilización de una de las herramientas o piezas de las dos páginas siguientes. Lea cada elemento y, para ese trabajo, seleccione la herramienta o pieza necesarias. Escriba la letra de la herramienta junto al número de la tarea.

Encontrará las respuestas correctas a las preguntas del test al final del capítulo.

1. Trazar el ángulo de corte en los apoyos laterales de roscas de escaleras.
2. Cortar un ladrillo con precisión.
3. Marcar líneas paralelas al borde de una tabla.
4. Unir tubos plaqueados de níquel.
5. Terminar la superficie plana de un suelo de cemento.
6. Comprobar que el lado de una forma de hormigón es vertical.
7. Taladrar un agujero de 1,89 cm. en un canal de hierro de 15,24 cm.
8. Localizar el centro de una placa circular que tiene un diámetro de 30,48 cm.
9. Forjar un aro de hierro.
10. Doblar una varilla de 1,27 cm. para un soporte en U para un tubo de 12,54 centímetros.
11. Unir un tubo de hierro a un pasamanos.
12. Biselar un borde curvo de cemento.
13. Rellenar las junturas de una mampostería vieja.
14. Poner un ladrillo vidriado en una pared.
15. Taladrar un agujero en hormigón para un tubo de 2,54 cm.
16. Acanalar un suelo de cemento para formar bloques.
17. Trazar una línea precisa para cortar con una sierra a 90° con respecto al borde de una tabla.
18. Sujetar chapa metálica para soldar.
19. Localizar un punto para un agujero en el suelo directamente debajo de un punto del techo.
20. Cortar un canal en hormigón para un tubo con ayuda de la herramienta U.
21. Marcar una serie de pequeñas distancias iguales.
22. Trazar una línea horizontal en el centro de una pared.
23. Manejar una gubia de carpintero.
24. Manejar un taladro para hacer un agujero de 0,63 cm. en una columna.
25. Hacer agujeros en madera con gusanillo de rosca.
26. Manejar un destornillador de berbiquí.
27. Trazar una línea de tiza.
28. Unir una juntura con cola de milano.
29. Doblar una chapa de cobre delgada en forma de cilindro.
30. Marcar una esquina de talba para redondearla.
31. Aplanar el extremo de un tubo de hierro de 2,54 cm. sobre una placa de acero.

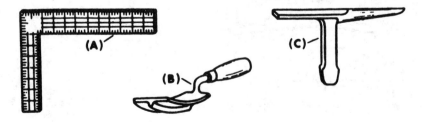

Compruebe sus aptitudes especiales

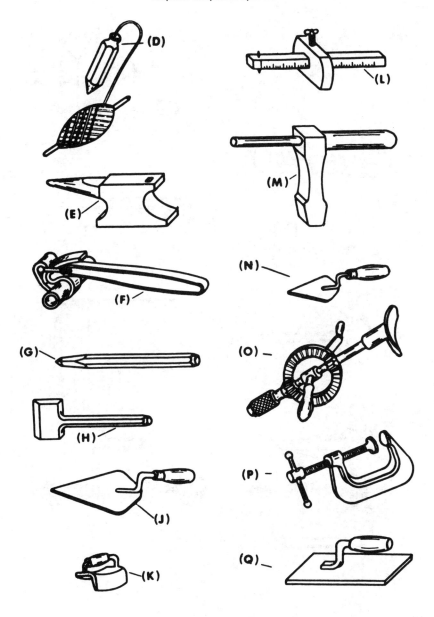

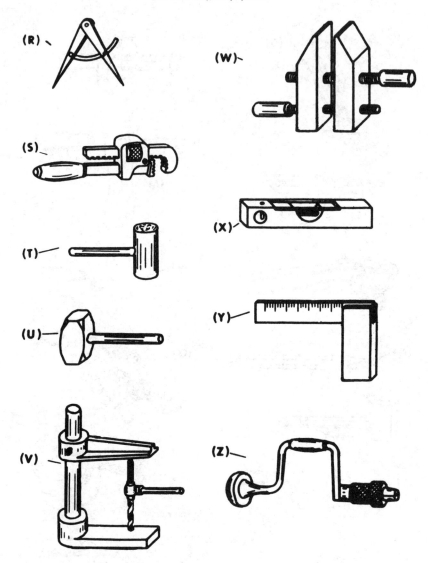

Compruebe sus aptitudes especiales

TEST I. ANALOGIAS DE HERRAMIENTAS

Indicaciones: todas las preguntas de este test se componen de un dibujo numerado seguido de cuatro ilustraciones etiquetadas como A, B, C y D. Ha de determinar cuál de las imágenes de letras tiene más relación con una herramienta o pieza de máquina numeradas. En cada pregunta marque la letra de la mejor respuesta.

Encontrará las respuestas correctas al final del capítulo.

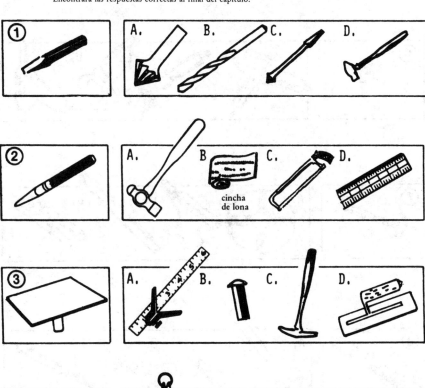

para medir el
diámetro de
esta barra

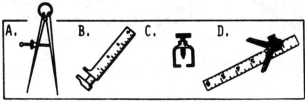

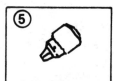 

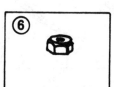 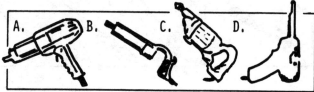

 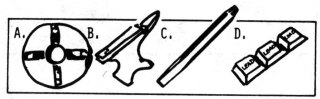

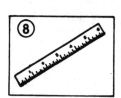 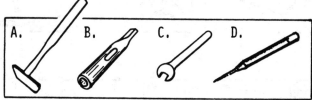

TEST II. ANALOGIAS DE HERRAMIENTAS

Indicaciones: todas las preguntas de este test se componen de un dibujo numerado seguido de cuatro ilustraciones etiquetadas como A, B, C y D. Ha de determinar cuál de las imágenes de letras tiene más relación con una herramienta o pieza de máquina numeradas. En cada pregunta marque la letra de la mejor respuesta.

Encontrará las respuestas correctas al final del capítulo.

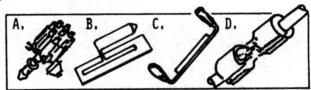

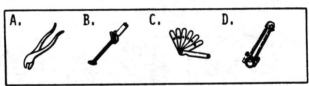

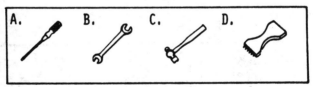

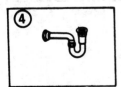
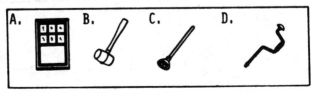

 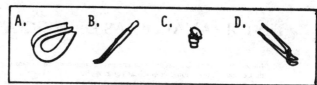

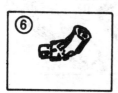 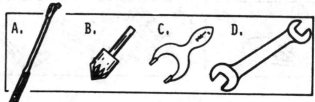

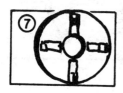 

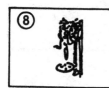 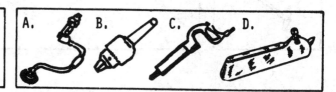

RESPUESTAS A LOS TESTS DE APTITUDES ESPECIALES

APTITUDES FUNCIONARIALES

TEST I. CAPACIDAD CODIFICADORA

1. C
2. B
3. A
4. D
5. A
6. A
7. D
8. B
9. C
10. A
11. C
12. D
13. B

TEST II. CODIFICACION DE TABLA

1. D
2. B
3. B
4. A
5. C
6. A
7. C
8. B
9. B
10. D
11. D
12. A
13. C
14. A
15. B
16. B
17. C
18. D
19. D
20. A

TEST III. PRACTICA DE CODIFICACION

1. TIE
2. IEL
3. EYA
4. YATS
5. RWB
6. WSB
7. LYAT
8. IBY
9. RYAL
10. EYA
11. WAR
12. TBS
13. ISRT
14. YABS
15. TWY
16. EBL
17. TIE
18. AST
19. BRTW
20. ESR

21. WBA	27. BYT	33. YLI	39. TBLA
22. BLS	28. RIW	34. RLW	40. ILS
23. LSR	29. EBY	35. ALIS	41. IRA
24. SRW	30. WSY	36. TRW	42. YBL
25. TWY	31. WYS	37. BLA	43. YLEA
26. WLA	32. RELT	38. WREY	44. WBRY

TEST IV. PRACTICA DE CLASIFICACION

1. D	16. D	31. B	46. D
2. D	17. A	32. A	47. D
3. A	18. C	33. E	48. A
4. D	19. D	34. E	49. D
5. A	20. B	35. B	50. A
6. D	21. A	36. C	51. C
7. D	22. E	37. D	52. D
8. A	23. C	38. A	53. A
9. C	24. E	39. D	54. D
10. D	25. B	40. A	55. D
11. C	26. E	41. E	56. C
12. D	27. D	42. C	57. A
13. A	28. D	43. C	58. C
14. E	29. E	44. D	59. A
15. E	30. C	45. D	60. A

TEST V. COMPARACIONES DE NOMBRES Y NUMEROS

1. B	7. E	13. B	19. E	25. B
2. E	8. E	14. E	20. C	26. D
3. D	9. D	15. A	21. D	27. B
4. A	10. C	16. C	22. C	28. C
5. E	11. A	17. B	23. A	29. A
6. A	12. A	18. E	24. D	30. E

TEST VI. ALFABETIZACION

1. E	7. D	13. D	19. D	25. B
2. A	8. C	14. B	20. E	26. D
3. D	9. C	15. C	21. A	27. B
4. B	10. D	16. A	22. E	28. A
5. E	11. C	17. D	23. C	29. C
6. D	12. A	18. C	24. C	30. D

TEST VII. ARMONIZACION DE LETRAS Y NUMEROS

1. D
2. C
3. A
4. E
5. B

6. C
7. D
8. A
9. E
10. B

11. D
12. C
13. E
14. B
15. C

16. C
17. B
18. E
19. A
20. D

LECTURA COMPRENSIVA

TEST I. LECTURA COMPRENSIVA

1. D
2. C
3. B
4. D
5. B

6. D
7. C
8. D
9. E
10. C

11. E
12. E
13. B
14. D
15. E

16. C
17. D
18. B
19. D
20. A

TEST II. LECTURA COMPRENSIVA

1. B
2. A
3. C
4. B
5. B

6. A
7. B
8. A
9. D
10. C

11. D
12. C
13. E
14. E
15. D

16. B
17. D
18. D
19. E
20. C

CONOCIMIENTO DE HERRAMIENTAS

TEST I. RECONOCIMIENTO DE HERRAMIENTAS

1. C
2. F
3. E
4. D
5. H
6. G
7. B
8. B
9. A
10. E
11. I

TEST II. RECONOCIMIENTO DE HERRAMIENTAS

1. A
2. H
3. L
4. F
5. Q
6. X
7. V
8. A
9. E
10. E
11. S
12. K
13. N
14. J
15. U
16. B
17. Y
18. P
19. D
20. G
21. R
22. X
23. T
24. O o U
25. Z
26. Z
27. D
28. T
29. M
30. R
31. U

TEST I. ANALOGIAS DE HERRAMIENTAS

1. D
2. A
3. D
4. B
5. C
6. A
7. B
8. D

TEST II. ANALOGIAS DE HERRAMIENTAS

1. B
2. A
3. D
4. C
5. C
6. A
7. D
8. B

CAPITULO 5

COMPRUEBE SU HABILIDAD VISUAL

Los tests de habilidad visual son de velocidad y precisión. Están pensados para explorar la facilidad de tratar cosas con rapidez y corrección. Al mismo tiempo, también comprueban en qué medida puede utilizar su habilidad visual para deducir las respuestas. Esencialmente, estos tests requieren coordinación entre sus ojos, manos y cerebro.

De los tests de este tipo, los más usuales son los de codificación de letras-símbolos, los de inspección y los de seguimiento y laberintos. En las páginas siguientes encontrará tres tests breves de cada uno de estos tipos.

TEST I. CODIFICACION DE LETRAS-SIMBOLOS

Indicaciones: este test se compone de 100 elementos, todos los cuales se basan en el Código de Letras-Símbolos de la ilustración inferior. El Código de Letras-Símbolos se compone de 10 rectángulos divididos. En la mitad superior de cada rectángulo hay una letra. En la mitad inferior hay un símbolo. El código va seguido de 100 rectángulos divididos en 3 partes. El tercio superior es el número del elemento. El tercio de en medio contiene un símbolo (uno de los diez símbolos que forman el Código de Letras-Símbolos). El tercio inferior, llamado Letra de la Respuesta, sirve para que ponga sus respuestas escribiendo la letra que corresponde al símbolo. Trabaje con rapidez, pero con precisión. Sólo tiene 5 minutos para completar todo el test. Los 10 elementos primeros llevan la respuesta correcta para mostrarle el modo de realizar este tipo de test.

Encontrará las respuestas correctas al final del capítulo.

Código de Letras-Símbolos para los elementos 1-100

LETRA	A	B	C	D	E	F	G	H	I	J
SIMBOLO	⌒	▽	⊓	⋀	⋔	⋈	⋈	⋈	⊠	⊲	▽

Elementos 1 a 100. Los diez primeros son de muestra y se acompañan de la respuesta correcta

NUMERO DE ELEMENTO	1	2	3	4	5	6	7	8	9	10
SIMBOLO	⋈	⊠	⊲	▽	⊓	⋈	⋀	⌒	⋔	▽
LETRA DE RESPUESTA	F	H	I	J	C	G	D	A	E	B

NUMERO DE ELEMENTO	11	12	13	14	15	16	17	18	19	20
SIMBOLO	⋈	⋔	⋀	⊠	⊲	⋈	⊓	▽	▽	⌒
LETRA DE RESPUESTA										

NUMERO DE ELEMENTO	21	22	23	24	25	26	27	28	29	30
SIMBOLO	⌒	▽	⊠	⋈	▽	⊓	⋔	⋈	⋀	⊲
LETRA DE RESPUESTA										

NUMERO DE ELEMENTO	31	32	33	34	35	36	37	38	39	40
SIMBOLO	⊓	⊲	⋈	⋔	▽	⊠	⋈	⌒	▽	⋀
LETRA DE RESPUESTA										

Compruebe su habilidad visual

NUMERO DE ELEMENTO	41	42	43	44	45	46	47	48	49	50
SIMBOLO	⌒	⊢⊣	⌣	▽	⋈	◁	✕	⊓	⍭	∨
LETRA DE RESPUESTA										
NUMERO DE ELEMENTO	51	52	53	54	55	56	57	58	59	60
SIMBOLO	⍭	⋈	∨	◁	⊓	✕	⌣	⌒	⊢⊣	▽
LETRA DE RESPUESTA										
NUMERO DE ELEMENTO	61	62	63	64	65	66	67	68	69	70
SIMBOLO	⌣	⌒	✕	⋈	⊢⊣	▽	◁	∨	⊓	⍭
LETRA DE RESPUESTA										
NUMERO DE ELEMENTO	71	72	73	74	75	76	77	78	79	80
SIMBOLO	▽	⍭	◁	⊓	⌣	∨	✕	⊢⊣	⌒	⋈
LETRA DE RESPUESTA										
NUMERO DE ELEMENTO	81	82	83	84	85	86	87	88	89	90
SIMBOLO	◁	⊓	⊢⊣	∨	⌒	⍭	▽	⌣	⋈	✕
LETRA DE RESPUESTA										
NUMERO DE ELEMENTO	91	92	93	94	95	96	97	98	99	100
SIMBOLO	∨	⌒	⍭	◁	▽	⌣	⋈	⊓	✕	⊢⊣
LETRA DE RESPUESTA										

TEST II. CONTAR CRUCES Y CEROS

Indicaciones: cada pregunta de este test se refiere al número de X o de 0 ó de ambas de una determinada zona del diagrama. Cuente las X ó 0 tal como se indica. Busque su respuesta entre las sugeridas. Si su respuesta no está en la lista, señale una E.
Encontrará las respuestas correctas al final del capítulo.

	COLUMNA A	COLUMNA B	COLUMNA C	COLUMNA D	COLUMNA E
HILERA 1	X X X X X 0 0 X 0 00 0 0 0 X 0 X X X X 0 X 0 0 0 0 0 0 0	0 X X 0 X 0 X 0 0 X 0 0 0 X X X X X X 0 0 0 X 0 0 X X X 0 X	X 0 X 0 0 X X 0 X X 0 0 X 0 0 0X X 0 X 0 X 0 0 0 0 X 0 X	0 0 0 0 X X X X X 0 XX X X X X 00 0 0 0 0 0 0 0 0 0 0 0 0	X X X X 0 0 0 0 X X X 0 X 0 0 0 XX 0 X 0 X 0 00 X X X 0 0 X0
HILERA 2	0 X 0 X 0 0 X X X 0 X 0 0 0 0 0 0 0 X X X X X0 0 0 X X X 0	X 0 0 0 X 0 0 X X X 0 X X X X X X X X 0 0 0 0 X 0 X 0	X 0 X 0 X 0 X 0 X 0 X X X 0 0 0 0 0 X X X X X X 0	X 0 X 0 0 0 X 0 0 X 0 0 0 0 X 0 X X X 0 X 0 X 0 0	X 0 0 0 0 0 X X X 0 X 0 0 0 X X 0 0 0 X X X 0 0 0
HILERA 3	X 0 0 0 X 0 X X X 0X X 0 0 0 X 0 0 0 0 0 0 X X X X X X X	X X X X 0 0 0 0 0 X X X X 0 0 0 0 0 X X X X X X 00	X 0 0 X 0 0 0 X X 0 X 0 X X 0 0 0 X 0 0 X X X 0 X X 0 X	X 0 0 0 0 0 X X X X X X X X X X 0 0 0 X 0 X 0 X 0	X X X X X 0 0 0 0 X X X X X X 0 0 0 0 0 X 0 0 0 X0
HILERA 4	0 0 0 0 0 X X 0 X 0 0 X 0 X 0 X X 0 0 X 0 0 0 0 X X 0	0 0 X X X X X 0 X X 0 0 0 0 X 0 0 X 0 X X X X X X	X X X 0 0X 0 0 0 X X X 0 0 X 0 0 0 X X 0 X X 0 0 0	X 0 0 X X X 0 0 0 0 0 X 0 X 0 X 0 X 0 X X 0 X X 0	0 X X 0 X0 X X X 0 X0 0 0 0 0 X X X X X 0 0 X X X 0

1. ¿Cuántas X hay en la Hilera 1, Columna B?
   (A) 14
   (B) 16
   (C) 17
   (D) 18
   (E) ninguna de éstas

2. ¿Cuántos 0 hay en la Hilera 1, Columnas A y B?
   (A) 30
   (B) 31
   (C) 33
   (D) 34
   (E) ninguno de éstos

3. ¿Cuántas X hay en la Hilera 2, Columna A?
   (A) 10
   (B) 11
   (C) 12
   (D) 14
   (E) ninguna de éstas

4. ¿Cuántos 0 hay en la Hilera 3, Columna C?
   (A) 12
   (B) 13
   (C) 15
   (D) 16
   (E) ninguno de éstos

5. ¿Cuántas X y O hay en la Hilera 3, Columna B?
   (A) 25
   (B) 26
   (C) 27
   (D) 29
   (E) ninguno de éstos

6. ¿Cuántas X hay en la Hilera 4, Columna A?
   (A) 13
   (B) 14
   (C) 16
   (D) 17
   (E) ninguna de éstas

7. ¿Cuántas X hay en la Hilera 2, Columna D?
   (A) 11
   (B) 12
   (C) 14
   (D) 15
   (E) ninguna de éstas

8. ¿Cuántos O hay en la Hilera 2, Columna C?
   (A) 10
   (B) 11
   (C) 12
   (D) 14
   (E) ninguno de éstos

9. ¿Cuántas X y O hay en la Hilera 3, Columna E?
   (A) 24
   (B) 25
   (C) 26
   (D) 22
   (E) ninguno de éstos

10. ¿Cuántos O hay en la Hilera 3, Columna E?
    (A) 10
    (B) 11
    (C) 12
    (D) 13
    (E) ninguno de éstos

11. ¿Cuántas X hay en la Hilera 1, Columna E?
    (A) 16
    (B) 17
    (C) 19
    (D) 20
    (E) ninguna de éstas

12. ¿Cuántos O hay en la Hilera 4, Columna D?
    (A) 11
    (B) 12
    (C) 14
    (D) 15
    (E) ninguno de éstos

13. ¿Cuántos O hay en las Hileras 2 y 3, Columna B?
    (A) 22
    (B) 23
    (C) 24
    (D) 25
    (E) ninguno de éstos

14. ¿Cuántas X hay en la Hilera 4, Columnas D y E?
    (A) 25
    (B) 26
    (C) 27
    (D) 28
    (E) ninguna de éstas

15. ¿Cuántas X y O hay en la Hilera 2, Columna C?
    (A) 25
    (B) 26
    (C) 27
    (D) 28
    (E) ninguna de éstas

16. ¿Cuántos O hay en la Hilera 2, Columna E?
    (A) 13
    (B) 14
    (C) 15
    (D) 16
    (E) ninguno de éstos

18. ¿Cuántas X hay en las Hileras 2 y 3, Columna C?
   (A) 27
   (B) 28
   (C) 29
   (D) 31
   (E) ninguna de éstas

19. ¿Cuántos 0 hay en la Hilera 4, Columnas B y C?
   (A) 21
   (B) 22
   (C) 23
   (D) 24
   (E) ninguno de éstos

20. ¿Cuántas X y 0 hay en la Hilera 3, Columnas D y E?
   (A) 49
   (B) 50
   (C) 51
   (D) 52
   (E) ninguno de éstos

21. ¿Cuántos 0 hay en la Hilera 1, Columna D?
   (A) 13
   (B) 14
   (C) 15
   (D) 16
   (E) ninguno de éstos

17. ¿Cuántos 0 hay en la Hilera 4, Columna A?
   (A) 17
   (B) 18
   (C) 20
   (D) 21
   (E) ninguno de éstos

22. ¿Cuántas X hay en la Hilera 4, Columna B?
   (A) 15
   (B) 16
   (C) 18
   (D) 19
   (E) ninguna de éstas

23. ¿Cuántos 0 hay en las hileras 2, 3 y 4, Columna B?
   (A) 30
   (B) 31
   (C) 32
   (D) 33
   (E) ninguno de éstos

24. ¿Cuántas X hay en la Hilera 3, Columnas C, D y E?
   (A) 39
   (B) 40
   (C) 42
   (D) 43
   (E) ninguna de éstas

Compruebe su habilidad visual 211

TEST III. SEGUIMIENTOS Y LABERINTOS

Indicaciones: en este test se ponen a prueba su velocidad y precisión al pedirle que siga un camino rápido y correctamente hasta su final. A la izquierda de cada diagrama de seguimiento encontrará una serie de números, cada uno de los cuales corresponde a una línea. Siga cada línea numerada hasta su final correcto. Cada una termina en una letra. Señalice la letra en que termina cada línea numerada. Por ejemplo, la respuesta a la pregunta 1 es D, como ilustra la línea de trazo grueso que une el número 1 con la letra D.

Encontrará las respuestas correctas al final del capítulo.

Seguimientos

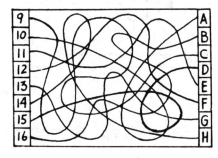

212 Tests de aptitud profesional

Laberintos

Indicaciones: siga cada sendero numerado hasta su final. Señale la letra de salida que le permite recorrer el laberinto sin atravesar una línea continua.

Encontrará las respuestas correctas al final del capítulo.

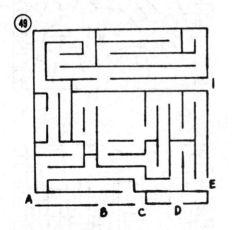
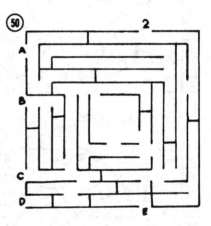

RESPUESTAS A LOS TESTS DE HABILIDAD VISUAL

TEST I. CODIFICACION DE LETRAS Y SIMBOLOS

1. F	21. A	41. D	61. A	81. I
2. H	22. J	42. G	62. D	82. C
3. I	23. H	43. A	63. H	83. G
4. J	24. G	44. B	64. F	84. J
5. C	25. B	45. F	65. G	85. D
6. G	26. C	46. I	66. B	86. E
7. D	27. E	47. H	67. I	87. B
8. A	28. F	48. C	68. J	88. A
9. E	29. D	49. E	69. C	89. F
10. B	30. I	50. J	70. E	90. H
11. G	31. C	51. E	71. B	91. J
12. E	32. I	52. F	72. E	92. D
13. D	33. F	53. J	73. I	93. E
14. H	34. E	54. I	74. C	94. I
15. I	35. J	55. C	75. A	95. B
16. F	36. H	56. H	76. J	96. A
17. C	37. G	57. A	77. H	97. F
18. J	38. A	58. D	78. G	98. C
19. B	39. B	59. G	79. D	99. H
20. A	40. D	60. B	80. F	100. G

TEST II. CONTAR CRUCES Y CEROS

1. B	7. A	13. B	19. D
2. A	8. B	14. C	20. C
3. D	9. C	15. A	21. E
4. E	10. D	16. C	22. A
5. B	11. A	17. B	23. D
6. E	12. E	18. B	24. B

TEST III. SEGUIMIENTOS Y LABERINTOS

1. D	11. E	21. G	31. G	41. D
2. A	12. F	22. A	32. E	42. F
3. B	13. G	23. F	33. D	43. B
4. F	14. H	24. B	34. B	44. E
5. H	15. D	25. F	35. A	45. A
6. G	16. B	26. A	36. C	46. C
7. C	17. E	27. C	37. H	47. G
8. E	18. D	28. B	38. E	48. H
9. C	19. C	29. D	39. F	49. E
10. A	20. H	30. H	40. G	50. C

CAPITULO 6

TEST DE EVALUACION DE CAPACIDAD MENTAL

Llegados a este punto, ha cubierto usted ya toda una gama de tests de capacidad. También debe haberse hecho una buena idea de cómo se hacen estos tests.
Este test es una evaluación final de los de capacidad mental, pues son los más importantes y universales de los exámenes.
Como hizo con los otros tests, lleve a cabo éstos en condiciones simuladas. Prepare el tiempo, asegúrese una buena provisión de lápices afilados y mucho papel de notas. Realice los exámenes.
Como las respuestas incorrectas no puntúan en su contra, si es posible responda a todas las preguntas; en este tipo de test merece la pena conjeturar.
Cuando haya completado el examen, compruebe las respuestas en la Clave de Respuestas de la página 252). Evalúe entonces los resultados finales combinando las puntuaciones con otras puntuaciones similares de la página 261.

PARTE A. CAPACIDAD VERBAL

TEST I. ORTOGRAFIA

Indicaciones: en este test todas las palabras del grupo están correctamente escritas menos una. Indicar la falta de ortografía en cada grupo.

Las respuestas correctas a estas cuestiones están al final del capítulo.

1. (A) trabalenguas (B) beleta (C) activo (D) vista
2. (A) mayorazgo (B) jubileo (C) hoyin (D) vela
3. (A) éstasis (B) libido (C) quevedos (D) regir
4. (A) locativo (B) pulberizar (C) reprobable (D) hito
5. (A) coletilla (B) deshonra (C) solenne (D) alijo
6. (A) higuera (B) filoxera (C) excavación (D) girón
7. (A) inválido (B) manzanilla (C) vado (D) sujestión
8. (A) rompecabezas (B) lamparilla (C) excepción (D) dino
9. (A) divieso (B) huelga (C) lixibiar (D) haba
10. (A) flubial (B) bereber (C) envasar (D) malva
11. (A) veneno (B) secion (C) oxígeno (D) novela
12. (A) liberal (B) vulgar (C) ínneo (D) taberna
13. (A) hizar (B) envainar (C) hélice (D) aldehuela
14. (A) vélico (B) excusa (C) gorjeo (D) obstáculo
15. (A) zumbido (B) sesagonal (C) parihuela (D) lóbulo
16. (A) raído (B) Jehová (C) novato (D) oveso
17. (A) obtener (B) desagüe (C) tegido (D) polvo
18. (A) desherbar (B) conserge (C) gabán (D) decibelio
19. (A) chiribita (B) hebreo (C) cerbato (D) reacio
20. (A) mejilla (B) muérdago (C) tijera (D) masilar
21. (A) sublebar (B) reactor (C) noventa (D) laúd
22. (A) desagüe (B) dehesa (C) jermen (D) abortar
23. (A) expulsión (B) conyuge (C) rehogar (D) ojaldre
24. (A) fugitivo (B) exajerar (C) barniz (D) elevar
25. (A) volver (B) parriya (C) inepto (D) nupcias
26. (A) nivel (B) indigno (C) vao (D) garbo
27. (A) boqueron (B) croquis (C) efijie (D) vaticinio
28. (A) reír (B) ovelisco (C) novicio (D) saliva
29. (A) ribal (B) urbe (C) mezclar (D) lacayo
30. (A) maíz (B) lavio (C) ibero (D) éxodo
31. (A) cejijunto (B) berenjena (C) elar (D) subsidio
32. (A) recto (B) obscuro (C) declive (D) honza
33. (A) vejar (B) meteoro (C) lusación (D) panegírico
34. (A) cocaína (B) esbirro (C) hebrio (D) xilografía
35. (A) inhibirse (B) page (C) saeta (D) pollino
36. (A) esceso (B) cabildo (C) hervir (D) dúo
37. (A) saúco (B) rebuzno (C) oquedad (D) nobilunio
38. (A) celibato (B) favor (C) ampa (D) hembra
39. (A) orjía (B) quietud (C) revólver (D) utopía
40. (A) imberbe (B) rehunir (C) abdicar (D) calumnia

TEST II. SINONIMOS

Indicaciones: seleccione la palabra o frase de significado más próximo a la palabra dada. Circunde la letra precedente a la respuesta elegida.
Encontrará las respuestas correctas al final del capítulo.

1. prefacio
   - (A) página de título
   - (B) introducción
   - (C) tabla de contenidos
   - (D) apéndice

2. penetrar
   - (A) entrar en
   - (B) rebotar
   - (C) indentar
   - (D) debilitar

3. impedido
   - (A) permitido
   - (B) sugerido
   - (C) estorbado
   - (D) urgido

4. mandado
   - (A) enviado
   - (B) vuelto
   - (C) cancelado
   - (D) recibido

5. imitar
   - (A) copiar
   - (B) atraer
   - (C) estudiar
   - (D) apreciar

6. severidad
   - (A) dureza
   - (B) prontitud
   - (C) método
   - (D) injusticia

7. concisamente
   - (A) precisamente
   - (B) brevemente
   - (C) plenamente
   - (D) oficialmente

8. unir
   - (A) mejorar
   - (B) servir
   - (C) sostener
   - (D) convinar

9. litoral
   - (A) golfo
   - (B) costa
   - (C) entrada
   - (D) ajeno

10. flexible
    - (A) plegable
    - (B) rígido
    - (C) débil
    - (D) atlético

11. agudo
    - (A) sombrío
    - (B) ligero
    - (C) alarmante
    - (D) afilado

12. asombrado
    - (A) preocupado
    - (B) confundido
    - (C) perplejo
    - (D) complacido

13. compelir
    (A) tentar
    (B) persuadir
    (C) forzar
    (D) incapacitar

14. agudo
    (A) brillante
    (B) reluciente
    (C) afilado
    (D) diminuto

15. alerta
    (A) vigilante
    (B) atareado
    (C) útil
    (D) honesto

16. funcionar
    (A) terminar
    (B) detener
    (C) operar
    (D) sobrecalentar

17. intacto
    (A) desasistido
    (B) indemne
    (C) una pérdida total
    (D) inamovible

18. potente
    (A) indemne
    (B) posible
    (C) efectivo
    (D) bebible

19. cayado
    (A) paquete
    (B) vara
    (C) hogaza
    (D) instrumento musical

20. insignificante
    (A) sin importancia
    (B) desagradable
    (C) secreto
    (D) emocionante

TEST III. VOCABULARIO

Indicaciones: seleccione la palabra o pareja de palabras que mejor completan cada frase. Encontrará las respuestas correctas al final del capítulo.

1. Deja de ———. Está tratando de concentrarse en los deberes.

    (A) molestarle
    (B) recibirle
    (C) despertarle
    (D) elegirle
    (E) seguirle

2. Tras la muerte del esposo, se sintió presa de ——— y no podía dejar de llorar.

    (A) ansiedad
    (B) pena
    (C) humillación
    (D) vergüenza
    (E) terror

3. No había estudiado el examen; ——— suspendió.

    (A) desafortunadamente
    (B) finalmente
    (C) por tanto
    (D) además
    (E) después

4. Todos los rostros se volvieron para mirar a la ——— mujer del vestido rojo brillante.

    (A) estilizada
    (B) conveniente
    (C) casual
    (D) maravillosa
    (E) rígida

5. Cada vez que ——— la silla parece romperse de nuevo.

    (A) compro
    (B) vendo
    (C) reparo
    (D) diseño
    (E) pulimento

6. No puedo expresarle lo mucho que he ——— siempre este regalo.

    (A) mostrado
    (B) gozado
    (C) bien recibido
    (D) evitado
    (E) deseado

7. El general concedió ——— a sus prisioneros.

    (A) deseos
    (B) cambios
    (C) educación
    (D) regalos
    (E) amnistía

8. Aquel hombre fue injustamente ——— el crimen, aunque tenía una coartada.

    (A) alabado por el
    (B) acusado del
    (C) fallado ante el
    (D) víctima del
    (E) buscado por el

9. En sus ropas de deporte, estaba demasiado ——— para la cena de fiesta.

    (A) despreocupado
    (B) obediente
    (C) sobresaliente
    (D) perezoso
    (E) sucio

10. Pudieron encontrar una docena de ovejas ——— en la tormenta de nieve.

    (A) pequeñas
    (B) extraviadas
    (C) hambrientas
    (D) grandes
    (E) blancas

TEST IV. ANTÓNIMOS

Indicaciones: seleccionar la palabra de significado más opuesto a cada palabra en mayúsculas. Circunde la letra precedente a la respuesta elegida.
Encontrará las respuestas correctas a las preguntas del test al final del capítulo.

1. FESTIN
   - (A) fiesta
   - (B) festival
   - (C) hambre
   - (D) bebida
   - (E) cerveza

2. ARMONIA
   - (A) discordia
   - (B) acuerdo
   - (C) canción
   - (D) charla
   - (E) afinado

3. MODERNO
   - (A) reciente
   - (B) invención
   - (C) crecimiento
   - (D) novedoso
   - (E) arcaico

4. FIEL
   - (A) firme
   - (B) orante
   - (C) esperanzado
   - (D) uniforme
   - (E) voluble

5. SUPERFICIAL
   - (A) cortado
   - (B) débil
   - (C) agudo
   - (D) penetrante
   - (E) sangriento

6. NEGLIGENTE
   - (A) descuidado
   - (B) cuidadoso
   - (C) tardío
   - (D) carente
   - (E) abundante

7. CANSANCIO
   - (A) fatiga
   - (B) cuidado
   - (C) refresco
   - (D) molestia
   - (E) natural

8. INSULTAR
   - (A) respetar
   - (B) maltratar
   - (C) abusar
   - (D) enemistar
   - (E) perseguir

9. NARRAR
   - (A) decir
   - (B) ocultar
   - (C) navegar
   - (D) mover
   - (E) describir

10. NEGAR
    - (A) rechazar
    - (B) reconocer
    - (C) abandonar
    - (D) oponer
    - (E) establecer

PARTE B. OBSERVACION Y MEMORIA

TEST I. IMAGEN PARA LA OBSERVACION Y LA MEMORIA

Tiempo: 5 minutos

Indicaciones: Dispone de cinco minutos para estudiar la imagen inferior y memorice cuantos detalles le sea posible: personas, ropas, actividades, posiciones de los objetos, etc. No puede tomar notas escritas. Posteriormente se comprobará los detalles que ha observado y recordado de la escena.

Cuando haya terminado el tiempo asignado, vuelva la página y responda las preguntas. Mientras responde las preguntas no debe volver a mirar esta página.

TEST I. PREGUNTAS DE OBSERVACION Y MEMORIA

Tiempo: 10 minutos

Indicaciones: las preguntas siguientes se basan en detalles de la imagen que ha estudiado. Lea cuidadosamente todas las respuestas posibles. Seleccione entonces la respuesta que considera correcta. Recuerde que NO puede mirar la página anterior.

Encontrará las respuestas correctas al final del capítulo.

1. Todos los elementos siguientes están sobre la mesa de café EXCEPTO

    (A) una cafetera
    (B) una taza y un plato
    (C) un cuenco de frutas
    (D) un cenicero
    (E) un azucarero

2. El chico que está tumbado en el suelo está

    (A) leyendo un libro
    (B) comiendo una galleta
    (C) bebiendo leche
    (D) mirando a su padre
    (E) comiendo una manzana

3. ¿Cuál de los elementos siguientes se ve en la librería?

    (A) una escultura
    (B) un jarrón
    (C) una pila de revistas
    (D) un reloj
    (E) una radio

4. El padre está

    (A) sentado en el sofá
    (B) fumando en pipa
    (C) bebiendo café
    (D) leyendo el periódico
    (E) con su hijo en el regazo

5. El programa de TV debe ser

    (A) interesante sólo para los niños
    (B) interesante sólo para los adultos
    (C) divertido
    (D) de miedo
    (E) aburrido

6. ¿Qué puede decir de los niños de la imagen

    (A) todos son niños
    (B) hay dos niños y una niña
    (C) hay tres niñas y un niño
    (D) hay dos niñas y dos niños
    (E) hay dos niños y tres niñas

TEST II. IMAGEN PARA LA OBSERVACION Y MEMORIA

Tiempo: 5 minutos

Indicaciones: tiene exactamente 5 minutos para estudiar la imagen inferior y memorizar cuantos detalles le sea posible: personas, ropas, actividades, posiciones de los objetos, etc. No debe tomar notas por escrito. Posteriormente se comprobará los detalles de la escena que ha observado y recordado.

Cuando termine el tiempo asignado, vuelva la página y responda las preguntas. Mientras responde a las preguntas no debe volver a mirar esta página.

TEST II. PREGUNTAS DE OBSERVACION Y MEMORIA

Tiempo: 10 minutos

Indicaciones: las preguntas siguientes se basan en los detalles de la imagen que acaba de estudiar. Lea cuidadosamente todas las respuestas posibles. Seleccione luego la respuesta que considera correcta. Recuerde que NO debe volver a mirar la imagen.

Encontrará las respuestas correctas al final del capítulo.

1. ¿Cuál de los elementos siguientes NO se ve en la imagen?
   (A) calendario
   (B) teléfono
   (C) jarrita de café
   (D) archivador
   (E) vaso de agua

2. El papelero de la mesa
   (A) tiene la cesta de «in» arriba
   (B) tiene la cesta de «out» arriba
   (C) sólo tiene papeles de entrada
   (D) está vacía
   (E) está hacinada de papeles

3. ¿Cuál de estas frases sobre la imagen es cierta?
   (A) hay un reloj en la pared
   (B) un cajón del archivador está abierto
   (C) el hombre de la mesa está escribiendo
   (D) el hombre que está de pie sostiene un trapo
   (E) hay una máquina sumadora sobre la mesa

4. El hombre que está sentado en la mesa
   (A) tiene el pelo claro
   (B) sostiene un papel en la mano derecha
   (C) habla por el teléfono
   (D) lleva corbata de lazo
   (E) lleva camisa de mangas largas

5. Junto al teléfono, lo más cerca de él, hay
   (A) un sujeta-lápices
   (B) una jarrita de café
   (C) una grapadora de hojas sueltas
   (D) un pisapapeles
   (E) un dispositivo de cinta adhesiva

6. ¿Cuántos lápices hay en el sujeta-lápices?
   (A) dos
   (B) tres
   (C) cuatro
   (D) cinco
   (E) seis

PARTE C. CAPACIDAD DE RAZONAMIENTO

TEST I. ANALOGIAS VERBALES

Indicaciones: cada una de estas preguntas empieza con dos palabras en MAYUSCULAS que están relacionadas entre sí de algún modo. Descubra de qué modo se relacionan. Estudie luego las cinco parejas de palabras siguientes. Van etiquetadas como A, B, C, D y E. Seleccione las dos palabras relacionadas entre sí del mismo modo que se relacionan las que van en MAYUSCULAS.
Encontrará las respuestas y explicaciones a las preguntas del test al final del capítulo.

1. LLUVIA : GOTAS ::

   (A) hielo : agua
   (B) nube : cielo
   (C) copo : nieve
   (D) océano : corriente
   (E) humanidad : hombre

2. ESCUELA : APRENDER ::

   (A) libro : leer
   (B) rueda : frenar
   (C) cuchillo : pan
   (D) imprenta : imprimir
   (E) profesor : aprender

3. CABALLO : CENTAURO ::

   (A) establo : cuadra
   (B) década : siglo
   (C) cerdo : pocilga
   (D) pez : sirena
   (E) hidra : quimera

4. MODESTO : TRANQUILO ::

   (A) cínico : determinado
   (B) presuntuoso : locuaz
   (C) capaz : tenaz
   (D) egocéntrico : reservado
   (E) recatado : presuntuoso

5. IMPORTANTE : DECISIVO ::

   (A) naranja : limón
   (B) pena : muerte
   (C) ofensa : felonía
   (D) pobreza : falta de limpieza
   (E) axioma : hipótesis

6. AGUA : NADAR ::

   (A) huevo : romper
   (B) fuego : llama
   (C) silla : sentarse
   (D) aprender : conocimiento
   (E) hecho : posesión

7. TORRE : CASTILLO ::

   (A) coche : motor
   (B) hierba : pradera
   (C) casa : chimenea
   (D) jinete : caballo
   (E) calabozo : sepulcro

8. LIBERTINO : SANTO ::

   (A) prolífico : abundante
   (B) amable : tacaño
   (C) ateo : sacerdote
   (D) impasible : estoico
   (E) capitalista : anapesto

9. PUEBLO : ELEGIR ::

   (A) estadista : gobernar
   (B) abogado : debate
   (C) enseñanza : enseñar
   (D) diplomático : argumentar
   (E) periodista : noticias

10. JUSTICIA : BALANZA ::

    (A) regla : educación
    (B) veleta : gallo
    (C) árbol : granja
    (D) tribunal : delito
    (E) perla : sabiduría

11. GURRUMINO : MISOGINO ::

    (A) filantrópico : caritativo
    (B) inútil : místico
    (C) satánico : angélico
    (D) tierno : gracioso
    (E) interior : nacional

12. PODER : REINO ::

    (A) desfallecimiento : hambre
    (B) opresión : servidumbre
    (C) prueba : razón
    (D) reinar : dominar
    (E) disciplina : niños

13. INAMISTOSO : HOSTIL ::

    (A) débil : enfermo
    (B) débil : fuerte
    (C) fuego : llama
    (D) útil : necesario
    (E) violencia : peligro

14. PANFLETO : LIBRO ::

    (A) vestido : suéter
    (B) incomodidad : dolor
    (C) altura : peso
    (D) nadar : vadear
    (E) epílogo : resumen

15. CONSTELACION : ESTRELLAS ::

    (A) estado : país
    (B) biblioteca : libro
    (C) archipiélago : islas
    (D) continente : península
    (E) dólar : penique

16. CALIBRADOR : MEDIR ::

    (A) plomero : tirón
    (B) alicates : sujetar
    (C) regla : línea
    (D) medir : tolerancia
    (E) termómetro : temperatura

17. PAPEL : RESMA ::

    (A) huevos : docena
    (B) periódico : stand
    (C) apartamento : habitación
    (D) dulce : sobre
    (E) inutilidad : lío

18. SHAKESPEARE : IBSEN ::

    (A) Tolstoy : Keats
    (B) Esquilo : Albee
    (C) Dickens : Milton
    (D) Joyce : Chaucer
    (E) Shaw : Hawthorne

19. JUEVES SANTO : NAVIDAD

    (A) abrir : cerrar
    (B) vacaciones : colegio
    (C) final : principio
    (D) Año Nuevo : Navidad
    (E) crucifixión : resurrección

20. APRENDIZ : ARTESANO ::

    (A) reporter : editor
    (B) abogado : juez
    (C) chico : hombre
    (D) mecanógrafo : estenógrafo
    (E) estudiante : profesor

21. AUTOR : NOVELA ::

    (A) profesor : estudiante
    (B) lector : interés
    (C) héroe : conquista
    (D) carpintero : armario
    (E) doctor : curación

22. VENTA : COMPRA ::

    (A) paga : coste
    (B) deseoso : ansioso
    (C) regalo : ganado
    (D) venta : vendido
    (E) dar : recibir

23. AFABILIDADES : CABALLEROS ::
    (A) reglas : jugador
    (B) sociedad : dama
    (C) profano : vagabundo
    (D) requerimientos : profesor
    (E) medios comunicación : periodista

24. MEDICINA : CIENCIA ::
    (A) hija : padre
    (B) tomate : fruta
    (C) penicilina : aspirina
    (D) escuela : colegio
    (E) mamífero : reptil

25. FALTA DE OBJETIVOS : DELINCUENCIA ::
    (A) agresión : apaciguamiento
    (B) beligerancia : malas acciones
    (C) barrios bajos : suciedad
    (D) aburrimiento : malas acciones
    (E) delito : vandalismo

26. SADICO : HERIDA ::
    (A) dentista : dientes
    (B) ladrón : robo
    (C) sacerdote : iglesia
    (D) alumno : mesa
    (E) oportunista : generosidad

27. CAUCHO : FLEXIBILIDAD ::
    (A) hierro : plegabilidad
    (B) madera : plástico
    (C) acero : rigidez
    (D) hierro : elasticidad
    (E) sintético : natural

28. CIUDADANO : CONSTITUCION ::
    (A) extranjero : cónsul
    (B) emigrante : pasaporte
    (C) residente : ley
    (D) inmigrante : visado
    (E) sindicato : trabajador

29. IMPRUDENCIA : VALOR ::
    (A) valor : cobardía
    (B) independencia : dependencia
    (C) restitución : confirmación
    (D) usura : interés
    (E) conservación : ecología

30. PERVERSO : DESPRECIO ::
    (A) encomiable : emulación
    (B) diabólico : reverencia
    (C) celebrado : exculpación
    (D) débil : expulsión
    (E) honor : recompensa

31. CAMPANA : TOCAR ::
    (A) reloj : edificio
    (B) alarma : sonar
    (C) ligero : cambiar
    (D) tijeras : manejar
    (E) bicicleta : montar

32. CHICO : HOMBRE ::
    (A) muro : suelo
    (B) ternera : vaca
    (C) asiento : silla
    (D) pomo : puerta
    (E) historia : leyenda

33. ROSA : ROJO ::
    (A) chartreuse : verde
    (B) azul : turquesa
    (C) azul : rosa
    (D) amarillo : blanco
    (E) gris : beige

34. AUSENCIA : PRESENCIA ::
    (A) uniforme : seguro
    (B) pobre : influyente
    (C) dulce : salado
    (D) seguro : influyente
    (E) estable : cambiante

35. LEY : FISCAL ::
    (A) constitución : fiscal general
    (B) congreso : presidente
    (C) legislación : gobernador
    (D) biblia : ministro
    (E) atletismo : boxeador

36. PATA DE CONEJO : TREBOL DE CUATRO HOJAS ::
    (A) buenos deseos : dinero
    (B) diablo : Satán
    (C) 13 : gato negro
    (D) herradura : caballo
    (E) 7: gato blanco

37. SIMPATIA : ADVERSIDAD ::

   (A) aceptación : pathos
   (B) felicidad : tristeza
   (C) represión : emociones
   (D) condolencia : pena
   (E) inocencia : culpabilidad

38. GAS : ENCENDEDOR ::

   (A) madera : lápiz
   (B) gasolina : coche
   (C) silla : mesa
   (D) polvo : tiza
   (E) aceite : lubricación

39. POSIBLE : PROBABLE ::

   (A) probable : improbable
   (B) mejor : el mejor
   (C) deseante : ansioso
   (D) veloz : rápido
   (E) temor : miedo

TEST II. RAZONAMIENTO CON SIMBOLOS

Analogías de símbolos

Indicaciones: cada pregunta se compone de dos series de símbolos análogas entre sí. Eso significa que comparten una característica común pero difieren en un aspecto específico de esa característica. En cada pregunta, la primera serie contiene tres símbolos y la segunda dos y un signo de interrogación. Tras las series de símbolos hay cinco alternativas etiquetadas como A, B, C, D y E. Debe elegir la letra del símbolo que mejor sustituya al signo de interrogación. La elección correcta tendrá la característica común a ambas series de símbolos, pero manteniendo la misma variación de esa característica que los dos símbolos de la segunda serie.

Encontrará las explicaciones y respuestas correctas al final del capítulo.

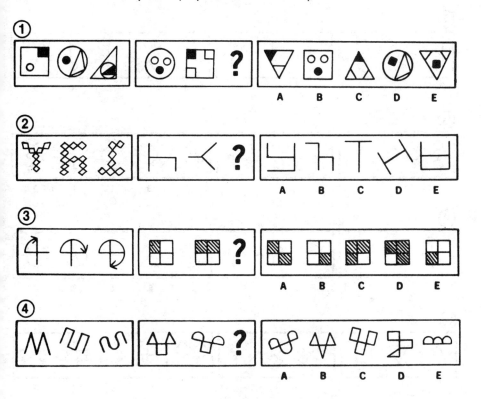

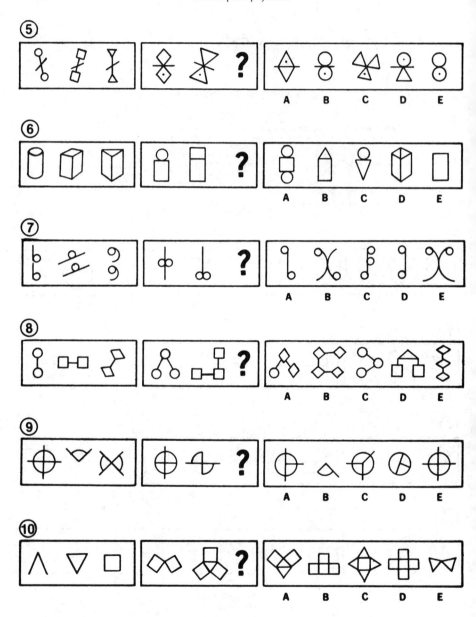

Series de símbolos

Indicaciones: cada pregunta se compone de una serie de cinco símbolos en la mitad izquierda de la página. Al lado hay otros cinco símbolos etiquetados como A, B, C, D y E. Debe estudiar los cinco primeros símbolos para determinar qué está sucediendo en esa serie. Seleccione luego la letra del símbolo que mejor continúa la serie.

Encontrará las respuestas correctas al final del capítulo.

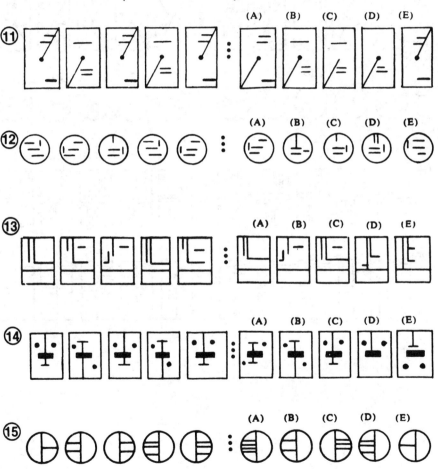

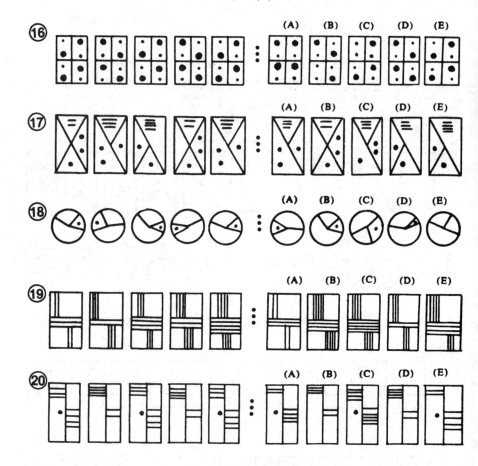

Clasificación de figuras

Indicaciones: cada pregunta se compone de dos grupos de figuras etiquetadas como 1 y 2. Estos dos grupos van seguidos por cinco figuras de respuesta, etiquetadas como A, B, C, D y E. En cada problema ha de decidir qué característica de las figuras del grupo 1 falta en las figuras del grupo 2. Seleccione la letra de al figura de respuesta que tiene esa característica.

Encontrará las explicaciones y respuestas correctas a las preguntas del test al final del capítulo.

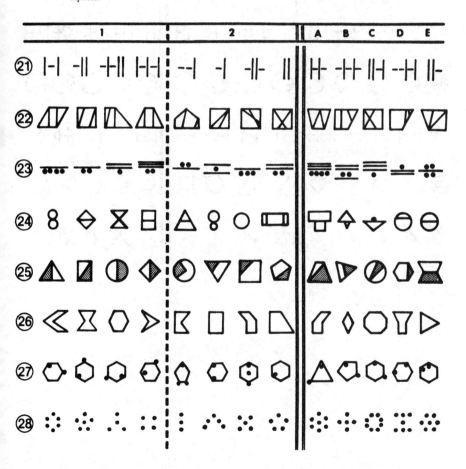

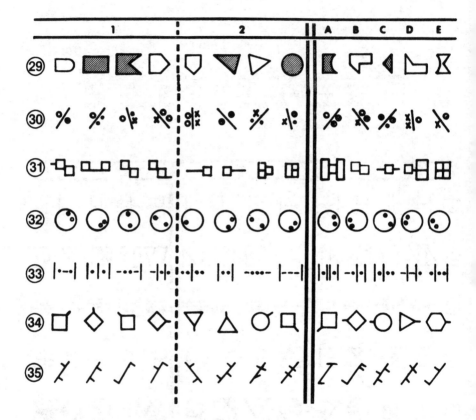

PARTE D. APTITUD NUMERICA

TEST I. SERIES DE NUMEROS

Indicaciones: cada pregunta se compone de una serie de números que siguen un orden definido. Estudie cada serie para determinar cuál es el orden. Examine entonces las posibles respuestas. Seleccione aquella que complete la serie de acuerdo con el esquema establecido.

Encontrará las explicaciones y respuestas correctas al final del capítulo.

1. 7 10 14 19 25 32
   (A) 38
   (B) 36
   (C) 40
   (D) 39
   (E) 37

2. 5 6 5 7 5 8 5
   (A) 13
   (B) 6
   (C) 9
   (D) 10
   (E) 5

3. 2 4 12 24 72 144
   (A) 288
   (B) 332
   (C) 432
   (D) 356
   (E) 404

4. 1 8 7 15 13 22 19
   (A) 32
   (B) 26
   (C) 28
   (D) 20
   (E) 29

5. 1 3 7 13 21 13 7
   (A) 3
   (B) 4
   (C) 21
   (D) 1
   (E) 18

6. 49 48 49 50 48 50 52
   (A) 48
   (B) 49
   (C) 50
   (D) 51
   (E) 52

7. 19 20 23 28 35 33 29 23
   (A) 19
   (B) 20
   (C) 15
   (D) 20
   (E) 14

8. 2 1 3,2 1,6 3,8 1,9
   (A) ,95
   (B) 4,1
   (C) 3,6
   (D) 3
   (E) 1,75

9. 93 92 90 87 83 78
   (A) 87
   (B) 72
   (C) 88
   (D) 77
   (E) 76

10. 16 17 18 15 16 17 14
    (A) 15
    (B) 16
    (C) 17
    (D) 18
    (E) 19

11. 23 22 25 20 19 22 17

  (A) 20
  (B) 22
  (C) 16
  (D) 21
  (E) 18

12. 6 24 72 144 576 1728

  (A) 864
  (B) 0
  (C) 576
  (D) 5384
  (E) 3456

13. 6 3 12 6 24 12 48

  (A) 18
  (B) 60
  (C) 24
  (D) 26
  (E) 96

14. 14 13 1/2 14 3/4 14 1/4 15 1/2 15

  (A) 16 3/4
  (B) 15 3/4
  (C) 14 3/4
  (D) 16 1/4
  (E) 16 1/2

15. 2 3 5 8 10 13 17

  (A) 15
  (B) 20
  (C) 21
  (D) 16
  (E) 25

16. 46 45 44 43 41 39 37 34

  (A) 33
  (B) 32
  (C) 31
  (D) 29
  (E) 32

17. 1 3 5 8 11 14 18 22 26

  (A) 28
  (B) 30
  (C) 32
  (D) 34
  (E) 35

18. 3 8 9 14 17 22 27

  (A) 32
  (B) 33
  (C) 30
  (D) 24
  (E) 29

19. 54 43 33 24 16 9

  (A) 6
  (B) 1
  (C) 5
  (D) 3
  (E) 0

20. 9 12 14 13 16 18 17

  (A) 12
  (B) 17
  (C) 16
  (D) 14
  (E) 20

21. 48 50 25 27 13 1/2 15 1/2

  (A) 5
  (B) 10
  (C) 7 3/4
  (D) 6 1/2
  (E) 17 1/2

22. 96 48 44 22 18 9

  (A) 6
  (B) 5
  (C) 4 1/2
  (D) 4
  (E) 3

23. 42 24 48 84 168

  (A) 210
  (B) 861
  (C) 336
  (D) 816
  (E) 42

24. 4 9 12 18 21 28 31
    (A) 39
    (B) 38
    (C) 36
    (D) 34
    (E) 40

25. 4 14 24 34 40 41
    (A) 41
    (B) 44
    (C) 54
    (D) 42
    (E) 43

TEST II. RAZONAMIENTO ARITMETICO

Indicaciones: Solucione cada problema. Circunde la letra de la respuesta correcta.
Encontrará las respuestas correctas a las preguntas del test al final del capítulo.

1. Un hombre tiene 75 acciones que valen 50$ cada una. La empresa asigna un dividendo de 8% pagadero en acciones. ¿Cuántas acciones tendrá ahora?

   (A) 81 acciones
   (B) 90 acciones
   (C) 80 acciones
   (D) 85 acciones

2. Si se remolca una gabarra a tres millas por hora, ¿cuántas horas necesitará para recorrer 28 millas?

   (A) 10 horas 30 minutos
   (B) 9 horas 20 minutos
   (C) 12 horas
   (D) 9 horas 12 minutos

3. Una mujer compra fundas de almohada por un precio total de 8,46$, siendo la media de precio por unidad 2,82$. ¿Cuántas fundas compró?

   (A) 4
   (B) 2
   (C) 3
   (D) 5

4. Una mecanógrafa utiliza un papel que longitudinalmente mide 9 pulgadas por 12 pulgadas. Deja una pulgada de margen a cada lado y una y media por arriba y por abajo. ¿Qué parte fraccional de la página utiliza para mecanografiar?

   (A) 21/22
   (B) 7/12
   (C) 5/9
   (D) 3/4

5. Un chico deposita en su cuenta el dinero que ha ahorrado durante el verano. ¿Qué cantidad ha depositado si tiene 10 billetes de un dolar, 9 monedas de medio dolar, 8 de cuarto, 16 monedas de 10 centavos y 25 de cinco centavos?

   (A) 16,20$
   (B) 17,42$
   (C) 18,60$
   (D) 19,35$

6. ¿Cuántos minutos hay en un día?

   (A) 60
   (B) 1440
   (C) 24
   (D) 1440 × 60

7. Un departamento municipal compra seis gruesas de lápices de dibujo. Cada gruesa son 12 docenas. Se utilizan 24 lápices a la semana. Las seis gruesas de lápices durarán

   (A) 6 semanas
   (B) 24 semanas
   (C) 12 semanas
   (D) 36 semanas

8. Un funcionario de suministros tiene 600 blocks de notas. Entrega 3/8 del suministro a la División X, 1/4 a la División Y y 1/6 a la División Z. ¿Cuántos blocks le quedan?

   (A) 48
   (B) 240
   (C) 125

9. Un pie cuadrado de linóleo cuesta 31 centavos. Poner 20 pies cuadrados costará

   (A) 16,20$
   (B) 18,60$
   (C) 55,80$
   (D) 62,00$

10. Se utiliza un trozo de madera de 35 pies y 6 pulgadas de longitud para hacer 4 anaqueles iguales. La longitud de cada anaquel es

   (A) 9 pies, 1 y 1/2 pulgadas
   (B) 8 pies, 10 y 1/2 pulgadas
   (C) 7 pies, 10 y 1/2 pulgadas
   (D) 7 pies, 1 y 1/2 pulgadas

11. Si 3 manzanas cuestan 24 centavos, ¿cuántas docenas se pueden comprar con 1,92$?

   (A) 1 y 1/2
   (B) 1
   (C) 2
   (D) 5 y 1/3

12. ¿Qué tiempo transcurre entre las 8.30 A.M. de hoy y las 3.15 A.M. de mañana?

   (A) 17 3/4 horas
   (B) 18 2/3 horas
   (C) 18 1/2 horas
   (D) 18 3/4 horas

13. Un hombre deposita un cheque de 1.000$ para abrir una cuenta. Poco después retira 941,20. ¿Cuánto le queda en la cuenta?

   (A) 56,72$
   (B) 58,80$
   (C) 59,09$
   (D) 60,60$

14. Un comerciante compra cuatro fundas de almohada a 4,98$ la pieza, 2 sábanas bajeras de 8,29$ la pieza y 2 sábanas encimeras a 8,09$ la pieza. ¿Cuál es la factura total?

   (A) 52,58$
   (B) 51,68$
   (C) 52,68$
   (D) 21,36$

15. Un equipo juega 24 juegos de los que gana 18. ¿Qué porcentaje de juegos ha ganado?

   (A) 50%
   (B) 80%
   (C) 75%
   (D) 85%

16. Patty compra una botella de colonia, 2 lápices de labios y 1 caja de polvos. La colonia cuesta a 4,98$ la botella, los lápices de labios, 2,29$ cada uno, y los polvos 1,89$ la caja. ¿Qué cantidad paga Patty por los cosméticos?

   (A) 9,16$
   (B) 9,45$
   (C) 11,45$
   (D) 11,89$

17. Si un sueldo de 20.000$ sufre un 20% de deducción, el sueldo neto es

   (A) 14.000$
   (B) 15.500$
   (C) 16.000$
   (D) 18.000$

18. Si reparar 100 yardas cuadradas de pavimento cuesta 1.000$, el coste de reparación de una yarda cuadrada es

   (A) 10$
   (B) 100$
   (C) 150$
   (D) 300$

19. Una mujer compra un vestido por 17,95$, un bolso por 10,95$ y un sombrero por 7,95$ ¿Cuál es la cantidad total pagada?

   (A) 35,75$
   (B) 36,85$
   (C) 26,85$
   (D) 34,85$

20. Una esquiadora enciende fuego en la chimenea. Cada leño que pone arde media hora. Si al principio tenía 10 leños, ¿cuántas horas podrá tener encendido el fuego?

   (A) 5 horas
   (B) 8 1/2 horas
   (C) 10 horas
   (D) 7 horas

21. Un joven ahorra 4,56$ el primer mes, 3,82$ el segundo y 5,06$ el tercero. ¿Cuánto ha ahorrado en total?

(A) 12,56$
(B) 13,28$
(C) 13,44$
(D) 14,02$

22. Una mujer compra una lámpara de 37,50$. Entrega al dependiente 40,00$. ¿Qué vuelta han de darle?

(A) 3,50$
(B) 2,50$
(C) 2,75$
(D) 3,25$

23. Gary se compra una camisa de 18,95$. Da al dependiente 20,00$. ¿Qué vuelta han de darle?

(A) 2,05$
(B) 1,95$
(C) 1,05$
(D) 0,05$

24. John compra 20 elementos de fiesta por 66,00$. ¿Qué costó cada uno?

(A) 3,35$
(B) 3,30$
(C) 2,45$
(D) 3,50$

25. Un oficial recorre 1.200 kilómetros en 20 horas. ¿Cuántos kilómetros por hora ha hecho de media?

(A) 45
(B) 60
(C) 50
(D) 65

26. Un joven vende 88,50$ de dulces. Si recibe una comisión de $33^{1}/_{3}$%, ¿a cuánto asciende la comisión?

(A) 29,50$
(B) 40,00$
(C) 50,00$
(D) 62,50$

27. Si media taza de espinacas contiene 80 calorías y la misma cantidad de guisantes contiene 300 calorías, ¿cuántas tazas de espinacas se necesitan para obtener el mismo contenido calórico que 2/3 de taza de guisantes?

(A) 2/5 taza
(B) $1^{1}/_{3}$ tazas
(C) 2 tazas
(D) $2^{1}/_{2}$ tazas

28. Cinco jóvenes comen 3 pastelitos de una caja que contiene 3 docenas, ¿qué porción de una docena queda?

(A) 1/8
(B) 1/4
(C) 3/4
(D) 7/8

29. Una silla plegable tiene un precio de 29,50$. ¿Qué dinero se ahorra quien la compre con un descuento del 20%?

(A) 4,80$
(B) 5,90$
(C) 6,20$
(D) 7,40$

TEST III. OPERACIONES NUMERICAS

Indicaciones: circunde la letra de la respuesta correcta. Debe terminar este test en 2 minutos o menos.

Encontrará las respuestas correctas a las preguntas del test al final del capítulo.

1. $60 \div 10 =$
   - (A) 5
   - (B) 6
   - (C) 10
   - (D) 16

2. $5 + 2 =$
   - (A) 3
   - (B) 6
   - (C) 7
   - (D) 9

3. $10 - 8 =$
   - (A) 2
   - (B) 9
   - (C) 16
   - (D) 18

4. $3 \times 3 =$
   - (A) 6
   - (B) 9
   - (C) 30
   - (D) 33

5. $6 \times 3 =$
   - (A) 3
   - (B) 9
   - (C) 12
   - (D) 18

6. $9 + 5 =$
   - (A) 14
   - (B) 4
   - (C) 13
   - (D) 16

7. $3 + 9 =$
   - (A) 12
   - (B) 11
   - (C) 13
   - (D) 14

8. $7 + 8 =$
   - (A) 12
   - (B) 15
   - (C) 17
   - (D) 19

9. $9 - 5 =$
   - (A) 7
   - (B) 14
   - (C) 12
   - (D) 4

10. $3 + 9 =$
    - (A) 3
    - (B) 6
    - (C) 12
    - (D) 15

11. $7 - 2 =$
    - (A) 5
    - (B) 9
    - (C) 14
    - (D) 7

12. $5 - 0 =$
    - (A) 0
    - (B) 1
    - (C) 5
    - (D) 10

13. 10 − 6 =

   (A) 4
   (B) 8
   (C) 14
   (D) 16

14. 1 + 5 =

   (A) 0
   (B) 4
   (C) 5
   (D) 6

15. 4 + 8 =

   (A) 4
   (B) 10
   (C) 12
   (D) 16

16. 7 × 9 =

   (A) 45
   (B) 63
   (C) 72
   (D) 75

17. 4 × 6 =

   (A) 12
   (B) 16
   (C) 24
   (D) 28

18. 3 + 3 =

   (A) 3
   (B) 6
   (C) 0
   (D) 9

19. 5 + 8 =

   (A) 11
   (B) 12
   (C) 13
   (D) 15

20. 7 − 6 =

   (A) 5
   (B) 1
   (C) 11
   (D) 13

21. 7 − 1 =

   (A) 6
   (B) 7
   (C) 8
   (D) 0

22. 2 × 3 =

   (A) 5
   (B) 1
   (C) 9
   (D) 6

23. 5 − 1 =

   (A) 4
   (B) 5
   (C) 6
   (D) 15

24. 9 + 3 =

   (A) 3
   (B) 6
   (C) 12
   (D) 15

25. 4 + 5 =

   (A) 25
   (B) 20
   (C) 11
   (D) 9

26. 7 × 8 =

   (A) 56
   (B) 48
   (C) 42
   (D) 72

27. 5 + 9 =

   (A) 14
   (B) 16
   (C) 17
   (D) 18

28. 7 + 7 =

   (A) 49
   (B) 77
   (C) 0
   (D) 14

29. $2 \times 8 =$
    (A) 6
    (B) 16
    (C) 18
    (D) 36

30. $1 + 6 =$
    (A) 16
    (B) 12
    (C) 7
    (D) 6

TEST IV. CONOCIMIENTO MATEMATICO

Indicaciones: solucione cada problema. Circunde la letra de la respuesta correcta.
Encontrará las respuestas correctas al final del capítulo.

1. Una caja contiene 3 canicas negras, 4 rojas y 5 blancas. Si se coge una canica al azar, ¿qué probabilidad hay de que sea roja?
   (A) 1/5
   (B) 1/2
   (C) 1/3
   (D) 1/4

5. Se necesitan 5 pintas de agua para regar cada pie cuadrado de prado, ¿cuál será el número mínimo de galones de agua necesarios para regar un prado de 8 por 12 pies?
   (A) 5 galones
   (B) 20 galones
   (C) 40 galones
   (D) 60 galones

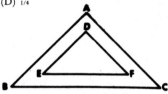

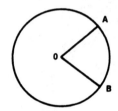

2. En el dibujo superior, los lados del triángulo ABC son respectivamente paralelos a los lados del triángulo DEF. Si el complemento de A es de 40°, el complemento de D será
   (A) 20°
   (B) 50°
   (C) 40°
   (D) 60°

6. En la figura anterior, < AOB = 60°. Si O es el centro del círculo, ¿qué parte de la circunferencia del círculo es el arco menor AB?
   (A) 1/2
   (B) 1/3
   (C) 1/6
   (D) 1/8

3. Si la circunferencia de un círculo tiene el mismo valor numérico que su área, el radio del círculo será
   (A) 1
   (B) 5
   (C) 2
   (D) 0

7. $\sqrt{960}$ es un número entre
   (A) 20 y 30
   (B) 60 y 70
   (C) 80 y 90
   (D) 30 y 40

4. ¿Qué porcentaje de 1.000 es R?
   (A) ,001R
   (B) 1R
   (C) ,01R
   (D) ,1R

8. $(6 + 8) - (21 - 4) =$
   (A) 14×17
   (B) $14 - 3$
   (C) $14 + 17$
   (D) $14 - 17$

9. El 5% del 5% de 100 es
   (A) 25
   (B) 0,25
   (C) 2,5
   (D) 10

10. Si 3/8 de un número es 96, el número es
    (A) 132
    (B) 36
    (C) 256
    (D) 156

11. Un campo rectangular mide 900 por 240 yardas. ¿En cuántos rectángulos de 120 por 60 yardas se puede dividir?
    (A) 20
    (B) 60
    (C) 30
    (D) 40

12. $\sqrt{9/64 + 16/64} =$
    (A) 5/8
    (B) 7/64
    (C) 5/64
    (D) 25/64

13. Un joven tiene 5 pantalones y 3 chaquetas deportivas. ¿Cuántas combinaciones diferentes puede llevar?
    (A) 3
    (B) 5
    (C) 8
    (D) 15

14. Dividir 1,672 por ,08
    (A) 200,9
    (B) 20,9
    (C) 2,9
    (D) 29

15. ¿Qué hora es exactamente si la manecilla de las horas está exactamente a 2/3 del recorrido entre el 5 y el 6?
    (A) 5,25
    (B) 5,40
    (C) 5,30
    (D) 5,45

16. Un cuadrado se transforma en un rectángulo aumentando su longitud en un 10% y disminuyendo su anchura en un 10%. Su área es
    (A) la misma
    (B) se reduce en un 10%
    (C) aumenta en un 1%
    (D) se reduce en 1%

17. $(3 + 2)(6 - 2)(7 + 1) = (4 + 4)(x)$. ¿Cuál es el valor de x?
    (A) 13 + 2
    (B) 14 + 4
    (C) 4 + 15
    (D) 8 + 12

18. En el dibujo inferior, la cuerda TU =
    (A) $(TY + UY)^2$
    (B) $\sqrt{TY + TU}$
    (C) $\sqrt{TY^2 + UY^2}$
    (D) $\dfrac{TY \times UY}{2}$

19. Las páginas de un informe mecanográfico se numeran a mano del 1 al 100. ¿Cuántas veces habrá que escribir el número 5?
    (A) 10
    (B) 11
    (C) 12
    (D) 20

20. Una mesa está etiquetada por 90,00$ y se vende a 75$. ¿Qué descuento ha tenido?
    (A) 15%
    (B) 16 2/3 %
    (C) 18%
    (D) 20%

21. Cuando se divide 5,1 por 0,017, el cociente es
    (A) 30
    (B) 300
    (C) 3.000
    (D) 30.000

22. El área del círculo O es 64 π. El perímetro del cuadrado ABCD es
   (A) 32
   (B) 32π
   (C) 64
   (D) 16

23. La figura de la derecha es un
   (A) hexágono
   (B) octógono
   (C) pentágono
   (D) decaedro

24. $8! = 8 \times 7 \times 6 \times 5 \times 4 \times 3 \times 2 \times 1$
    $4! =$
   (A) 4^4
   (B) 32
   (C) 4^2
   (D) 24

25. El ángulo ABD es

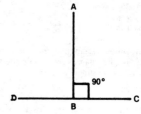

   (A) recto y contiene 180°
   (B) agudo y contiene 35°
   (C) recto y contiene 90°
   (D) recto y contiene 45°

PARTE E. CAPACIDAD PERCEPTIVA

TEST I. RELACIONES ESPACIALES

Similaridades y diferencias entre objetos

Indicaciones: elija la alternativa que clasifica correctamente las líneas de la más corta a la más larga.
Encontrará las respuestas correctas al final del capítulo.

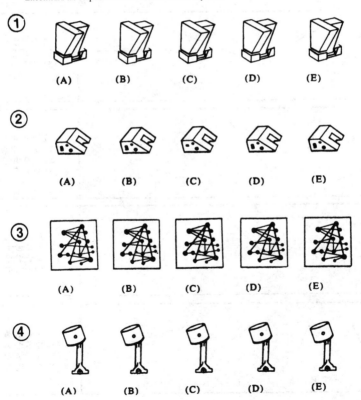

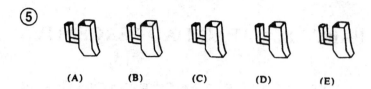

(A) (B) (C) (D) (E)

Clasificación de líneas

Indicaciones: elija la alternativa que clásifica correctamente las líneas de la más corta a la más larga.
Encontrará las respuestas correctas al final del capítulo.

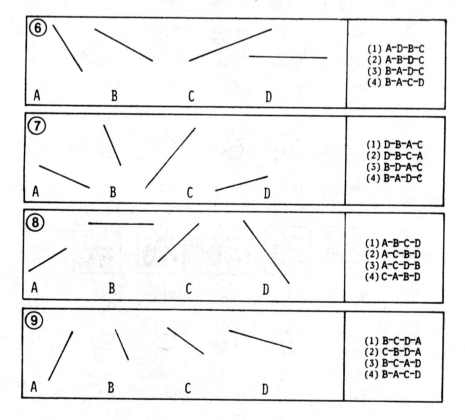

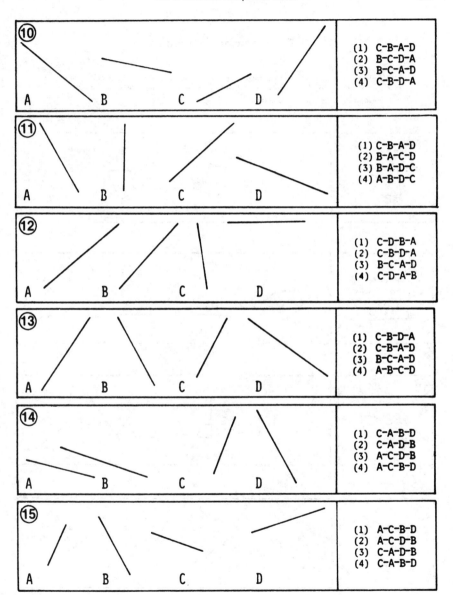

Comparación de ángulos

Indicaciones: encuentre en cada pregunta el ángulo (numerado de 1 a 8) que es el mismo que el ángulo × de la figura de la izquierda. Marque su número como respuesta. Encontrará las respuestas correctas al final del capítulo.

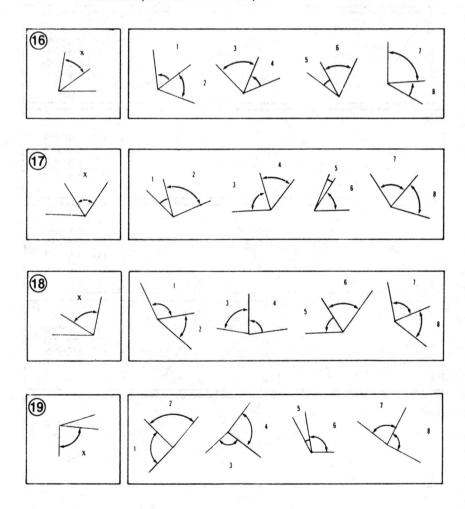

Test de evaluación de capacidad mental 251

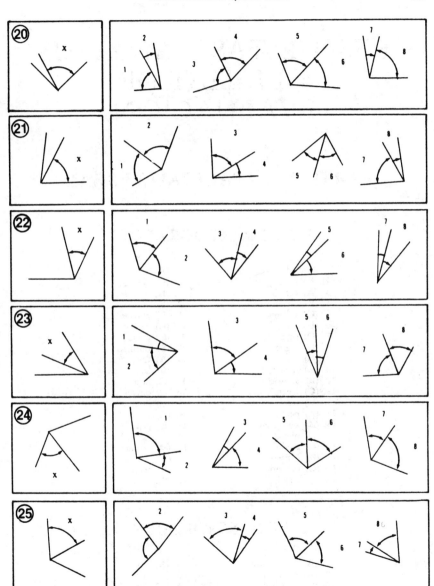

RESPUESTAS Y ANALISIS DEL TEST DE EVALUACION

PARTE A. CAPACIDAD VERBAL

TEST I. ORTOGRAFIA

1. (B) veleta
2. (C) hollín
3. (A) éxtasis
4. (B) pulverizar
5. (C) solemne
6. (D) jirón
7. (D) sugestión
8. (D) digno
9. (C) lixiviar
10. (A) fluvial
11. (B) sección
12. (C) ígneo
13. (C) izar
14. (A) bélico
15. (B) sexagonal
16. (D) obeso
17. (C) tejido
18. (B) conserje
19. (C) cervato
20. (D) maxilar
21. (A) sublevar
22. (C) germen
23. (D) hojaldre
24. (B) exagerar
25. (B) parrilla
26. (C) vaho
27. (C) efigie
28. (B) obelisco
29. (A) rival
30. (B) labio
31. (C) helar
32. (D) onza
33. (C) luxación
34. (C) ebrio
35. (B) paje
36. (A) exceso
37. (D) novilunio
38. (C) hampa
39. (A) orgía
40. (B) reunir

TEST II. SINONIMOS

1. (B) introducción
2. (A) entrar en
3. (C) estorbado
4. (A) enviado
5. (A) copiar
6. (A) dureza

7. (B) brevemente
8. (D) combinar
9. (B) costa
10. (A) plegable
11. (D) afilado
12. (C) perplejo
13. (C) forzar
14. (C) afilado
15. (A) vigilante
16. (C) operar
17. (B) indemne
18. (C) efectivo
19. (B) vara
20. (A) sin importancia

TEST III. VOCABULARIO

1. A
2. B
3. C
4. D
5. C

6. E
7. E
8. B
9. A
10. B

TEST IV. ANTONIMOS

1. C
2. A
3. E
4. E
5. D

6. B
7. C
8. A
9. B
10. B

PARTE B. OBSERVACION Y MEMORIA

TEST I. OBSERVACION Y MEMORIA

1.   2. B   3. A   4. B   5. C   6. D

TEST II. OBSERVACION Y MEMORIA

1. E   2. A   3. D   4. D   5. A   6. C

PARTE C. CAPACIDAD DE RAZONAMIENTO

TEST I. ANALOGIAS VERBALES

Respuestas

1. E	11. C	21. D	31. B
2. D	12. E	22. E	32. B
3. D	13. C	23. A	33. A
4. B	14. B	24. B	34. E
5. C	15. C	25. D	35. A
6. C	16. B	26. B	36. C
7. D	17. A	27. C	37. D
8. C	18. B	28. C	38. B
9. A	19. C	29. D	39. C
10. B	20. E	30. A	

Explicaciones

1. (E) La LLUVIA se compone de GOTAS; la HUMANIDAD de HOMBRES. Hay una relación de todo a parte.

2. (D) El fin de una ESCUELA es APRENDER; el de una IMPRENTA es IMPRIMIR.

3. (D) Un CENTAURO tiene la parte superior de hombre y la inferior de CABALLO; una SIRENA es en parte mujer y en parte PEZ. El centauro y la sirena son legendarios. La relación es la de una parte componente a una criatura legendaria completa.

4. (B) Una persona MODESTA suele ser TRANQUILA; una persona PRESUNTUOSA suele ser LOCUAZ. La relación es de asociación.

5. (C) En esta analogía de grado lo que es DECISIVO es muy IMPORTANTE; una FELONIA es más grave que una OFENSA.

6. (C) El AGUA se puede utilizar para NADAR. Una SILLA suele utilizarse para SENTARSE. Observe que agua y silla son sustantivos concretos. La relación es la de medio o instrumento con su uso asociado.

7. (D) Una TORRE está arriba de un CASTILLO; un JINETE está arriba de un CABALLO. Las posibilidades A, B, C y E no transmiten esta relación.

8. (C) La relación entre las palabras clave —«si eres A no eres B»— sólo existen en las posibilidades B y C. Sin embargo, sólo la C tiene una relación de adjetivo-sustantivo como la de la pareja clave.

9. **(A)** El PUEBLO ELIGE y los ESTADISTAS GOBIERNAN. La relación es de un grupo particular con su actividad asociada.

10. **(B)** Asociamos la JUSTICIA con una BALANZA, y la VELETA con un GALLO. Incluso se suele decir la expresión gallo de veleta.

11. **(C)** GURRUMINO y MISOGINO son opuestos, como lo son SATANICO y ANGELICO.

12. **(E)** Hablamos del PODER (control) de un REINO y de la DISCIPLINA (control) de los NIÑOS. Es una relación de asociación.

13. **(C)** INAMISTOSO y HOSTIL son sinónimos, como FUEGO y LLAMA.

14. **(B)** Un PANFLETO es una obra breve impresa; un LIBRO es más largo. La INCOMODIDAD es una forma más suave del DOLOR. Es una relación de grado.

15. **(C)** Un grupo de ESTRELLAS forman una CONSTELACION; un grupo de ISLAS forman un ARCHIPIELAGO. La relación es del todo con la parte.

16. **(B)** Un CALIBRADOR se utiliza para MEDIR; unos ALICATES para SUJETAR. La relación es la de la herramienta con su función.

17. **(A)** El PAPEL se cuenta por RESMAS; los HUEVOS por DOCENAS. La relación es la de un elemento con su unidad de medida.

18. **(B)** SHAKESPEARE, IBSEN, ESQUILO y ALBEE son dramaturgos. En las posibilidades A, C, D y E los escritores no son todos dramaturgos.

19. **(C)** El JUEVES SANTO conmemora la muerte de Cristo; las NAVIDADES conmemoran el nacimiento de CRISTO. La respuesta gira sobre la relación del principio con el final.

20. **(E)** Un ARTESANO guía a un APRENDIZ cuando éste aprende un oficio. Un PROFESOR guía al ESTUDIANTE cuando éste aprende un tema.

21. **(D)** Un AUTOR escribe una NOVELA; un CARPINTERO construye un ARMARIO. La relación es del trabajador con el producto.

22. **(E)** Uno VENDE un elemento a otro que lo COMPRA. Uno DA un elemento a otro que lo RECIBE.

23. **(A)** Se supone que un CABALLERO es socialmente afable; y que un JUGADOR cumple las REGLAS.

24. **(B)** La MEDICINA es una CIENCIA; un TOMATE es una FRUTA. Es una relación de la parte con el todo.

25. **(D)** La FALTA DE OBJETIVOS suele llevar a la DELINCUENCIA; el ABURRIMIENTO suele llevar a las MALAS ACCIONES. Es una relación de causa y efecto.

26. **(B)** Un SADICO produce HERIDAS a otros; un LADRON comete ROBOS.

27. **(C)** Una característica del CAUCHO es la FLEXIBILIDAD; una característica del ACERO es la RIGIDEZ.

28. **(C)** Un CIUDADANO está regido por la CONSTITUCION, del mismo modo que un PRESIDENTE lo está por la LEY.

29. **(D)** El VALOR incontrolado puede producir IMPRUDENCIA, como las tasas de INTERES incontroladas pueden producir USURA.

30. **(A)** Deberíamos DESPRECIAR lo que es PERVERSO; como deberíamos EMULAR lo que es ENCOMIABLE.

31. **(B)** Haciendo sonidos, podemos TOCAR una CAMPANA o hacer SONAR una ALARMA.

32. **(B)** Un CHICO se convierte en HOMBRE, y una TERNERA en VACA.
33. **(A)** El ROSA es un ROJO claro; el CHARTREUSE es un VERDE claro.
34. **(E)** AUSENCIA y PRESENCIA son opuestos, como lo son ESTABLE y CAMBIANTE.
35. **(A)** El FISCAL procura que la LEY sea obedecida; el FISCAL GENERAL procura que la CONSTITUCION sea obedecida.
36. **(C)** La PATA DE CONEJO y el TREBOL DE CUATRO HOJAS son símbolos de buena suerte. Inversamente, el número 13 y el GATO NEGRO lo son de mala suerte.
37. **(D)** Ofrecemos SIMPATIA a la persona que experimenta una ADVERSIDAD; ofrecemos nuestra CONDOLENCIA a quien experimenta una PENA.
38. **(B)** Ponemos GAS en un ENCENDEDOR para que funcione, y GASOLINA en un COCHE.
39. **(C)** Lo que es POSIBLE puede ser, aunque no necesariamente, PROBABLE. El que DESEA puede encontrarse, aunque no necesariamente, ANSIOSO.

TEST II. RAZONAMIENTO CON SIMBOLOS

Respuestas

1. C	8. E	15. A	22. D	29. A
2. A	9. B	16. D	23. A	30. E
3. D	10. D	17. E	24. E	31. B
4. C	11. B	18. A	25. E	32. E
5. B	12. C	19. B	26. B	33. B
6. B	13. B	20. D	27. C	34. B
7. E	14. B	21. E	28. C	35. E

Explicaciones: preguntas 1-10

1. **(C)** Todos los símbolos de esta serie se componen de grandes formas cerradas que contienen una serie de formas más pequeñas. En la primera serie, cada forma grande encierra una forma similar, que está oscurecida, y una forma diferente, que está sin sombrear. En la segunda serie, cada forma grande encierra tres formas similares, una de las cuales está oscurecida. Sólo (C) mantiene este modelo.

2. **(A)** El rasgo común de esta serie es la forma de los símbolos. Las formas de la primera serie, formadas por un grupo de pequeños diamantes, se repite en la serie segunda con líneas rectas simples. Como la primera y última forma de la primera serie aparecen ya en la serie segunda, la figura perdida deberá ser análoga a la figura central de la serie primera. Esa forma es la Figura A.

3. **(D)** Los símbolos de estas series van creciendo en la dirección de las agujas del reloj. La primera serie progresa de un cuarto a una mitad a tres cuartos de círculo. La segunda serie muestra primero un cuarto de un cuadrado oscurecido, luego una mitad de un cuadrado oscurecido. Por tanto, la figura perdida serán tres cuartos de un cuadrado oscurecido, como en la respuesta D. La respuesta C es incorrecta porque no deja a los segmentos oscurecidos progresar en el sentido de las agujas del reloj.

4. **(C)** Cada símbolo de esta serie está formado por tres elementos con la sección central de cada figura en una dirección opuesta a la de las otras dos secciones. En la primera serie, cada figura se compone de tres elementos idénticos con sólo la porción central de cada símbolo invertida. La segunda serie repite las formas utilizadas en la primera serie en la mitad superior de cada figura, pero sustituye un cuadrado en cada sección central. La respuesta C es la única que sigue el modelo establecido por la serie.

5. **(B)** Cada figura de la serie se compone de dos formas similares y una línea que las separa. En la primera serie, las formas similares están unidas por una línea recta y separadas por una línea inclinada. En la segunda serie, las formas similares están separadas por una línea horizontal y, en todos los casos, la forma inferior contiene un punto. Sólo B sigue ese modelo.

6. **(B)** Esta serie presenta figuras primero en perspectiva y luego en una dimensión única. En la primera serie se ve en perspectiva un cilindro, una caja y un prisma. En la segunda hay una exhibición unidimensional de dos caras de cada una de las figuras de la serie primera. Como en la serie segunda aparecen las dos caras del cilindro y la caja, la figura perdida será la de las dos caras del prisma, como en B.

7. **(E)** El rasgo común de esta serie es que todos los símbolos se componen de líneas con círculos pequeños unidos a diversos puntos a lo largo de la línea. La variación consiste en que en la primera serie de cada figura se compone de dos líneas y círculos en la misma dirección, mientras en la serie segunda cada figura se compone de las dos mismas líneas y los círculos espalda contra espalda. Por tanto, la figura perdida es la tercera de la primera serie con las dos líneas y círculos espalda con espalda, como la E.

8. **(E)** Cada símbolo de esta serie consta de formas cerradas similares unidas por líneas cortas. En la primera serie, cada símbolo se compone de dos formas idénticas unidas por una línea, mientras en la segunda serie cada símbolo se compone de tres formas idénticas unidas por líneas. Sólo la figura E sigue el modelo de las tres formas idénticas unidas por líneas cortas.

9. **(B)** Todos los símbolos de esta serie son partes de un círculo biseccionado por líneas rectas. En la primera serie, cada línea biseccionadora se extiende más allá del círculo, mientras en la segunda serie sólo dos de las líneas biseccionadoras se extienden más allá del círculo. La figura B, que representa un cuarto de círculo con una línea extendiéndose más allá del círculo y otra contenida dentro del círculo, es la figura necesaria para completar la serie.

10. **(D)** Cada símbolo de esta serie se compone de una figura formada por líneas rectas. Las figuras de la segunda serie repiten las figuras de la primera construyendo un cuadrado de cada lado de la figura original. Como el ángulo y el triángulo de la primera serie aparecen en la segunda, la figura perdida será la que se basa en el cuadrado, como la D.

Explicaciones: preguntas 21-35

21. **(E)** tiene una línea vertical más frente al número de líneas horizontales.

22. **(D)** es un cuadrilátero inscrito dentro de otro cuadrilátero.

23. **(A)** tiene un número impar de elementos, sin punto alguno encima de la línea.

24. **(E)** se compone de dos partes congruentes.

25. **(E)** tiene áreas blancas y sombreadas iguales.

26. **(B)** no tiene líneas verticales.

27. **(C)** es un hexágono con un punto en el interior y otro en el exterior.

28. **(C)** tiene un número par de puntos.

29. **(A)** tiene ⌐ en su extremo izquierdo.

30. **(E)** tiene dos elementos a la derecha de la línea y uno a la izquierda (un punto dentro de un círculo cuenta como dos elementos).

31. **(B)** tiene dos rectángulos.

32. **(E)** tiene el punto negro encima del punto blanco.

33. **(B)** contiene cinco partes, dos de las cuales son puntos.

34. **(B)** es un cuadrilátero con una línea unida a él que se extiende horizontalmente, recta hacia arriba o diagonalmente hacia arriba.

35. **(E)** es una línea inclinada como ésta ╱, con dos líneas perpendiculares unidas a ella.

PARTE D. CAPACIDAD NUMERICA

TEST I. SERIES NUMERICAS

Respuestas

1. C	6. B	11. C	16. C	21. C
2. C	7. C	12. E	17. B	22. B
3. C	8. B	13. C	18. A	23. B
4. E	9. B	14. D	19. D	24. A
5. A	10. A	15. B	20. E	25. D

Explicaciones

1. **(C)** Para obtener los términos de esta serie, tome el primer término, sume 3, sume 4, sume 5, sume 6, sume 7, sume 8, etcétera.

2. **(C)** Sume 1, reste 1, sume 2, reste 2, sume 3, reste 3, sume 4, etc. También puede ver este problema como dos series alternativas de 5-5-5 y 6-7-8-9.

3. (C) Multiplique por 2, multiplique por 3, repetir el ciclo.

4. (E) Suma 7, reste 1, sume 8, reste 2, sume 9, reste 3, sume 10.

5. (A) Sume 2, sume 4, sume 6, sume 8, reste 8, reste 6, reste 4.

6. (B) Reste 1, sume 1, sume 1, reste 2, sume 2, sume 2, reste 3.

7. (C) Sume 1, sume 3, sume 5, sume 7, reste 2, reste 4, reste 6, reste 8.

8. (B) Divida por 2, sume 2,2, repita el ciclo.

9. (B) Reste 1, reste, 2, reste 3 ... reste un número más cada vez.

10. (A) Sume 1, sume 1, reste 3, repita el ciclo.

11. (C) Reste 1, sume 3, reste 5, repita el ciclo.

12. (E) Multiplique por 4, multiplique por 3, multiplique por 2, repita el ciclo.

13. (C) Divida por 2, multiplique por 4, repita el ciclo.

14. (D) Reste 1/2, sume 1 1/4, repita el ciclo.

15. (B) Sume 1, sume 2, sume 3, sume 2, sume 3, sume 4, sume 3.

16. (C) Reste 1, reste 1, reste 1, reste 2, reste 2, reste 2, reste 3, reste 3, etc.

17. (B) Sume 2, sume 2, sume 3, sume 3, sume 3, sume 4, sume 4, sume 4, sume 4.

18. (A) Dos series alternativas: en la primera serie sume 5 al número anterior; en la segunda serie sume 1, sume 3, sume 5, sume 7.

19. (D) Reste 11, reste 10, reste 9, reste 8, reste 7, reste 6.

20. (E) Sume 3, sume 2, reste 1, repita el ciclo.

21. (C) Sume 2, divida por 2, repita el ciclo.

22. (B) Divida por 2, reste 4, repita el ciclo.

23. (B) Invierta el número, multiplique por 2, repita el ciclo.

24. (A) Sume 5, sume 3, sume 6, sume 3, sume 7, sume 3, sume 8.

25. (D) El número siguiente de esta serie es el siguiente número entero que contenga el 4.

TEST II. RAZONAMIENTO ARITMETICO

1. A
2. B
3. C
4. B
5. D
6. B
7. D
8. C
9. C
10. B
11. C
12. D
13. B
14. C
15. C
16. C
17. C
18. A
19. B
20. A
21. C
22. B
23. C
24. B
25. B
26. A
27. A
28. D
29. B
30. C

TEST III. OPERACIONES NUMERICAS

1. B	7. A	13. A	19. C	25. D
2. C	8. B	14. D	20. B	26. A
3. A	9. D	15. C	21. A	27. A
4. B	10. C	16. B	22. D	28. D
5. D	11. A	17. C	23. A	29. B
6. A	12. C	18. B	24. C	30. C

TEST IV. CONOCIMIENTO MATEMATICO

1. C	6. C	11. C	16. D	21. B
2. C	7. D	12. A	17. D	22. C
3. A	8. D	13. D	18. C	23. B
4. D	9. B	14. B	19. D	24. D
5. D	10. C	15. B	20. B	25. C

El número total de preguntas de la Parte D, Capacidad Numérica, incluyendo las series numéricas, razonamiento aritmético, operaciones numéricas y conocimiento matemático, es de 110. Utilice este número cuando calcule su puntuación final siguiendo la Tabla de Puntuación.

PARTE E. CAPACIDAD PERCEPTIVA

TEST I. RELACIONES ESPACIALES

1. B	6. 2	11. 1	16. 4	21. 3
2. C	7. 3	12. 2	17. 8	22. 6
3. B	8. 2	13. 2	18. 6	23. 4
4. B	9. 3	14. 1	19. 2	24. 6
5. E	10. 2	15. 4	20. 8	25. 3

CAPITULO 7

COMO EVALUAR SU PUNTUACION EN EL TEST DE APTITUD

Las páginas siguientes están pensadas para ayudarle a unir sus resultados de todos los tests a fin de evaluarlos; su fundamento es ayudarle a ver hacia dónde puede orientar sus habilidades. Recuerde que los resultados no son definitivos y que, como la mayoría de los tests de aptitud, pueden evaluarse según otros muchos factores. Sin embargo, en su mayor parte le proporcionarán una idea general de sus puntos fuertes y débiles.

He aquí el modo de utilizar con eficacia las tablas siguientes:

Paso uno, complete las Tablas de Puntuación de las páginas 262-264.

Señale en la casilla apropiada de las Tablas de Puntuación el número de respuestas *correctas* que ha tenido en cada test individual. Cuando haya señalado todos sus puntos, calcule la puntuación total de cada área de aptitud.

Paso dos, introduzca sus puntuaciones en la Tabla de Evaluación de Puntuaciones de la página 265.

La Tabla de Evaluación de Puntuaciones incluye una lista de las 15 áreas de aptitud que cubre el libro. Junto a cada área de aptitud se encuentran, en una gama que va de Escaso a Excelente, las puntuaciones. Las puntuaciones incluidas en la Tabla de Evaluación de Puntuaciones son los puntos correctos *totales* de las Tablas de Puntuación. Sólo serán precisas si ha realizado y puntuado *todos* los test de cada área de aptitud.

Para evaluar sus puntuaciones de aptitud, totalice primero los puntos correctos de cada área de aptitud. Localice entonces las casillas que contienen sus puntos correctos totales y circúndelas. Examine la escala que hay arriba de la Tabla de Evaluación de Puntuaciones para ver su posición en cada área de aptitud.

Paso tres, compare sus puntos con los puntos sugeridos en las páginas 267-302 para las áreas ocupacionales.

En este libro se cubren trece áreas profesionales importantes. Primero encontrará una visión general de cada área profesional adaptada de la información incluida en el *United States Occupational*

Outlook Handbook. Inmediatamente después de la visión general se presenta una lista de las ocupaciones de cada área profesional.

Para cada área profesional hay una Tabla de Evaluación Profesional que armoniza las áreas ocupacionales con los números 1 a 15. Estos números se corresponden con las aptitudes de la Tabla de Evaluación de Puntuaciones (es decir, 1 = Ortografía, 5 = Observación y Memoria, etc.). Las aptitudes que son más importantes para cada área ocupacional van circundadas.

Compare sus resultados (considere sólo las áreas de aptitud en las que en la Tabla de Evaluación de Puntuaciones tuvo una puntuación media o superior) con las aptitudes recomendadas para cada área profesional en la que esté interesado.

La utilización juiciosa de estas tablas le permitirá moverse en la dirección adecuada cuando planifique su vida profesional. Quizá quiera incluso re-evaluarse, utilizando sólo aquellas aptitudes en las que obtuvo una puntuación de Bien o Excelente. De ese modo irá estrechando las posibilidades y obtendrá una idea más clara de sus aptitudes en relación con las profesiones que más le interesan.

TABLAS DE PUNTUACION

Ponga el número de respuestas *correctas* de cada test.

CAPACIDAD MENTAL

	Test I	Test II	Test III	Test IV	Examen final	TOTAL
Ortografía						
Sinónimos						
Vocabulario						
Antónimos						
Observación y memoria						
Analogías verbales						
Razonamiento con símbolos						
Aptitud numérica						
Relaciones espaciales						

PERCEPCION MECANICA Y VISUALIZACION ESPACIAL

	Test I	Test II	TOTAL
Percepción Mecánica			
Visualización Espacial			

APTITUDES ESPECIALES

Aptitudes funcionariales

Capacidad de codificación (Test I)	
Codificación de tablas (Test II)	
Práctica de codificación (Test III)	
Práctica de clasificación (Test IV)	
Comparaciones de nombres y números (Test V)	
Alfabetización (Test VI)	
Armonización de letras y números (Test VII)	
TOTAL	

Lectura comprensiva

Test I	
Test II	
TOTAL	

Conocimiento de herramientas

	Test I	Test II	TOTAL
Reconocimiento de herramientas			
Analogías de herramientas			

HABILIDADES VISUALES

Codificación letras-símbolos (Test I)	
Cuenta de cruces y ceros (Test II)	
Seguimientos y laberintos (Test III)	
TOTAL	

Cuando haya introducido todas sus puntuaciones, encuentre el número total de respuestas correctas de cada sección. Compare esas puntuaciones totales con las gamas de puntuación de la siguiente Tabla de Evaluación de las Puntuaciones. Circunde las casillas de la Tabla que correspondan a su puntuación en cada sección.

UTILIZACION DE LA TABLA DE EVALUACION DE LA PUNTUACION

La siguiente Tabla se compone de una serie de puntuaciones para cada área de test específica. Esas puntuaciones se basan en el *número total de respuestas correctas* que haya tenido en cada área. Los números derivan de la anterior Tabla de Puntuación. Localice el número que le corresponde junto a cada test y circunde la casilla. Podrá evaluar rápidamente en qué dirección se orienta su capacidad.

TABLA DE EVALUACION DE PUNTUACIONES

	Escaso	Debajo de la media	Media	Bien	Excelente	
1. Ortografía	0-40	41-80	81-120	121-160	160-200	1
2. Sinónimos	0-20	21-40	41-60	61-80	81-100	2
3. Vocabulario	0-10	11-20	21-30	31-40	41-50	3
4. Antónimos	0-10	11-20	21-30	31-40	41-50	4
5. Observación y memoria	0-6	7-12	13-18	19-24	25-30	5
6. Analogías verbales	0-24	25-48	49-72	73-96	97-120	6
7. Razonamiento con símbolos	0-23	24-46	47-69	70-92	93-115	7
8. Aptitud numérica	0-44	45-88	89-132	133-176	177-220	8
9. Relaciones espaciales	0-11	12-22	23-33	34-44	45-55	9
10. Percepción mecánica	0-6	7-13	14-20	21-28	29-34	10
11. Visualización espacial	0-44	45-88	89-132	133-176	177-220	11
12. Aptitudes funcionariales	0-43	44-86	87-130	131-173	174-217	12
13. Lectura comprensiva	0-8	9-16	17-24	25-32	33-40	13
14. Conocimiento de herramientas	0-12	13-24	25-35	36-47	48-58	14
15. Habilidades visuales	0-34	35-68	69-104	105-140	141-174	15

UTILIZACION DE LAS TABLAS DE EVALUACION PROFESIONAL

Esto es sólo un recordatorio de cómo debe utilizar las Tablas de Evaluación Profesional. En cada área profesional hay una lista de números que van del 1 al 15. Cada número se corresponde con los tests de aptitud específicos que ha trabajado. Localice los números de los tests en los que tuvo una puntuación media o superior y circúndelos. Por ejemplo, si hizo bien la ortografía, sinónimos, vocabulario, analogías verbales, aptitud numérica y lectura comprensiva, su tabla quedará así:

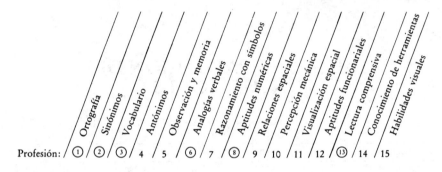

Si desea una lectura más precisa, para estrechar las posibilidades de elección, seleccione sólo las puntuaciones que sean Bien y Excelente, marcándolas con un color diferente. Finalmente, elija sólo las puntuaciones de la gama Excelente y márquelas con un tercer color. Cuando haya marcado todas sus posibilidades, trate de armonizar las oportunidades profesionales con sus propios intereses.

TABLAS DE EVALUACION PROFESIONAL

OCUPACIONES DE SERVICIOS

Los trabajadores de las ocupaciones de servicios realizan una amplia variedad de tareas, desde patrullar las calles como policías y apagar incendios a servir comidas y limpiar edificios. Aproximadamente 13 millones de personas están empleadas en trabajos del sector servicios*. Examinamos a continuación los grupos de ocupaciones de servicios más importantes:
Ocupaciones de servicios alimentarios. El grupo más numeroso de trabajadores de servicios, aproximadamente 4,3 millones de personas, dedicadas a preparar y servir alimentos en restaurantes, cafeterías, escuelas, hospitales y otras instituciones. Se incluyen en este grupo de trabajadores los cocineros y chefs, camareros y camareras, barmans y trabajadores de cocina.
Ocupaciones de limpieza y afines. Los trabajadores de este grupo limpian y mantienen edificaciones, como apartamentos, casas, escuelas y oficinas. Se ocupan de estos trabajos más de 2,4 millones de personas. El grupo incluye a los conserjes, guardianes de edificios y controladores de plagas.
Ocupaciones de servicios sanitarios. Hay más de 1,8 millones de personas empleadas como trabajadores de servicios sanitarios, como enfermeros o ayudantes de clínica. La mayoría están empleados en hospitales, pero algunos trabajan en las consultas de médicos o dentistas.
Ocupaciones de servicios personales. Se incluyen en este grupo desde barberos y cosmetólogos a instructores de esquí y acomodadores de teatro. Hay casi 1,8 millones de personas empleadas en estos trabajos de servicios personales.
Ocupaciones de servicios de protección y afines. Hay casi 1,4 millones de personas empleados como guardaespaldas y vigilantes de propiedades. La mayoría son funcionarios de policía, guardias y bomberos. La mayoría de los detectives y funcionarios de policía son empleados del gobierno, pero algunos trabajan para hoteles, almacenes y otras empresas. Los guardias, otro gran grupo de empleados de servicios de protección, trabajan sobre todo para compañías privadas para proteger las propiedades de la compañía y hacer cumplir las normas y regulaciones. Los bomberos trabajan sobre todo para los ayuntamientos.
Ocupaciones de servicios domésticos privados. La mayoría de las casi 1,2 millones de ayudantes domésticas privadas limpian las casas de sus patronos, preparan la comida y cuidan de los niños. Algunas trabajan como lavanderas y señoritas de compañía.

Formación, otras cualificaciones y progresos

Las necesidades de formación y capacidad difieren mucho entre las distintas ocupaciones. Por ejemplo, los agentes especiales del FBI deben tener grado de colegio universitario. Los barberos y cosmetólogos necesitan una formación vocacional especializada. Otras ocupaciones —asistentes domésticas, custodios de edificios y botones de hotel, por ejemplo— no tienen necesidades educativas específicas para entrar, aunque un diploma de enseñanza secundaria es siempre una ventaja.
En muchas ocupaciones de servicios, los rasgos de personalidad y las capacidades especiales pueden ser tan importantes como la educación formal. Por ejemplo, para trabajar de portero, guardaespaldas o limpiaventanas se necesita fuerza física y resistencia; maneras agradables y un buen aspecto son especialmente importantes para trabajar de camarero, ascensorista o acomodador. Otros trabajadores de servicios, como los detec-

* Cifras referidas a EE.UU.

tives de almacenes y hoteles y los guías de viajes, necesitan buen juicio y deben tener habilidad para tratar con la gente.

Algunos trabajadores de servicio ponen finalmente negocios propios, como suministradores o autoservicios, por ejemplo, o propietarios de barberías y tiendas de productos de belleza.

Los progresos en las ocupaciones de servicios que requieren poca formación o capacidad pueden ser difíciles para las personas que carecen de una buena educación básica o de un conocimiento del negocio en el que trabajan.

Perspectivas de empleo

Se espera que el empleo del sector de servicios crezca más rápidamente que la media de las demás ocupaciones en los años 80. Las ocupaciones del sector de servicios sanitarios crecerán mucho más rápidamente que la media, conforme crezca la población y su envejecimiento cree una mayor demanda de ocupaciones de servicios sanitarios. En el futuro se necesitarán más guardias y funcionarios de policía, a medida que el crecimiento poblacional exija una mayor protección contra el crimen, el robo y el vandalismo cada vez mayor. El aumento de los sueldos, del tiempo de ocio y el número creciente de mujeres que combinan las responsabilidades familiares con un trabajo son la causa de que la gente coma más veces fuera y aumente la demanda de trabajadores de servicios alimenticios.

El empleo de asistentas domésticas no se espera que sufra muchos cambios, a pesar de la gran demanda de estas trabajadoras.

Cómo evaluar su puntuación en el test de aptitud

	Ortografía	Sinónimos	Vocabulario	Antónimos	Observación y memoria	Analogías verbales	Razonamiento con símbolos	Aptitud numérica	Relaciones espaciales	Percepción mecánica	Visualización espacial	Aptitudes funcionariales	Lectura comprensiva	Conocimiento de herramientas	Capacidad visual
Ocupaciones de Servicios															
Ocupaciones de limpieza y afines Porteros Hoteleros y ayudantes Controladores de plagas	①	2	3	4	⑤	6	7	8	9	⑩	11	12	13	⑭	15
Ocupaciones de servicios alimentarios «Barmans» Cocineros y chefs Friegaplatos y ayudantes restaurantes etc. Trabajadores de almacenes alimentarios Carniceros Camareros y camareras	①	2	③	4	5	6	7	⑧	9	10	11	⑫	⑬	14	15
Ocupaciones de servicios personales Barberos Botones y jefes de botones Esthéticiennes Embalsamadores y directores de funerarias	1	2	③	4	5	6	7	8	⑨	10	⑪	⑫	⑬	14	⑮
Ocupaciones de servicios domésticos privados Empleadas del hogar	1	2	③	4	5	6	7	8	⑨	10	11	12	⑬	14	15
Ocupaciones de servicios de protección y afines Funcionarios de centro de corrección Agentes especiales de policía Bomberos Guardias Funcionarios de policía Funcionarios de policía estatal Inspectores de construcción (gobierno) Inspectores de salud y regulaciones (gobiernos) Trabajadores de ocupaciones de seguridad y salud	①	②	③	④	⑤	⑥	7	⑧	9	10	11	12	⑬	14	⑮
Ocupaciones de otros servicios Carteros Telefonistas	①	②	③	④	⑤	6	7	⑧	9	10	11	⑫	⑬	14	⑮

PRODUCCION INDUSTRIAL Y OCUPACIONES AFINES

Los coches, periódicos, radios, bañeras, misiles teledirigidos, utensilios de cocina, libros y sacapuntas tienen por lo menos una cosa en común. Como casi todos los productos que utilizamos, están hechos por millones de trabajadores de la producción industrial y ocupaciones afines.

La mayoría de estos operarios trabajan en fábricas dedicadas a la producción en masa de bienes; otros lo hacen fuera de la manufacturación, en una amplia variedad de actividades, desde la exhibición de películas al herraje de caballos.

Como la producción en masa no sería posible sin partes intercambiables, las ocupaciones relacionadas con las máquinas y las funciones juegan un papel básico en los procesos productivos. Estos trabajadores hacen las herramientas, tintes, moldes y otros elementos utilizados para hacer cientos o miles de piezas idénticas. Los montadores unen esas partes para hacer automóviles, teléfonos y cientos de productos más. Si las piezas o productos terminados necesitan pintura, los pintores hacen el trabajo. Cuando los productos están terminados, los inspectores los examinan y comprueban para asegurar su calidad.

Otros trabajadores de fábricas no están implicados directamente en los procesos de producción, pero los apoyan de algún modo. Por ejemplo, los ingenieros de climatización hacen funcionar las calderas y demás equipos para proporcionar la calefacción y aire acondicionado de las fábricas y otros edificios. Los armadores mueven e instalan las máquinas pesadas utilizadas en los procesos de producción y los operadores de grúas y camionetas mueven los materiales dentro de la planta industrial.

La imprenta es otro tipo de producción en masa. Los impresores operan la maquinaria utilizada para imprimir periódicos, libros y demás publicaciones.

Los obreros industriales trabajan también fuera de la manufacturación en una variedad de actividades. Los pintores de automóviles, por ejemplo, dan el acabado a los coches viejos y accidentados. Los trabajadores de los laboratorios fotográficos revelan las películas y hacen las diapositivas.

En su mayor parte, los trabajos de la producción industrial no exigen un diploma de enseñanza secundaria. Sin embargo, la mayoría de los patronos prefieren a los graduados en enseñanza secundaria o escuelas vocacionales que han realizado cursos por ejemplo de anteproyectos o tiendas de maquinaria.

Los conductores y operadores, como montadores y conductores sólo suelen necesitar una breve formación en el puesto de trabajo. Los trabajadores artesanos, como ingenieros de climatización y maquinistas, suelen necesitar una formación considerable para calificarse para sus trabajos. Muchos aprenden el oficio trabajando, pero las autoridades de formación profesional recomiendan que se termine un programa de aprendizaje de tres o cuatro años.

Cómo evaluar su puntuación en el test de aptitud 271

OCUPACIONES, PRODUCCION INDUSTRIAL Y AFINES	Ortografía	Sinónimos	Vocabulario	Antónimos	Observación y memoria	Analogías verbales	Razonamiento con símbolos	Aptitud numérica	Relaciones espaciales	Percepción mecánica	Visualización espacial	Aptitudes funcionariales	Lectura comprensiva	Conocimiento de herramientas	Capacidad visual
Ocupaciones de fundición Patroneros Moldeadores Fabricantes de machos de molde	1	2	3	4	⑤	6	7	8	⑨	10	⑪	12	⑬	14	⑮
Ocupaciones de maquinaria Maquinistas de todo tipo Instrumentistas (mecánicos) Operadores de máquinas o herramientas Trabajadores de instalación (herramientas maquinaria) Fabricantes herramientas y tintes	1	2	3	4	⑤	6	7	8	⑨	⑩	⑪	12	⑬	⑭	⑮
Ocupaciones de impresión Teclistas Litógrafos Fotograbadores Electromecanógrafos y estereomecanógrafos Operadores de prensa y ayudantes Encuadernadores y trabajadores de la encuadernación	1	2	③	4	⑤	6	7	⑧	⑨	⑩	⑪	12	⑬	⑭	⑮
Otras ocupaciones de la producción industrial y afines Montadores Pintores automóviles Herreros Supervisores de trabajadores de cuello blanco Calefactores Mantenedores calefactores Electroplaqueadores Ocupaciones tiendas de forja Inspectores (de manufacturación) Montadores maquinaria pesada Proyeccionistas de películas Técnicos de laboratorios oftalmológicos Ocupaciones de laboratorios fotográficos Operadores grúas y camionetas Pintores de producción Ingenieros climatización Operadores de plantas de tratamiento de aguas residuales Soldadores	1	2	③	4	⑤	6	⑦	⑧	⑨	⑩	⑪	12	⑬	14	⑮

OCUPACIONES DE OFICINAS

Estos trabajadores realizan una amplia gama de tareas necesarias para el funcionamiento de los negocios y otras organizaciones día a día. Los empleados de oficinas, como las secretarias y mecanógrafas, llevan y mantienen los archivos, mecanografían y operan las máquinas de la oficina. Los empleados profesionales y técnicos dan consejos legales, preparan y analizan los informes financieros, diseñan sistemas de ordenador y arreglan préstamos bancarios.

En las oficinas hay oportunidades de trabajo para personas con antecedentes educativos muy distintos. Se puede acceder a algunos trabajos con enseñanza secundaria; otros muchos exigen por lo menos un diploma de colegio universitario.

El trabajo de oficina exige también una amplia variedad de capacidades. Por ejemplo, la mayoría de los profesionales han de solucionar problemas para analizar los datos y ayudar a determinar la política de la empresa. Los empleados han de prestar una cuidadosa atención para mantener los archivos con precisión. Aparte de las capacidades técnicas necesarias para desempeñar sus trabajos, todos los empleados de oficina necesitan buen juicio y capacidad para comunicar sus ideas a los demás.

Cómo evaluar su puntuación en el test de aptitud   273

OCUPACIONES DE OFICINA	Ortografía	Sinónimos	Vocabulario	Antónimos	Observación y memoria	Analogías verbales	Razonamiento con símbolos	Aptitud numérica	Relaciones espaciales	Percepción mecánica	Visualización espacial	Aptitudes funcionariales	Lectura comprensiva	Conocimiento de herramientas	Capacidad visual
Ocupaciones funcionariales Tenedores de libros Cajeros Trabajadores de ventanilla Archiveros Empleados oficina de hotel Operadores maquinaria oficina Funcionarios postales Recepcionistas Secretarias y estenógrafas Empleados navieras y recepción Empleados estadística Empleados bolsa Mecanógrafas	(1)	(2)	(3)	(4)	(5)	(6)	(7)	(8)	9	(10)	11	(12)	(13)	14	15
Ocupaciones ordenadores y afines Personal operador de ordenadores Programadores Analistas de sistemas	(1)	(2)	(3)	(4)	(5)	(6)	(7)	(8)	(9)	(10)	(11)	12	(13)	14	(15)
Ocupaciones banca Empleados Oficiales y gerentes Cajeros	(1)	(2)	(3)	(4)	(5)	(6)	(7)	(8)	9	10	11	(12)	(13)	14	15
Ocupaciones ramo seguros Actuarios Representantes reclamaciones Agentes seguros	(1)	(2)	(3)	(4)	(5)	(6)	7	(8)	9	10	11	(12)	(13)	14	15
Ocupaciones administrativas y afines Contables Compradores Gerentes municipales Trabajadores de personal de Universidades Gerentes de crédito Gerentes y ayudantes de hotel Abogados Investigadores de márketing Empleados de personal y relaciones laborales Agentes de compras Planificadores urbanos	(1)	(2)	(3)	(4)	(5)	(6)	(7)	8	9	10	11	(12)	(13)	14	(15)

OCUPACIONES EDUCACION Y AFINES

La importancia de la educación ha crecido considerablemente. De una economía agraria hemos pasado a una sociedad urbana muy sofisticada, técnica y urbana. Se inventan constantemente máquinas y productos en los que ni siquiera se había soñado, exigiendo nuevos trabajos y habilidades para producirlos y usarlos. En consecuencia, se necesitan trabajadores cada vez más educados para ocupar una gran variedad de posiciones en todos los puestos de la sociedad.

Además, conforme nuestra economía ha prosperado, ha dejado a la gente más tiempo libre para el ocio y el desarrollo personal. Ya no se necesita trabajar desde el amanecer al anochecer y los trabajadores han buscado nuevos modos de enriquecimiento personal. Por ejemplo, la educación adulta y los cursos de artesanía atraen un número creciente de estudiantes interesados.

Los profesores, profesores ayudantes y bibliotecarios juegan papeles vitales en la educación de personas de todas las edades. En las grandes aulas urbanas o en las bibliotecas de los centros rurales acudimos a los profesores y bibliotecarios en busca de información.

Cómo evaluar su puntuación en el test de aptitud

	Ortografía	Sinónimos	Vocabulario	Antónimos	Observación y memoria	Analogías verbales	Razonamiento con símbolos	Aptitud numérica	Relaciones espaciales	Percepción mecánica	Visualización espacial	Aptitudes funcionariales	Lectura comprensiva	Conocimiento de herramientas	Capacidad visual
OCUPACIONES DE EDUCACION Y AFINES															
Ocupaciones de la enseñanza Profesores de jardín de infancia y escuela primaria Profesores enseñanza secundaria Profesores facultades y colegios universitarios Profesores ayudantes	①	②	③	④	⑤	⑥	⑦	⑧	⑨	10	11	12	⑬	14	15
Ocupaciones bibliotecas Bibliotecarios Ayudantes y técnicos de bibliotecas	①	②	③	④	⑤	⑥	⑦	⑧	⑨	10	11	12	⑬	14	15

OCUPACIONES DE VENTAS

La venta ofrece una amplia variedad de oportunidades profesionales. Muchos trabajos de ventas están abiertos a los graduados en enseñanza secundaria, pero alguno requiere grado universitario. Las ventas ofrecen oportunidades a quienes quieren convertirse en su propio jefe y determinar sus propios planes; estas personas suelen gustar del desafío y los riesgos que implica el que sus ganancias dependan totalmente de su éxito en la venta. Otros trabajos de ventas más rutinarios tienen paga regular y planes de trabajo estructurados. En todos los tipos de trabajos de ventas hay oportunidades para horarios flexibles o a tiempo parcial. Aproximadamente 6 millones de personas*, o un 6% de los trabajadores, se dedican a ocupaciones de ventas. Más del 25% de ellos lo hacen a tiempo parcial.

Formación, otras cualificaciones y progresos

Los requerimientos de formación para el trabajo de ventas son tan variados como el propio trabajo. Los trabajadores que venden mercancías estandarizadas, como revistas, dulces, cigarrillos y cosméticos suelen ser formados por vendedores especializados; en algunos grandes almacenes pueden asistir a cursos breves de formación. Los que venden productos o servicios complejos, como equipo electrónico o seguros de riesgo, necesitan una educación y formación importante. En algunas posiciones los vendedores deben ser graduados de colegios universitarios con conocimientos importantes en campos como la ingeniería. Otros obtienen los conocimientos necesarios en cursos impartidos por la universidad o los fabricantes. Los hay que aprenden mediante años de trabajo, su-

* Cifras referidas a EE.UU. (N. del E.)

plementado a menudo por estudios en su casa. Por ejemplo, un agente de bienes raíces puede realizar cursos de ampliación universitarios; un consejero de belleza de unos almacenes puede participar en un programa de formación patrocinado por la industria; o un joyero puede aprender tras años de observación y estudio en su puesto de trabajo.

Hasta en los tipos más rutinarios de ventas un diploma de enseñanza secundaria es un valor para el principiante. Los cursos en ciencias empresariales, márketing y merchandising constituyen una preparación particularmente buena. Muchos centros de enseñanza secundaria tienen programas de estudio y trabajo que permiten a los estudiantes trabajar a tiempo parcial en empresas locales y asistir a las clases.

En las ocupaciones de ventas los atributos personales son extremadamente importantes; más que en otros muchos tipos de trabajo. Los vendedores han de ser tenaces; han de relacionarse fácilmente con extraños, mantener bien una conversación y capacidad de contactar con otras personas. Otros atributos importantes para la venta son la iniciativa, energía, autoconfianza, imaginación y autodisciplina. Las habilidades aritméticas son un valor.

Perspectivas de empleo

Es de esperar que el empleo en el sector de ventas crezca tan rápidamente como la media ocupacional durante los años 80. Además de los trabajos resultantes del crecimiento de las industrias, anualmente se producen miles de puestos libres cuando los vendedores fallecen, se retiran o abandonan el empleo por otras razones. El comercio al pormenor ofrece el mayor número de plazas. Hay muchos trabajos a tiempo parcial, por ejemplo, en los centros de ventas que abren por la noche.

Ocupaciones del Sector Ventas	Ortografía	Sinónimos	Vocabulario	Antónimos	Observación y memoria	Analogías verbales	Razonamiento con símbolos	Aptitud numérica	Relaciones espaciales	Percepción mecánica	Visualización espacial	Aptitudes funcionariales	Lectura comprensiva	Conocimiento de herramientas	Capacidad visual
	①	②	③	④	⑤	⑥	⑦	⑧	⑨	⑩	⑪	12	⑬	⑭	⑮
Trabajadores de comercios de repuestos de automóviles															
Vendedores de automóviles															
Consejeros de servicios automovilísticos															
Dependientes de las estaciones de servicio y gasolineras															
Corredores de bolsa y agentes de seguros															
Vendedores de manufacturas															
Modelos															
Cambistas y agentes de bienes raíces															
Vendedores de comercios al detalle															
Agentes turísticos															
Vendedores de elementos de seguridad															
Agentes de viajes															
Vendedores al por mayor															

OCUPACIONES DE LA CONSTRUCCION

Los trabajadores de la construcción constituyen el mayor grupo de trabajadores cualificados de la fuerza de trabajo de la nación. Los oficios de la construcción ofrecen oportunidades de trabajo especialmente buenas a los jóvenes que no tienen pensado asistir a un colegio universitario, pero desean emplear varios años en aprender una ocupación cualificada. Los trabajadores de la construcción pueden encontrar oportunidades en todas las partes del país. Sus tasas salariales suelen ser muy superiores a las de los otros obreros manuales. Éstos trabajadores con capacidad para los negocios tienen más oportunidades para abrir el suyo propio que la mayoría de los demás trabajadores cualificados. Actualmente trabajan en la construcción aproximadamente 3,3 millones de trabajadores, unos tres de cada diez obreros cualificados*.

Los muy diversos oficios cualificados de la construcción varían mucho en su volumen. Algunos de los más importantes —carpintería, pintura, ingeniero operador, fontanero y electricistas— cuentan cada uno con más de 200.000 trabajadores; sólo los carpinteros son más de un millón, una tercera parte, casi, de todos los trabajadores de la construcción. En cambio sólo unos miles trabajan como marmolistas, trabajadores del terrazo y canteros.

¿Qué oficios hay en la construcción?

Los trabajadores de la construcción construyen, reparan y modernizan casas y todo tipo de edificios. También trabajan en otras muchas estructuras, como autopistas, aeropuertos y silos lanzamisiles.

La construcción se puede dividir en tres categorías: estructural, terminado y mecánica. En general, todo trabajador de la construcción suele entrar en una de esas categorías. *Trabajadores de estructuras:* carpintero, ingeniero operador (operador de maquinaria de construcción), albañil de ladrillos, forjador, cementero, albañil y calefactor; *trabajadores de terminado:* tornero, escayolista, marmolista, encargado de terrazo, pintor, empapelador, cristalero, encargado de techos, instalador de coberturas de suelo y aislador; *trabajadores mecánicos:* plomero, instalador de cañerías, electricista construcción, chapas metálicas, constructor ascensores e instalador y operador de maquinaria pesada.

Condiciones de trabajo

La construcción suele exigir estar de pie durante períodos prolongados, doblarse, inclinarse y trabajar en cuclillas. La exposición a las condiciones climáticas es común, pues una gran parte del trabajo se hace al aire libre o en estructuras parcialmente cerradas. Muchas personas prefieren el trabajo de construcción porque les permite estar al aire libre.

Como se ha de trabajar con herramientas afiladas, en medio de una gran variedad de materiales, mientras se está de pie o en cuclillas, y con mal tiempo, los accidentes de trabajo son más frecuentes que en otros trabajos. La construcción tiene la tasa más alta de muertes y accidentes laborales. Sin embargo, los patronos ponen un énfasis cada vez mayor en las condiciones de seguridad y en los hábitos seguros de trabajo; estas prácticas reducen el riesgo de accidentes.

Lugares de empleo

Hay casi 4,8 millones de personas empleadas como trabajadores de la construcción en todas las industrias. Sin embargo, la mayoría es-

---

* Cifras referidas a EE.UU. (N. del E.)

tán empleados por contratistas de la industria de la construcción.

En su gran mayoría se trata de pequeños empresarios que suelen tener empleadas a menos de diez personas. Sin embargo, algunos de las grandes empresas dan trabajo a miles de personas. Hay un gran número de empleados de la construcción que trabajan en otras industrias, como minería y manufacturación, dedicándose sobre todo a trabajos de mantenimiento y reparación. Por ejemplo, los fabricantes químicos necesitan fontaneros e instaladores de cañerías para el mantenimiento de la compleja red tubular de sus plantas de procesado. Las instituciones gubernamentales emplean a trabajadores de la construcción para el mantenimiento de autopistas, edificaciones y sistemas sanitarios.

Casi uno de cada seis trabajadores de la construcción es autónomo y contrata pequeños trabajos con los propietarios de casas y edificios. El trabajador autónomo suele ser más frecuente entre los empapeladores, pintores e instaladores de suelos, pero se encuentra también en otros oficios.

En la construcción el empleo está distribuido geográficamente de manera muy similar a la población de la nación. Así, los obreros de la construcción se concentran en las áreas industrializadas y muy pobladas.

Formación, otras cualificaciones y progresos

La mayoría de las autoridades en formación recomiendan un aprendizaje formal, por considerarlo el mejor medio de adquirir las capacidades generales del sector de la construcción. El aprendizaje consta de un período fijo de formación en el trabajo, suplementado por instrucciones afines en clase destinadas a familiarizar a los aprendices con los materiales, herramientas y principios de su oficio.

Aunque el aprendizaje proporciona una formación muy completa, son muchas las personas que adquieren de forma no oficial la capacidad como trabajadores y ayudantes, observando a los trabajadores experimentados. Algunos adquieren la capacidad asistiendo a escuelas de formación profesional o vocacionales o realizando cursos por correspondencia.

En general, los aprendices deben tener por lo menos 18 años y estar en buenas condiciones físicas. Una educación de enseñanza secundaria o escuela vocacional, o su equivalente, incluyendo cursos de matemáticas y dibujo mecánico, resulta deseable. También son recomendables los cursos en oficios de la construcción, como carpintería y electricidad. A menudo los solicitantes deben realizar tests para determinar sus aptitudes. En algunos oficios son importantes la destreza manual, la aptitud mecánica y buena vista para el alineamiento adecuado de materiales.

El contrato formal de aprendizaje exige generalmente tres o cuatro años de formación en el puesto de trabajo y 144 horas o más de instrucción sobre el tema escolar al año. En el puesto de trabajo, la instrucción la proporciona en gran parte un trabajador asignando al aprendiz.

La instrucción en un aula varía de un oficio a otro, pero suele incluir cursos como historia del oficio, características de los materiales, matemáticas de taller y principios básicos de la construcción.

En la mayoría de las comunidades, los programas de aprendizaje son supervisados por comités conjuntos compuestos de representantes de los empresarios y sindicatos locales. El comité determina la necesidad de aprendices que hay en la localidad y establece los niveles mínimos de educación, experiencia y formación. Cuando un empresario no puede proporcionar una instrucción global o un trabajo relativamente continuo, el comité transfiere al aprendiz a otro empresario. Cuando la especialización de los contratistas es intensa —como en el caso del trabajo eléctrico— el comité suele rotar a los aprendices en intervalos de seis meses.

En las áreas en donde no se han establecido esos comités, el contrato de aprendizaje se realiza sólo entre el aprendiz y el empresario o grupo empresarial. Muchas personas han recibido una valiosa formación con estos programas, pero tienen algunas desventajas. No hay ningún comité que supervise el entrenamiento ofrecido y establezca diferencias en los términos y condiciones de la formación. Lo que aprenda el aprendiz dependerá en gran parte de las medidas y perspectivas empresariales del empresario. Si éste carece de trabajo continuado y se limita a un tipo restringido de trabajo, al aprendiz le puede resultar difícil desarrollar las capacidades generales.

En muchas localidades, los trabajadores especializados, especialmente los electricistas y fontaneros, necesitan una licencia para desempeñar su trabajo. Para obtener esa licencia deben realizar un examen y demostrar un amplio conocimiento del trabajo y de las regulaciones estatales y locales.

Los trabajadores de la construcción tienen varios modos de progresar. Muchos pueden convertirse en supervisores o capataces. En la mayoría de las localidades, los pequeños trabajos son dirigidos por «supervisores» que actúan con miembros de su equipo. En los trabajos más importantes, el supervisor sólo realiza un trabajo de supervisión; también pueden convertirse en presupuestadores de los contratistas. Calculan las necesidades de material y costos laborales para permitir al contratista licitar a un determinado proyecto. Algunos progresan convirtiéndose en superintendentes de grandes proyectos. Otros se convierten en instructores de la escuela de formación profesional o de escuelas vocacionales, o en representantes de empresas de suministros de la construcción. Un gran número de trabajadores se convierten en contratistas del campo de la construcción de casas.

Iniciar un pequeño negocio es mucho más fácil en la construcción que en cualquier otra industria. Por lo general sólo se necesita una inversión financiera modesta y se puede dirigir desde la propia casa un negocio bastante importante. Sin embargo, el campo de contratos de construcción es muy competitivo y la tasa de fracaso es muy alta entre los pequeños contratistas.

Perspectivas de empleo

Se espera que el empleo crezca en el ramo de la construcción más rápidamente que la media de todas las ocupaciones en los años ochenta. Además de los empleos que surgen del aumento del sector, todos los años quedan muchos puestos libres para la necesidad de reemplazar a trabajadores especializados que pasan a otras esferas de trabajo, se jubilan o mueren. Sin embargo, como la construcción es muy sensible a los cambios de la economía nacional, el número de puestos libres fluctúa mucho de un año a otro.

A la larga se espera que crezca sustancialmente la actividad en la construcción. El aumento previsto de población y de casas y el nivel relativamente bajo que ha tenido la construcción desde la década de los años setenta se espera creen una presión en favor de nuevas construcciones. Entre los factores que estimularán la actividad constructora están los niveles superiores de renta personal y el gasto en nuevas plantas industriales y equipos. También se gastará dinero en la construcción y renovación de los sistemas de transporte de masas y en el desarrollo y construcción de plantas de energía eléctrica. Además, crecerá la demanda de alteración y modernización de las estructuras existentes, así como la de mantenimiento y reparación de los sistemas de autopistas, presas, puentes y proyectos similares.

Sin embargo, no se espera que el aumento del empleo sea tan grande como el de la actividad constructora. El continuo desarrollo tecnológico de los métodos, herramientas y materiales de construcción elevarán la productividad de los trabajadores. Un progreso importante es el uso creciente de unidades prefabricadas en el lugar de trabajo. Por ejemplo, los muros exteriores e interiores premontados pueden ponerse en su sitio en una sola operación.

Las tasas de crecimiento del empleo diferirán en los diversos ramos de la construcción. Se espera que el crecimiento sea más rápido entre los encargados de techo y los maquinistas, y más lento entre los escayolistas y albañiles de ladrillería.

Ganancias

La tasa salarial horaria media de la construcción es aproximadamente el doble de la de los trabajadores de producción de la industria privada, salvo en el campo. Las tasas salariales de aprendices y otros trabajadores en formación suelen empezar en un 50% de la tasa de los trabajadores experimentados, aumentando en intervalos de seis meses o anuales hasta llegar a la tasa completa al finalizar el período de formación.

Salvo en algunos sectores de la construcción, como electricistas, ascensoristas, fontaneros e instaladores de cañerías, las ganancias anuales de los trabajadores experimentados y los aprendices son inferiores a lo que indicaría su salario-hora, pues el número de horas anuales trabajadas se ve negativamente afectado por las condiciones climáticas y las fluctuaciones de actividad.

Tradicionalmente el invierno es el período bajo en la actividad de la construcción, especialmente en las zonas más frías. Algunos trabajadores, como los encargados de tejados, pueden no trabajar en varios meses. Pero además del frío, la lluvia también puede reducir la tasa de trabajo —detenerla incluso— en un proyecto de construcción. Además, como los diversos sectores de la construcción dependen mucho unos de otros —especialmente en los proyectos grandes— los retrasos o huelgas en un sector pueden retrasar o detener el trabajo en otros. Por estos motivos la tasa de desempleo en la construcción dobla a la de la totalidad de la nación.

Tests de aptitud profesional

OCUPACIONES DE LA CONSTRUCCION

	Ortografía	Sinónimos	Vocabulario	Antónimos	Observación y memoria	Analogías verbales	Razonamiento con símbolos	Aptitud numérica	Relaciones espaciales	Percepción mecánica	Visualización espacial	Aptitudes funcionariales	Lectura comprensiva	Conocimiento de herramientas	Capacidad visual
	①	2	③	4	5	6	⑦	⑧	⑨	⑩	⑪	12	⑬	⑭	⑮
Instaladores de ladrillos, piedras y mármoles															
Carpinteros															
Trabajadores del cemento y el terrazo															
Trabajadores generales de la construcción															
Instaladores y terminadores de paredes															
Electricistas (construcción)															
Constructores ascensores															
Instaladores de cubiertas de suelos															
Cristaleros															
Trabajadores de aislamiento															
Forjadores															
Torneros															
Operadores (máquinas construcción)															
Pintores y empapeladores															
Escayolistas															
Fontaneros e instaladores cañerías															
Instaladores de tejados															
Trabajadores chapa metálica															
Tejadores															

OCUPACIONES EN ACTIVIDADES DE TRANSPORTES

La industria del transporte ofrece una amplia gama de oportunidades profesionales. Tanto en el transporte aéreo, de ferrocarril, autopista y marino los trabajos son variables, desde aquellos que requieran poca educación a las posiciones técnicas y administrativas que exigen al menos un diploma universitario.

Aunque el sector incluye variedad de trabajos, dos quintas partes de los trabajadores se dedican a conducir autobuses, camiones y taxis; volar aviones; o conducir trenes y barcos. El resto se dedica a una gran variedad de servicios de apoyo. Por ejemplo, algunos empleados tratan directamente con los clientes: los ayudantes de vuelo y los agentes de reservas ayudan a los pasajeros de las líneas aéreas y los agentes de la estación de ferrocarril se encargan de las cargas. Otros trabajadores, como mecánicos de avión, de camión y de talleres del ferrocarril mantienen el equipo de transporte en buenas condiciones de trabajo.

Conforme se expanda la economía y crezca la población, crecerá la demanda de carga y de servicio de pasajeros y se necesitarán más trabajadores del sector de transportes. Sin embargo, la tendencia de empleo varía mucho entre los diferentes modos de transporte. El empleo aumentará en la mayoría de los trabajos relacionados con el transporte aéreo y de autopista, pero se reducirán los empleos del ferrocarril y la marina mercante. Sin embargo, hasta en los ramos con mayor reducción de empleo se necesitarán nuevos trabajadores que sustituyan a los jubilados, los muertos y los que cambien a otros campos.

Tests de aptitud profesional

OCUPACIONES DE LAS ACTIVIDADES DE TRANSPORTES	Ortografía	Sinónimos	Vocabulario	Antónimos	Observación y memoria	Analogías verbales	Razonamiento con símbolos	Aptitud numérica	Relaciones espaciales	Percepción mecánica	Visualización espacial	Aptitudes funcionariales	Lectura comprensiva	Conocimiento de herramientas	Capacidad visual
Ocupaciones de transporte aéreo Controladores de tráfico aéreo Mecánicos de avión Pilotos de avión Ayudantes de vuelo Agentes de reservas y pasajeros	①	②	③	4	5	⑥	⑦	⑧	⑨	10	⑪	12	⑬	14	⑮
Ocupaciones de la marina mercante Oficiales de la marina mercante Marineros de la marina mercante	①	②	③	④	⑤	⑥	⑦	⑧	9	⑩	11	12	⑬	14	15
Ocupaciones del ferrocarril Operadores de freno Maquinistas Ingenieros locomotora Talleres Trabajadores del departamento de señalización Agentes de estación Telegrafistas, telefonistas y agentes de torre Trabajadores de vías	1	2	③	4	5	6	7	8	9	⑩	11	12	⑬	14	⑮
Conductores De autobuses interurbanos De autobuses de tránsito local De camiones locales De camiones de larga distancia Atendedores de aparcamiento Taxistas	①	②	③	4	5	6	7	⑧	9	⑩	⑪	12	⑬	14	⑮

OCUPACIONES CIENTIFICAS Y TECNICAS

Los esfuerzos de nuestra fuerza de trabajo científica y técnica redundan en la mejora de muchas áreas de la vida americana. Los nuevos productos, el aumento de la productividad, la mayor capacidad de defensa, la protección del entorno y los avances de la asistencia sanitaria son ejemplos de los logros de los científicos, ingenieros y técnicos.

Casi tres millones de personas (casi una cuarta parte de los trabajadores profesionales) trabaja como ingenieros, científicos u otros trabajos técnicos y científicos*.

Ingenieros

Los ingenieros juegan un papel importante en la transmisión del progreso científico a nuestra vida cotidiana. Utilizan los principios científicos y matemáticos para diseñar y producir nuevos productos y mejorados, y también para solucionar problemas técnicos prácticos, como el modo de mejorar los motores de los coches y así aumentar el kilometraje de la gasolina. La mayoría de los ingenieros trabajan en la industria privada, especialmente en las industrias de manufacturación de maquinaria, equipamiento eléctrico y aviones y en las empresas que prestan servicios de ingeniería y arquitectónicos.

Los ingenieros suelen especializarse en una rama de la ingeniería; muchos se especializan además en una industria, como la de vehículos de motor.

Los ingenieros diseñan, desarrollan y comprueban equipos; trabajan en los departamentos de producción de las empresas manufactureras; venden productos técnicos y proporcionan ayuda técnica a los clientes de la industria. Algunos trabajan en empleos de supervisión y gerencia en los que se precisa conocimiento de ingeniería.

* Datos referidos a EE.UU. (N. del E.)

Científicos

Los científicos tratan de conocer el mundo físico y su naturaleza mediante la observación, el estudio y la experimentación. Algunos científicos desarrollan, a partir de los descubrimientos, nuevos productos y procesos. El grupo más numeroso de científicos es el dedicado al estudio de los principios del mundo físico. Se incluyen en este grupo los químicos, físicos y científicos ambientales. Casi tres cuartas partes de los científicos dedicados al mundo físico son químicos. La mayoría de éstos trabajan en la industria privada; más de una cuarta parte en la industria química manufacturera. Una cuarta parte de los científicos del mundo son físicos. Casi todos trabajan en colegios y facultades universitarias, enseñando e investigando, o en la industria privada, especialmente en empresas dedicadas a la fabricación de productos aeroespaciales y relacionados con la defensa.

Los científicos ambientales estudian la Tierra, sus océanos y atmósfera. Su trabajo hace progresar nuestro conocimiento del planeta y nos ayuda a controlar la polución, a descubrir y desarrollar recursos naturales y a predecir las condiciones climáticas. Incluye este grupo a los geólogos, meteorólogos y oceanógrafos. La ciencia ambiental con mayor ocupación es la de los geólogos. La mayoría de éstos trabajan en las industrias de extracción de petróleo y en los colegios y facultades universitarios.

Los científicos de la vida estudian los procesos vitales y los organismos vivos, desde los animales más grandes a los microbios más pequeños. La mayoría se dedica a la enseñanza o investigación en los colegios o facultades universitarios. Los biólogos constituyen el grupo más importante. La ciencia médica ha sido el campo de crecimiento más rápido dentro de las ciencias de la vida en las dos últimas décadas.

Los matemáticos y estadísticos también se consideran científicos de la naturaleza. Algunos matemáticos dedican todo su tiempo a la investigación teórica, mientras otros aplican los principios matemáticos a los problemas prácticos.

Los matemáticos y los estadísticos trabajan para cuantificar las soluciones a los problemas de la ciencia, la gestión y la ingeniería. Los estadísticos recogen, analizan e interpretan los resultados numéricos de las encuestas, tests de control de calidad, o los problemas de investigación empresarial y económica. De este modo ayudan a los gestores y administradores en la toma de decisiones.

Conservacionistas

Los conservacionistas protegen, desarrollan y gestionan los cursos naturales, como bosques, regiones, vida natural, suelo y agua. Protegiendo y conservando ahora esos valores, los conservacionistas ayudan a que se satisfagan las necesidades futuras.

Los ingenieros de montes aseguran que la riqueza forestal de la nación se utilicen apropiadamente. Mediante los esfuerzos investigadores y de gestión, los bosques sirven para muchos usos, como producción maderera, recreo y apoyo de la vida natural. Los ingenieros de montes son ayudados por técnicos.

Los gestores de ranchos determinan cuánto ganado puede pastar en una zona sin que deje de servir ésta para otros usos, como pastoreo de animales salvajes y recreo.

Los conservacionistas del suelo proporcionan a los rancheros, granjeros y otros ayuda técnica y consejos para el mantenimiento de los recursos del suelo y el agua.

Otro personal científico y técnico

En otras ocupaciones científicas y técnicas trabaja más de un millón de personas. Estas personas trabajan como técnicos de ingeniería y ciencia, bromólogos, técnicos de radiotransmisión, delineantes y topógrafos.

Los trabajos de los técnicos de ingeniería y ciencia tienen un objetivo más práctico y limitado que el de los ingenieros y científicos. Sin embargo, los trabajos más especializados requieren la capacidad de analizar y solucionar problemas científicos y de ingeniería y preparar informes sobre tests y experimentos.

Los técnicos que trabajan en la investigación y desarrollo montan los equipos de laboratorio complejos y ayudan a diseñar instrumentos científicos; los que lo hacen en producción comprueban e inspeccionan productos y actúan de enlace entre los departamentos de ingeniería y de producción. Otros venden productos técnicos, instalan equipos complejos y proporcionan servicios técnicos a los clientes industriales.

Los bromólogos, o tecnólogos de la alimentación, buscan mejores modos de procesar y conservar comercialmente los alimentos. También aseguran la calidad, dirigiendo los tests de control de calidad y supervisando la producción alimenticia.

Los técnicos en radiotransmisión aseguran la calidad técnica de las emisiones de radio y televisión, operando y manteniendo los grabadores, cámaras de televisión, grabadores de vídeo y otros equipos electrónicos.

Los delineantes preparan planos detallados que muestran las dimensiones, requerimientos de material y otras especificaciones para ingenieros, arquitectos y diseñadores.

Los topógrafos miden las sedes de las construcciones, establecen los límites oficiales de los terrenos, ayudan a establecer las evaluaciones de los terrenos y recogen información sobre mapas y diagramas.

Formación, otras cualificaciones y progresos

Para ser aceptado en trabajos científicos y técnicos suele ser necesaria la licenciatura. Pero en algunos campos, como matemáticas, ciencias físicas y biológicas, se suele necesitar un grado avanzado. Para algunas ocupaciones, como la de astrónomo, para el pleno estatus profesional se suele necesitar el doctorado. El grado de licenciatura suele bastar para la mayoría de los trabajos relacionados con la ingeniería, pero algunos ingenieros técnicos, sin licenciatura, son promovidos ocasionalmente a trabajos de ingeniería.

La formación por debajo de la graduación

de científicos e ingenieros suele incluir cursos en su campo y en las áreas relacionadas, incluyendo las matemáticas. Los cursos de estadística y análisis de ordenadores suelen ser de utilidad. Además, los estudiantes suelen realizar cursos de lengua inglesa y de una lengua extranjera.

En las facultades, los estudiantes suelen realizar cursos sobre sus áreas principales de estudio, así como de matemáticas y ciencias relacionadas. Los requerimientos para el grado de master o doctor varían de una institución de enseñanza a otra, pero suelen incluir la realización de una tesis, que es un informe sobre los resultados de un trabajo de investigación original del estudiante.

Los estudiantes que desean especializarse en un área particular de estudio debe seleccionar cuidadosamente su facultad. Por ejemplo, los que deseen ser ingenieros biomédicos o bioquímicos y trabajar en el campo de la medicina deben estudiar en una facultad asociada con un hospital. Los que quieren ser científicos agrónomos obtendrán un provecho máximo en las universidades estatales, que cuentan con unidades de experimentación agrícola.

Los técnicos adquieren su formación de modos muy diversos. Algunos realizan programas de formación en el puesto de trabajo, con cursos formales a tiempo parcial mientras trabajan o se forman en las fuerzas armadas. Sin embargo, muchos empresarios buscan graduados en programas de formación especializados.

En las escuelas de postsecundaria suelen ofrecerse programas de formación de entre uno y cuatro años; se incluyen entre esas escuelas los institutos técnicos, los colegios universitarios «junior» y los de comunidades, las escuelas técnicas de áreas vocacionales y las facultades y colegios universitarios.

Perspectivas

Se espera que las oportunidades de trabajos del campo científico y técnico crezcan en los años 80. En el pasado, el crecimiento de estas ocupaciones ha estado relacionado con la expansión de la economía y el aumento de los gastos en I&D (investigación y desarrollo). Se espera que el gobierno y la industria aumenten los presupuestos de I&D durante los años 80. Si la tasa de crecimiento económico y los modelos y niveles reales de I&D difieran significativamente de los que se han supuesto, se alterarían las perspectivas de muchas ocupaciones.

Los científicos, ingenieros y otros trabajadores de estos ampos tienen que desarrollar tecnologías nuevas y productos mejores. Además, serán necesarias muchas personas de formación técnica para solucionar problemas urgentes, como la polución del aire, el agua y de los ruidos, para el desarrollo de nuevas fuentes de energía y para luchar contra la enfermedad.

	Ortografía	Sinónimos	Vocabulario	Antónimos	Observación y memoria	Analogías verbales	Razonamiento con símbolos	Aptitud numérica	Relaciones espaciales	Percepción mecánica	Visualización espacial	Aptitudes funcionariales	Lectura comprensiva	Conocimiento de herramientas	Capacidad visual
	1	2	3	4	5	6	7	8	9	10	11	12	13	14	15

OCUPACIONES CIENTIFICAS Y TECNICAS

Ocupaciones relacionadas con la conservación
Ingenieros de montes
Técnicos forestales
Gerentes de granjas
Conservadores de suelos

→ ① ② ③ ④ ⑤ ⑥ ⑦ ⑧ ⑨ 10 11 12 ⑬ 14 ⑮

Ingenieros
Aeroespaciales
Agrónomos
Biomédicos
Cerámicos
Químicos
Civiles
Telecomunicaciones
Industriales
Mecánicos
Metalúrgicos
De minas
Petrolíferos

→ ① ② ③ ④ ⑤ ⑥ ⑦ ⑧ ⑨ ⑩ ⑪ 12 ⑬ ⑭ ⑮

Científicos ambientales
Geólogos
Geofísicos
Meteorólogos
Oceanógrafos

→ ① ② ③ ④ ⑤ ⑥ ⑦ ⑧ ⑨ ⑩ ⑪ 12 ⑬ ⑭ ⑮

Ocupaciones de ciencias de la vida (biológicas)
Bioquímicos
Biólogos
Científicos del suelo

→ ① ② ③ ④ ⑤ ⑥ ⑦ ⑧ ⑨ ⑩ ⑪ 12 ⑬ ⑭ ⑮

Ocupaciones matemáticas
Matemáticos
Estadísticos

→ ① ② ③ ④ ⑤ ⑥ ⑦ ⑧ ⑨ ⑩ ⑪ 12 ⑬ ⑭ ⑮

Científicos físicos
Astrónomos
Químicos
Físicos

→ ① ② ③ ④ ⑤ ⑥ ⑦ ⑧ ⑨ ⑩ ⑪ 12 ⑬ ⑭ ⑮

Otras ocupaciones científicas y técnicas
Técnicos de radiotransmisión
Delineantes
Ingenieros técnicos y científicos técnicos
Bromólogos (técnicos en alimentación)
Topógrafos y topógrafos técnicos

→ ① ② ③ ④ ⑤ ⑥ ⑦ ⑧ ⑨ ⑩ ⑪ 12 ⑬ ⑭ ⑮

MECANICA Y REPARACION

En la sociedad tecnológicamente avanzada en que vivimos hoy, algún tipo de equipo mecánico se relaciona con casi todos los aspectos de nuestra vida. Los equipos de transportes, como coches, camiones, autobuses y aviones, transportan mercancías y pasajeros a todo el mundo. Los teléfonos y otros equipos de comunicación permiten la transmisión rápida y eficaz de los mensajes. Las maquinarias y aparatos domésticos, como los acondicionadores de aire, dan más facilidad y comodidad a nuestras vidas. Los mecánicos y reparadores se encargan del buen mantenimiento de éstas y otras maquinarias.

Trabajan como mecánicos y reparadores aproximadamente cuatro millones de personas*; una tercera parte trabaja con vehículos de motor, en ocupaciones como mecánicas del automóvil, de camión o autobús y en reparaciones de carrocerías de automóviles. Otras ocupaciones importantes —en cada una de las cuales trabajan más de 100.000 obreros— son las de reparación de electrodomésticos, de maquinaria industrial, mecánica de aviones y técnicos de servicios de radio y televisión. En otras ocupaciones, incluyendo la venta de máquinas mecánicas, la reparación de señalizaciones eléctricas y los técnicos de pianos, el empleo es relativamente pequeño.

Casi una cuarta parte de los mecánicos y reparadores trabajan en industrias de manufacturación; la mayoría en plantas que producen bienes duraderos, como acero, automóviles y aviones. Una quinta parte se dedica al comercio al detalle, sobre todo en empresas que venden automóviles, prestan servicios relacionados con ellos, venden electrodomésticos, instrumentos de granjas y otros equipos mecánicos. Otra quinta parte trabajan en tiendas que prestan servicios relacionados con esos equipos. En su gran mayoría, el resto de los mecánicos y reparadores trabaja para el transporte, la construcción y las industrias de servicios públicos, así como en todos los niveles del gobierno.

Los mecánicos y reparadores trabajan en todo el país, pero la mayoría de las oportunidades de empleo se encuentra en las áreas muy pobladas e industrializadas.

Formación, otras cualificaciones y progresos

Muchos mecánicos y reparadores aprenden su oficio en el puesto de trabajo o mediante formación en aprendizaje. Algunos adquieren la formación básica o aumentan su habilidad en las escuelas vocacionales; otros realizan cursos por correspondencia. La experiencia y formación de las fuerzas armadas ayuda también a algunos a prepararse para estas ocupaciones, incluyendo a los técnicos de servicios de radio y televisión, mecánicos de aviones y técnicos de teléfonos.

Los empresarios buscan solicitantes que tengan habilidad mecánica y les guste trabajar con las manos. A veces se necesita la enseñanza secundaria, y los empresarios suelen preferir a los solicitantes que hayan realizado cursos de matemáticas, química, física, lectura de proyectos y talleres.

En los trabajos de este campo las necesidades físicas varían mucho de una ocupación a otra. Por ejemplo, los instaladores de líneas telefónicas deben subirse a los postes, por lo que deben ser fuertes y ágiles, ya que además han de levantar equipos pesados y trabajar en posturas difíciles. Los joyeros y relojeros necesitan paciencia, destreza con los dedos y buena vista.

Muchos trabajadores de mantenimiento y reparación progresan a trabajos de supervisión; otros a trabajos de ventas. Algunos abren su propio negocio.

* Datos referidos a EE.UU. (N. del E.)

Perspectivas de empleo

Se espera que en el campo general del mantenimiento y la reparación el empleo crezca tanto como la media de todas las ocupaciones durante los años 80. Además de los empleos creados por el propio crecimiento económico, muchos miles de puestos libres aparecen en esta categoría ocupacional relativamente amplia al jubilarse, morir o cambiar a otro campo los trabajadores experimentados.

Se espera que muchos factores contribuyan al crecimiento de la necesidad de mecánicos y reparadores, como el crecimiento de la demanda de electrodomésticos, automóviles y otros artículos de consumo y el uso creciente en la industria de maquinaria compleja.

Cómo evaluar su puntuación en el test de aptitud 291

	Ortografía	Sinónimos	Vocabulario	Antónimos	Observación y memoria	Analogías verbales	Razonamiento con símbolos	Aptitud numérica	Relaciones espaciales	Percepción mecánica	Visualización espacial	Aptitudes funcionariales	Lectura comprensiva	Conocimiento de herramientas	Capacidad visual
MECANICA Y REPARACION															
Ocupaciones telefónicas Ocupaciones de la oficina central Instaladores de equipos de la oficina central Instaladores de líneas telefónicas y empalmadores de cables Reparadores e instaladores de teléfonos y PBX (líneas telefónicas internas)	①	②	③	④	⑤	6	⑦	⑧	⑨	⑩	⑪	12	⑬	⑭	⑮
Otros mecánicos y reparadores Mecánicos de aire acondicionado, refrigeración y calefacción Reparadores de electrodomésticos Reparadores de carrocería automóviles Mecánicos del automóvil Mecánicos motores de barcos Mecánicos máquinas recreativas Reparadores máquinas de oficina Técnicos servicio de ordenadores Reparadores señalizaciones eléctricas Mecánicos equipos de granja Tapiceros Reparadores de maquinaria industrial Joyeros Cerrajeros Electricistas de mantenimiento Mecánicos de motos Reparadores y afinadores de órganos y pianos Zapateros Técnicos de servicios de radio y televisión Mecánicos de camiones y de autobuses Vendedores de maquinaria mecánica Relojeros	①	②	③	④	⑤	6	⑦	⑧	⑨	⑩	⑪	12	⑬	⑭	⑮

OCUPACIONES SANITARIAS

Los servicios sanitarios son muy importantes para la persona enferma o herida. La disponibilidad de estos servicios no sólo depende del número de personas empleadas en ocupaciones sanitarias, sino también de su distribución geográfica. En años recientes el personal sanitario ha crecido rápidamente; pero la mejora de su distribución sigue siendo un problema abordado a nivel nacional, estatal y local.

Aproximadamente 4,4 millones de personas trabajan en ocupaciones relacionadas con la salud*. Aparte de los médicos, dentistas y terapeutas, se incluye aquí a los que no aparecen en primera línea de la escena curativa, como tecnólogos, técnicos, administradores y ayudantes.

Las enfermeras diplomadas, médicos, farmacéuticos y dentistas forman el grupo profesional más numeroso de las ocupaciones sanitarias, pero éstas incluyen también a otros practicantes de la medicina, como médicos osteópatas, quiroprácticos, optometristas, pediatras y veterinarios. También son profesionales de la salud los dietistas, los terapeutas (físicos, ocupacionales, audiólogos y patólogos del habla) y los administradores (administradores de servicios sanitarios y administrativos de archivos médicos).

Se incluyen también entre los trabajadores de servicios sanitarios a diversos tipos de técnicos, como tecnólogos médicos, técnicos médicos de rayos X, higienistas dentales y técnicos de laboratorios dentales. Un gran número de empleados trabajan como enfermeras y trabajadores ayudantes, como auxiliares, enfermeros, auxiliares de clínica y auxiliares psiquiátricos.

Los hospitales dan empleo a la mitad aproximadamente de los trabajadores del campo sanitario. Otros trabajan en clínicas, laboratorios, farmacias, escuelas de enfermería, organismos de salud públicos, centros de salud mental, consultas privadas y en las casas de los pacientes. Estos trabajadores se concentran en las áreas más pobladas y prósperas de la nación.

Formación

Los requerimientos educativos para trabajar en el campo sanitario son tan diversos como las propias ocupaciones del sector. Por ejemplo, los profesionales sanitarios —médicos, dentistas, farmacéuticos, etc.— deben completar una serie de años de educación universitaria preprofesional y profesional y aprobar un examen de licenciatura. Pero a otras ocupaciones de servicios sanitarios se puede acceder sin una formación especializada, como a la de enfermera ayudante. En muchas ocupaciones, la formación en el puesto de trabajo ha sido tradicionalmente el medio de preparación, pero los empresarios prefieren ahora a personas que hayan completado un programa de educación formal.

Ganancias

Las ganancias de un trabajador del sector varían entre las de un médico —la ocupación mejor pagada— a la de una enfermera ayudante, que sólo gana tres cuartas partes de lo que cobran los trabajadores sin tareas de supervisión de la industria privada, salvo los de la agricultura. Las ganancias de las ocupaciones sanitarias que requieren una educación formal de hasta dos años son iguales a la media industrial. Las personas del sector que necesitan graduación en un colegio universitario ganan del 125% el 200% de esas ganancias medias.

Perspectivas

Se espera que en este campo el empleo crezca durante los años 80 mucho más velozmente

* Cifras referidas a EE.UU. (N. del E.)

que la media de las ocupaciones, aunque las tasas de crecimiento serán variables entre las distintas ocupaciones sanitarias. Los factores que se espera contribuyan al aumento de la demanda de asistencia sanitaria son el crecimiento de la población y el de la conciencia pública de la salud. La expansión de la cobertura sanitaria por los seguros también contribuirá al crecimiento del campo, al facilitar a las personas el pago de la hospitalización y los cuidados sanitarios. La demanda también crecerá por el aumento de los presupuestos estatales y locales para servicios y cuidados sanitarios.

Además de los trabajos creados por el crecimiento del campo, todos los años se necesita a muchos trabajadores que reemplacen a los jubilados, muertos o abandonos de trabajo debidos a otros motivos.

La reciente expansión de los programas de formación de la mayoría de las ocupaciones aumenta la necesidad de personal de servicios sanitarios formado. Dependiendo del equilibrio entre el suministro de trabajadores y las expectativas de puestos, las perspectivas de empleo en las diversas ocupaciones del sector van de muy buenas a competitivas.

Ocupaciones Sanitarias

Ocupación	Ortografía	Sinónimos	Vocabulario	Antónimos	Observación y memoria	Analogías verbales	Razonamiento con símbolos	Aptitud numérica	Relaciones espaciales	Percepción mecánica	Visualización espacial	Aptitudes funcionariales	Lectura comprensiva	Conocimiento de herramientas	Capacidad visual
Ocupaciones dentales — Dentistas, Ayudantes dentales, Higienistas dentales, Técnico de laboratorio dental	①	②	③	4	5	6	7	⑧	⑨	⑩	⑪	12	⑬	⑭	⑮
Practicantes de la medicina — Quiroprácticos, Optometristas, Osteópatas, Médicos, Pediatras, Veterinarios	①	②	③	④	⑤	6	7	⑧	⑨	⑩	⑪	12	⑬	⑭	⑮
Ocupaciones de tecnólogo médico, técnico y ayudante — Técnico en electrocardiografía, Técnicos y tecnólogos electroencefalográficos, Técnicos en emergencias médicas, Trabajadores de laboratorios médicos, Empleados y técnicos de archivos médicos, Técnicos de quirófano, Ayudantes de optometría, Tecnólogos radiológicos (rayos X), Trabajadores de terapia respiratoria	①	②	③	④	⑤	⑥	⑦	⑧	⑨	⑩	⑪	⑫	⑬	⑭	⑮
Enfermería — Enfermeras diplomadas, Enfermeras prácticas con licencia, Ayudantes de enfermera, enfermeros y auxiliares	①	②	③	④	⑤	6	7	⑧	9	10	11	12	⑬	14	15
Ocupaciones de terapia y rehabilitación — Terapeutas ocupacionales, Ayudantes terapia ocupacional, Terapeutas físicos, Auxiliares y ayudantes terapeutas físicos, Audiólogos y patólogos del habla	①	②	③	④	5	6	7	8	⑨	⑩	⑪	12	⑬	14	15
Otras ocupaciones sanitarias — Dietistas, Opticos, Administradores servicios sanitarios, Administrativos archivos médicos, Farmacéuticos	①	②	③	④	⑤	⑥	⑦	⑧	9	10	11	⑫	⑬	14	15

CIENTIFICOS SOCIALES

Estudian a las personas e instituciones sociales. Investigan todos los aspectos de la sociedad humana: desde los restos fosilizados de la vida prehistórica a los programas más recientes de televisión. La investigación en ciencias sociales nos da unos conocimientos que nos ayudan a entender los diferentes modos por los que los individuos y grupos toman decisiones, ejercen el poder o responden al cambio, por poner sólo unos ejemplos. Mediante sus estudios y análisis, los científicos sociales ayudan a los educadores, funcionarios gubernamentales, jefes de empresa y a todos los que necesitan comprender la dinámica de la conducta individual y de grupo.

La investigación es una actividad básica de muchos científicos sociales. Utilizan métodos establecidos para reunir un cuerpo de hechos y teorías que contribuyan al conocimiento humano. La investigación aplicada se suele realizar para obtener una información que nos permita tomar mejores decisiones o gestionar eficazmente nuestros asuntos. En las ciencias sociales se utilizan mucho las encuestas a fin de recoger hechos, opiniones u otras informaciones. Sin embargo, la recogida de datos puede tomar otras muchas formas, incluyendo las excavaciones arqueológicas; el análisis de archivos y documentos históricos; la fotografía aérea de la superficie terrestre; experimentaciones en laboratorios psicológicos con sujetos humanos o con animales; y la realización de cuestionarios y tests estandarizados.

Como consecuencia de la importancia de las encuestas como método de recogida de datos de las ciencias sociales ha hecho que la estadística forme parte esencial de la formación en la mayoría de las profesiones del sector. Las matemáticas son también muy importantes para la mayoría de las disciplinas. Entre los cambios más importantes producidos recientemente en las ciencias sociales está la extendida introducción de las matemáticas y de otros métodos de investigación cuantitativa en la economía, las ciencias políticas y la psicología experimental. Muchas disciplinas exigen la capacidad de utilizar ordenadores con fines de investigación.

Con independencia de su campo de especialización, los científicos sociales se interesan por algún aspecto de la sociedad, la cultura o la personalidad. Los *antropólogos* estudian los restos y ruinas de las antiguas civilizaciones, analizan las características físicas humanas y comparan las costumbres, valores y modelos sociales de las diferentes culturas. Los *economistas* estudian los modos en que utilizamos los recursos para producir bienes y servicios. Recogen y analizan los datos que explican los costos y beneficios que entrañan los diferentes modos de asignar los recursos. Los *geógrafos* estudian los distintos rasgos de la superficie de la tierra, como la vegetación y el clima, e interpretan la relación entre factores geográficos y actividad humana. Como los geógrafos se interesan por los modelos de asentamiento humano —por qué y cómo vive la gente en cada lugar—, su investigación tiene puntos de contacto con la economía, política y cultura. Los *historiadores* describen e interpretan a las personas, ideas, instituciones y acontecimientos del pasado y del presente. Los *científicos políticos* investigan los modos de acceso y utilización del poder político. Estudiando temas tales como opinión pública, toma de decisiones políticas e ideología, analizan la estructura y funcionamiento de los gobiernos y examinan también las entidades políticas informales. Los *psicólogos* estudian la conducta humana y utilizan su experiencia para aconsejar a individuos o a grupos. Su investigación sirve también de ayuda a publicistas, políticos y otras personas interesadas en influir o motivar a la gente. Los *sociólogos* analizan la conducta de los grupos o sistemas sociales, como familias, vecinos o clubes. El doctorado es un requisito mínimo para la mayoría de los puestos de las facultades y colegios universitarios, y es importante para muchos puestos no académicos de alto nivel. Los graduados con un «master» tienen oportunidades profesionales más limitadas, aunque la situación varía mucho de un campo a otro. Los que poseen el grado de licenciados tienen todavía menos oportunidades, no estando cualificados para posiciones «profesionales» en la mayoría de las ocupaciones de las ciencias sociales. Sin embargo, el grado de licenciado sirve de antecedente conveniente para muchos tipos de trabajos, como ayudante de investigación, ayudante administrativo o aspirante.

Las siete ocupaciones en ciencias sociales proporcionan empleo a unas 335.000 personas. La naturaleza interdisciplinaria de los diversos campos dificulta la determinación del tamaño exacto de cada profesión. La economía y la psicología son los campos más amplios; la antropología es el más pequeño.

Muchos científicos sociales trabajan en facultades y colegios universitarios, en donde suelen combinar la enseñanza con la investigación y la consulta. Sin embargo, la importancia del mundo académico como fuente de empleo varía mucho de una disciplina a otra. Los economistas y psicólogos están mucho más implicados que los otros científicos sociales en trabajos aplicados «no académicos». La predominancia del empleo académico en disciplinas como la antropología y la sociología puede causar problemas en un futuro, pues en los años 80 se espera poco o ningún crecimiento en el sector, como reflejo de la disminución de la matriculación en los colegios universitarios. En comparación con el pasado, habrá pocos puestos académicos disponibles, por lo que se están realizando esfuerzos para poner a disposición de los graduados oportunidades profesionales «alternativas» o «no tradicionales» en áreas aplicadas, como administración de programas o investigación evaluativa. Proporcionan estos puestos los organismos estatales y municipales, las organizaciones de investigación y empresas consultivas, hospitales y otras instalaciones sanitarias, sindicatos, asociaciones sindicales, organizaciones no lucrativas y empresas comerciales.

Se espera que el número de graduaciones en ciencias sociales en los años ochenta sobrepasará a las ofertas de trabajo, produciendo una perspectiva muy competitiva para las posiciones profesionales que suelen requerir un doctorado. Las perspectivas de trabajo son mejores en unas disciplinas que en otras. Como en el pasado, las altas graduaciones de las universidades principales tendrán una ventaja decisiva en la competencia por puestos de trabajo, especialmente para el limitado número de puestos académicos. Otras consideraciones que afectan a las oportunidades de empleo en las ciencias sociales incluyen el nivel de grado, campo de especialización, habilidades y/o experiencia, posición de trabajo deseada, requerimientos salariales y movilidad geográfica.

Cómo evaluar su puntuación en el test de aptitud 297

	Ortografía	Sinónimos	Vocabulario	Antónimos	Observación y memoria	Analogías verbales	Razonamiento con símbolos	Aptitud numérica	Relaciones espaciales	Percepción mecánica	Visualización espacial	Aptitudes funcionariales	Lectura comprensiva	Conocimiento de herramientas	Capacidad visual
CIENTIFICOS SOCIALES	①	②	③	④	5	⑥	⑦	⑧	9	⑩	11	12	⑬	14	15
Antropólogos															
Economistas															
Geógrafos															
Historiadores															
Politólogos															
Psicólogos															
Sociólogos															

OCUPACIONES EN SERVICIOS SOCIALES

Para los trabajadores de las ocupaciones de servicios sociales, ayudar a otros es una parte fundamental del trabajo. Para desempeñar bien su tarea, los asistentes sociales, consejeros y otros miembros de las «profesiones de ayuda» deben tener una orientación hacia la gente. En este campo suelen trabajar juntas, formando un equipo, personas de diferentes antecedentes y capacidades. Algunos realizan años de formación profesional; otros son auxiliares y voluntarios. Sus esfuerzos conjuntos pueden servir de ayuda a las personas infelices o con problemas.

Cada una de las profesiones de ayuda tiene sus técnicas y enfoques propios. El asistente social se dedica a ayudar a personas que se enfrentan a crisis que amenazan con estropear sus vidas. Los asistentes sociales ayudan a sus clientes a entender lo que les está sucediendo y el por qué, de modo que puedan encontrar ellos mismos la solución. Ayudan a familias asoladas por la pobreza, alcoholismo, abuso de las drogas, problemas de conducta o enfermedad. En ocasiones los problemas de familias o individuos son tan complicados que para sugerir una solución se necesitan personas de formaciones distintas. Por esta razón los asistentes sociales forman equipo con miembros de otras profesiones, como medicina, enfermería, terapia, psicología, pedagogía, derecho y religión. Dentro de esta profesión se presta una atención cada vez mayor a dirigir e influir en el cambio social. Los asistentes sociales pueden unir sus fuerzas con los planificadores sanitarios, de construcciones, transportes para sugerir los medios de que una comunidad sea un lugar más sano para vivir. Utilizan también la acción directa para ayudar a la gente a enfrentarse a algunas de las fuerzas que conforman su vida. Por ejemplo, los asistentes sociales pueden realizar investigaciones destinadas a identificar las necesidades de una comunidad, publican sus descubrimientos, hacen proyectos legislativos o comentan las propuestas públicas de áreas como la construcción, salud y servicios sociales.

Los consejeros ayudan a la gente a entenderse. Les ayudan a ponerse en paz con sus vidas y les dan el apoyo y el estímulo que necesitan para obtener el máximo provecho de sus oportunidades. Los consejeros suelen estar especializados. Los escolares ayudan a los estudiantes a desarrollar planes pedagógicos adecuados a su capacidad, intereses y potencial profesional. Los de empleo ayudan a personas de todas las edades a planificar su vida profesional y encontrar trabajo. Sus consejos ayudan a los clientes a encontrar campos apropiados, y a prepararse para ellos. Los consejeros de rehabilitación ayudan a las personas que tienen incapacidades físicas, mentales o sociales. Estas personas ayudan a los minusválidos a entender los ajustes necesarios en sus vidas personales y planes vocacionales a fin de lograr un estilo de vida satisfactorio. Los consejeros de planificación profesional de los colegios universitarios ayudan a los estudiantes a elegir su profesión, además de aconsejarles sobre la formación o experiencia que les ayudará a encontrar un trabajo.

Los miembros del clero aconsejan a la gente de su credo y proporcionan dirección espiritual a su comunidad. Ayudan a la gente a venerar de acuerdo con los dictados de su conciencia. En cuanto que jefes espirituales, los sacerdotes son considerados como modelos de conducta moral y ética. Suelen aconsejar a las personas que tienen problemas en su trabajo, casa, escuela o relaciones sociales; con frecuencia se trata de problemas emocionales. En realidad tratan unas áreas emocionales y personales tan delicadas que la ley prohíbe que revelen a su congregación la naturaleza de sus comunicaciones. Los miembros del clero ayudan de otros muchos modos a las personas de su comunidad. Pueden establecer programas de alimentación de los pobres, de cuidado de los enfermos, proporcionar compañía a los solitarios, e implican a niños y adultos en actividades educativas y recreativas.

Hay más profesiones que incluyen la ayuda a los demás. Los empleados de los servicios de extensión cooperativa trabajan para las personas que viven en medios rurales. En esas áreas llevan a cabo un trabajo educativo, agrícola o de economía doméstica, y estimulan a los jóvenes a realizar actividades y el desarrollo de la comunidad. Los economistas domésticos proporcionan formación y ayuda técnica en áreas que hacen la vida cotidiana más cómoda y llevadera: economía del consumo, construcción de la casa, gestión del hogar, amueblamiento y equipamiento del hogar, alimentación y nutrición, ropa y textiles, y relaciones y desarrollo familiar.

Las personas de las ocupaciones de servicios sociales llegan a tener una gran implicación en las vidas de sus clientes, y los servicios que prestan pueden tener un largo alcance. Los consejos sobre escuelas, trabajo, profesión, rehabilitación o problemas familiares y emocionales pueden hacer que un individuo tome decisiones fundamentales sobre su futuro. Las sugerencias de un consejero o asistente social pueden dar forma a todo el futuro del cliente. Especialmente los miembros del clero se ven implicados en los detalles más íntimos de las vidas de sus congregantes. La preocupación auténtica por otras personas es esencial, por tanto, para quien piense en una profesión de este campo.

Sin embargo, la preocupación por la gente y el deseo de ayudar no bastan. Las personas de las ocupaciones de servicios sociales deben saber tratar a las otras personas y relacionarse con ellas. Su forma de ser debe inspirar confianza. Casi todos reciben formación sobre el modo de trabajar con otros. El tacto y la sensibilidad son rasgos necesarios. Quien entra en contacto con las creencias y sentimientos más profundos de la gente —como les suele suceder a consejeros y sacerdotes— necesita empatía, o capacidad de compartir los sentimientos de los demás. La paciencia también es importante, pues los pacientes suelen sentirse confusos, vacilantes, temerosos o coléricos. No suelen ver con claridad cuál es su problema o pueden tener dificultades para describirlo.

La habilidad para hablar y escribir es importante. En algunos de estos trabajos hay que tomar notas. Hay que tener capacidad para presentar rápida y claramente todos los puntos importantes de la situación de un cliente. La habilidad verbal también es necesaria. Los consejeros y asistentes sociales deben ser capaces de comunicar cara a cara y de trabajar fácilmente con grupos. También hay ocasiones en que deben hablar ante un público numeroso. Por ejemplo, los miembros del clero lo hacen con regularidad.

Finalmente, los trabajadores de las ocupaciones de servicios sociales deben conocerse a sí mismos: su fuerza, debilidad y objetivos. La estabilidad emocional es importante, pues los profesionales de este campo suelen entrar en contacto con situaciones preocupantes o deprimentes. Este trabajo tiene riesgos ocupacionales. Existe el peligro de sentirse abrumado por la pobreza de otros, el peligro de esperar demasiado de uno mismo, el peligro de astiarse y perder la sensibilidad por la que se aproximó al campo.

La formación para estas ocupaciones sociales varía entre unas cuantas para el auxiliar y muchos años para un profesional. Los ayudantes sanitarios domésticos suelen realizar un curso de una o dos semanas después de empezar a trabajar. Otros muchos auxiliares sociales —que realizan un valioso trabajo de investigación de los que sus vecinos y otros necesitan— tienen poca formación formal. Ni siquiera es necesario que hayan realizado la enseñanza secundaria. Para obtener el trabajo lo que cuenta es su conocimiento de la comunidad y la facilidad para el trato con la gente. Sin embargo, para las ocupaciones profesionales, como consejero y asistente social, se necesita una graduación en colegio universitario. La educación profesional suele incluir un internado o período de experiencia de trabajo, que permita al estudiante aprender a aplicar los conocimientos del aula a situaciones de la vida real.

OCUPACIONES DE SERVICIOS SOCIALES	Ortografía	Sinónimos	Vocabulario	Antónimos	Observación y memoria	Analogías verbales	Razonamiento con símbolos	Aptitud numérica	Relaciones espaciales	Percepción mecánica	Visualización espacial	Aptitudes funcionariales	Lectura comprensiva	Conocimiento de herramientas	Capacidad visual
Ocupaciones de consejero Consejeros de escuela Consejeros de empleo Consejeros de rehabilitación Consejeros de planificación profesional de consejeros de colegios universitarios	①	②	③	④	5	⑥	7	8	9	10	11	12	⑬	14	15
Clero Ministros protestantes Rabinos Sacerdotes católicos	①	②	③	④	5	⑥	7	8	9	10	11	12	⑬	14	15
Ocupaciones de otros servicios sociales Empleados de servicios de extensión cooperativa Ayudantes sanitarios domésticos Auxiliares de servicios sociales Asistentes sociales	①	②	③	④	⑤	⑥	7	⑧	9	10	11	12	⑬	14	15

OCUPACIONES DE COMUNICACION, DISEÑO Y ARTES INTERPRETATIVAS

Para su profesión en las comunicaciones, diseño o artes interpretativas se necesita creatividad, imaginación y talento. Las personas que trabajan en estos campos tienen que expresar ideas y emociones y suelen hacerlo de una manera muy personal. Pero para las personas con la capacidad y el impulso necesarios, las profesiones de este grupo ofrecen oportunidades únicas para la autoexpresión.

Los artistas de la interpretación se expresan mediante la música, el drama o la danza. Utilizan su talento para decir algo serio o profundo sobre la condición humana; o simplemente entretienen. Como la comunicación con un público forma parte integral del arte de un intérprete, la presencia en el escenario y la relación con el público son cualidades que un artista debe desarrollar y refinar. Las artes interpretativas incluyen muchas profesiones, algunas de las cuales son la de actor, cantante, bailarín, comediante, mago, mimo, trapecista, gimnasta y patinador artístico.

Las personas de las ocupaciones de diseño utilizan medios visuales, como la luz, el espacio, el color y la textura, para transmitir sentimientos o crear un efecto particular. Necesitan sensibilidad estética, sentido del color y talento. Un artista de las bellas artes puede crear una pintura sobre todo para expresar una emoción o sentimiento. En cambio, los artistas aplicados crean o diseñan objetos que cumplen un fin práctico, además de embellecer nuestro entorno. El campo del diseño incluye a personas tan diversas como pintores, escultores, artistas gráficos, artistas comerciales, fotógrafos, diseñadores florales, arquitectos, diseñadores de interiores, diseñadores de muestras, diseñadores de iluminación, diseñadores de escenario, diseñadores de ropa y diseñadores de muebles.

Las personas de las ocupaciones de comunicación tratan con imágenes mentales creadas con palabras. Para ellos la lengua es «la herramienta del oficio». Utilizan la palabra escrita o hablada para informar, persuadir o entretener a los otros, y tienen que ser capaces de expresarse claramente, con precisión y de un modo interesante. Los poetas, novelistas, dramaturgos, ensayistas y autores de historias breves son algunos de los escritores creativos que utilizan la lengua sobre todo para expresar ideas y emociones. Los escritores que utilizan la lengua para informar o persuadir son, entre otros, los periodistas, escritores técnicos, autores de pedagogía, de medicina, de temas empresariales, escritores de discursos, de chistes, guionistas y escritores de materiales publicitarios. Algunos escriben relativamente poco, entre ellos están los editores encargados de coordinar y revisar el trabajo de otros, los lectores de pruebas, que leen y corrigen las pruebas de imprenta y los agentes literarios, quienes valoran los manuscritos y tratan de conseguir que se publiquen. Los presentadores e intérpretes de radio y televisión se basan en la palabra hablada para su trabajo.

En muchas de las ocupaciones de este grupo lo que cuenta más para conseguir un trabajo o establecer una reputación es la capacidad o el talento, no la preparación educativa. La experiencia práctica —por ejemplo, en producciones teatrales locales o en un periódico de la comunidad— puede ayudar mucho a dar los primeros pasos. La perseverancia y la autodisciplina suelen ser esenciales. Hasta las personas de mucho talento deben emplear años de su vida en dominar su habilidad y luego esperar una «ruptura», una oportunidad de actuar, mostrar su obra o publicar un manuscrito. Las artes interpretativas son especialmente competitivas, atrayendo a más solicitantes de empleo que trabajos pagados hay en el mercado.

Quien aspire a una ocupación de las artes interpretativas, diseño o comunicaciones tiene que valorar realistamente su talento. Dependiendo de su objetivo profesional, puede necesitar la flexibilidad suficiente para enfrentarse a la inseguridad en el trabajo, y estar dispuesto a vivir de unos ingresos irregulares.

	Ortografía	Sinónimos	Vocabulario	Antónimos	Observación y memoria	Analogías verbales	Razonamiento con símbolos	Aptitud numérica	Relaciones espaciales	Percepción mecánica	Visualización espacial	Aptitudes funcionariales	Lectura comprensiva	Conocimiento de herramientas	Capacidad visual
Artistas de la interpretación Actores y actrices Bailarines Músicos Cantantes	①	②	③	④	⑤	6	7	⑧	⑨	10	11	12	⑬	14	⑮
Ocupaciones de diseño Arquitectos Empleados de exhibiciones Diseñadores florales Diseñadores industriales Diseñadores de interiores Arquitectos de paisajes Fotógrafos	①	②	③	④	⑤	⑥	⑦	⑧	⑨	⑩	⑪	12	⑬	14	⑮
Ocupaciones de la comunicación Periodistas Relaciones públicas Presentadores de radio y televisión Escritores técnicos	①	②	③	④	⑤	⑥	7	⑧	9	⑩	11	12	⑬	14	15